中國駢文發展史

上冊

張 仁 青 著

文 史 哲 學 集 成

文史哲出版社印行

國家圖書館出版品預行編目資料

中國駢文發展史 / 張仁青著. -- 再版 -- 臺北市：文史哲, 民 101.08
658 頁;21 公分（文史哲學集成；622）
BOD 版　參考書目：655-658 頁
ISBN 978-986-314-048-1 (全套：平裝)

1.駢文 2.中國文學史

820.95　　101014676

文史哲學集成 622

中國駢文發展史（全二冊）

著者：張仁青
出版者：文史哲出版社
http:// www.lapen.com.tw
e-mail：lapen@ms74.hinet.net
登記證字號：行政院新聞局版臺業字五三三七號
發行人：彭正雄
發行所：文史哲出版社
印刷者：文史哲出版社
臺北市羅斯福路一段七十二巷四號
郵政劃撥帳號：一六一八〇一七五
電話886-2-23511028・傳真886-2-23965656

實價新臺幣八〇〇元

中華民國六十八年（1979）五月初版
中華民國一百零一年（2012）八月 BOD 再版

ISBN 978-986-314-048-1　　00622
限印量五十本

大學用書 中國駢文發展史 上册

張仁青 著

目次

大學用書 中國駢文發展史 下冊

張仁青 著

目次

中國駢文發展史

張仁青 著

第一章 緒論

第一節 中國語文之特質

中國語文之特質，爲孤立與單音（monosyllabic—isolating language）。惟其爲孤立，故宜於講對偶，惟其爲單音，故宜於務聲律。由對偶與聲律所組成之文學作品若詩也、若詞也、若曲也、若賦也、若駢文也、若聯語也，洋洋巨構，不一而足，遂蔚爲中國文學之特有景觀，遠非彼多音節（polysyllable）之泰西文字所能絜長較短者。茲就世界語文之種類、中國語文之特質、與夫中西語文與文學之關係，分別一詳陳之。

一、世界語言之種類　世界語言，繁複極矣，種與種異，國與國殊，甚至一種之中，而有部有族，一國之中，而有省有縣，細爲分析，累紙所不能盡也。不過就其最大之音系言之，約得四種：

【一】複音系（polysynthetic）　即複綜語（incorporating language）也。非洲及美洲土著各族皆屬之。此系幾於字句不分，相同之意義在不同之句法中，有不同之詞，變化極其複雜，一般認爲代表人類語言之較原始狀態。

【二】變音系（inflectional）　即曲折語（inflectional language）也。埃及及巴比倫印度古希臘

歐美各國皆屬之。此系隨其聲之曲折、以適於變、形聲並繁、離之不能悉各成字。其名詞(noun)代名詞(pronoun)形容詞(adjective)、因格位(case)性別(gender)數目(number)、而發生語尾之曲折式變形。如『棹子在此』、『木匠做棹子』、『棹子之腳』、棹子一字、形音不同。在各種前置詞(preposition)後、如『在棹子之上』、『走向棹子』、『給棹子加上油漆』、『靠著棹子』、棹子之拼法、皆須變化。此之謂格位。至其動詞(verb)亦因主詞(subject)之人稱(person)數目(number)時式(tense)語態(voice)語氣(mood)而變化。如英文之to write、不定動詞(infinitive)也、其過去式(past tense)爲wrote、現在分詞(present participle)則爲writing、而過去分詞(past participle)則又變爲written矣。若斯之例、不遑偏舉。

【三】合體系(agglutinative)　即關節語(agglutinative language)也、一曰黏著語。我國滿蒙回及日本芬蘭土耳其等族皆屬之。此系以單音字相膠合、形則相綴、音亦隨增、離之仍各自爲字。其名詞代名詞形容詞、格位性別數目之變化、一與變音系同。動詞之變化亦大體相似、惟更形複雜耳。蒙古文六格、動詞之主變化有二十四種、副變化尚不計算在內。其與曲折語不同者、即關節語不用前置詞、而用後置詞、曲折語之語根不常獨立、因語尾而定其詞品、而關節語之語根與語尾可以分解、語尾可以聯用、且可以與其他詞相連、動詞常加上五六個附加語、由此附加語以定其詞性、其繁複遠在印歐語之上。如日文『私が字を書く』爲『我寫字』、『私』爲『我』、『が』則爲附加字、以表示『我』爲主格詞也、『を』亦爲附加字、以表示『字』爲賓格詞也、『書く』爲『寫』、動詞、表示述格詞也。

【四】單音系(monosyllabic) 即孤立語(isolating language)也。我國及泰國緬甸越南以至苗猓諸族皆屬之。此系就人類原始之音、創立字體、以爲之符、其詞性雖異、而字形不改、亦無附屬語以表示其變化、是語言形式之最古者也。今歐洲文字、莫不有語根(root)冠語(prefix)綴語(sufifix)之辨、是即當時孳乳轉變之成法、久漸殽亂、不盡可別、然彼土所謂語根之單音、統其字形之最簡者而言、有時合尾音讀之、不僅一音。惟孤立語則一字一音、乃眞可謂單音耳、偶有點畫繁重、合數字而重者、其字仍純乎一、確守世界最古單音之舊系、斯足異矣。

由此可見、世界四種語言系統、可簡分爲二種、即曲折語與孤立語是也。易言之、在目前全世界語言中、除中國仍屬一字一音外、其他各國皆歸入拼音系統矣。

二、世界文字之種類 就現時所知、概括言之、世界上各式各樣文字、皆不出三大來源、即古代埃及(Egypt)文字、古代美索不達米亞(Mesopotamia)文字、與中國文字是也。茲分述如下：

【一】古代埃及文字 即埃及象形文字(Egypt hieroglyphic style)也、一名聖書體。約西元前三五○○年埃及人所創、西元一七九八年法王拿破崙(Napoleon Bonaparte)遠征埃及時所發現、爲中國文字以外一切文字之鼻祖。其符號頗不一致、或代表一箇字母、或一箇音節、或一箇字、然對於專有名詞、則用拼音之法、此法日益推廣、即成爲拼音系統。世以埃及象形字與中國象形字混爲一談、因斷言象形字之原始。其實埃及象形符號西方學者稱之爲 Pictographs 或 ideographs、即拼音字母。故曰西方文字一開始即走入拼音之路、可斷言也。

【二】古代美索不達米亞文字 即箭頭文字（cuneiform characters or letter）也，昔謂之楔形文字。約西元前三五〇〇年居住在美索不達米亞平原（即位於非洲之尼羅河 Nile 與亞洲之底格里斯河 Tigris 幼發拉底河 Euphrates 間之平原古史所謂新月形沃地或肥腴月彎 Fertile Grescent 者也）之蘇美人（Sumer）所創，西元一八四五年英人拉雅（Laryard）於古亞述（Ashur）國都尼尼微（Nineveh）所發現者。大約在西元前一三〇〇年腓尼基人（Phoenician）吸收融會埃及美索不達米亞之文化，並改良變化象形與楔形兩種文字，西傳之於希臘（Greece），再傳之於羅馬（Rome），而為今日歐洲各國文字之祖。東經亞拉米人（Arameans）之手，傳至波斯（Persia）印度（India），而輾轉演成西藏畏兀兒蒙古滿洲及西南亞洲之各種文字。亦屬拼音文字（alphabetic writing）也。

【三】中國文字 即漢字也。為大漢民族所創。就最可靠之材料言之，以殷商時代之銅器銘文與龜甲刻辭為最古，約以西元前一五〇〇年為始。其後聖賢輩出，代有製作，於是由甲骨文而鍾鼎文（近世多稱鍾鼎文為金文），由鍾鼎文而大篆，由大篆而小篆，由小篆而隸書，由隸書而草書，而眞書，而行書，考其字體，則汰難而就易，案其字數，則自少而孳多，而北極漁陽，南盡儋耳，東漸於海，西踰流沙，固皆資之以為用。即日本交趾朝鮮等國，凡為聲教所暨者，亦莫不取則焉。則謂中華為東方文明之母國，其誰敢復置一喙哉。是以吾國文字，亦同吾國之經書，實為吾先民集體思想經驗所創造，故其涵義極豐，為並世各種文字中最優越最完美者，而其運用，亦以虛靈見勝。故文字雖為語言之符號，而並不受語言之拘束，語言均可控制文字，文字亦能扭轉語言，可以與語言分，可以與語言合，如此語不可通，而文仍可通。吾國方輿廣矣，以有此可通之文，故能於南北東西之域，山川險阻之區，而能通其意，且以字音之關係，能扭轉各地語言，遂使禹甸神州、能成為大一統、尤非西方文字僅為語言之符號、語言變、則文亦隨之俱變、而文為死文、有如拉丁(Latin)之別於現代、英法德俄意西諸國之隨其音以製字、字隨年月以俱增、動輒數十萬文、習甲科者、不能通於乙科、生生死死、皓首不窮、以視我國文字以至少之字、馭至繁之事、其難易為何如乎。瑞典語言學家珂羅珂倫 Bernhard Karlgren 華名高本漢 嘗云：

> 中國文字有豐富悅目的形式、使人發生無窮的想像、不比西洋文字那樣質實無趣。中國文字好像一箇美麗而可愛的貴婦、西洋文字好像一箇有用而不美的賤妾。中國語與中國文

本師瑞安林景伊先生論中國文字之功效、亦云：

> 天下文字、皆不出形音義三者、中國文字、獨能備六書之體用、故形符聲符、配合運用、而極其構造之精微、非但能傳語言於久遠、且可一語言之紛歧。
>
> 中國文字、重『目治』之功、而發揮『同文』之效者、蓋以文字附語言而作、故文字所以傳達語言。語言有古今之變、南北之異、偏重音符、依聲音而立字者、雖當時當地語言相同之人、或以為便、但語言一有不同、即無由知其音而明其義。此中國文字所以『形音』並用、重『目治』以濟其窮也歐洲印度幅員渺小之國家相去不及數百里其文字即不相同即因偏重音符由於『耳治』之故。吾國區域廣大、交通阻梗、語言之歧異、不下數千百種。中原語系、吳語系、粵語系、閩語系、藏緬語系等等、既大有分別、每一語系之中、又有若干種不同而不能互相了解之方言例如吳語系之『蘇州語』與『溫州方言』即無法可通而溫州方言中之永嘉語青田語雖縣境毗連音調亦絕不相同。若非文字重『目治』之功、收統一之效、則中國早已分崩離析為幾千幾百國家。離鄉百里、即須學習他國文字、明其語言、離鄉千里、乃

至於須明數十國文字、始足應用（印度即有此弊）。又安能有今日境內同文、萬里一家、雖語言艱阻、而情愫無間之便利乎。

所謂形音並重而能傳世久遠者、中國以『單音節』之語言、『一音』可表名物、『一音』可達意思、故以『形符』象物象事、『聲符』注音定聲。能察其形而知其音者、旣可有轉變之用、卽聲韻轉變、方言不同者、亦可因形而知意、有注音之便、而無拼音之弊、此其所以在空間能發揮『同文』之效、在時間能補救『音變』之缺點。至音符文字、重在『耳治』、故時代推移、語言變遷、對古代典籍、卽須重加翻譯。蓋耳所不常聞之語、卽無由知其命意之所在也。吾國數萬里之疆域、同文無阻、數千年之文化、源流可考、此實由於文字之構造、形音並用、含義不變、故不受古今方言聲韻轉變之影響。

二公洞微之言（簡體字與中國文字學）、夐乎其不可及、信乎其不可易也。

從是以觀、世界三種文字系統、要而歸之、二種而已、卽美索文字與中國文字是也。美索文字經歷數千年之孳乳變化、至今已成爲多元性 (plurality) 之文字、非復舊時面目矣。惟中國文字則不然、在並世各種文字中、乃最富於韌性 (tenacity) 者、中華民族使用此種文字數千年、雖古今之語言有變、各地之方言不同、然賴有統一之文字、故能通貫數千年如一日、凝合數億人爲一體、其對於文化之發展、民族之團結、顧不偉歟。

三、中國語文之特質　夫文字由語言而來、有語言始有文字、中國語音爲單音、一字一音一義、可以單獨存在、聯合卽成語句。西方語音單音少複音多、合數音始成一字一義、中西語言不同、所形成之文字自異。中國語文之特質、約略言之、蓋有數事。

【一】中國語文一字一音、在文法上不因格位、數目、人稱、性別、時間等之範疇而有語尾之變化、而以邏輯次序(logical order)表示格位及詞品、並用副詞、虛字、助詞表示時間、動態與語氣。其純一之特性、與泰西各國語文恰相異趣、故用中國文字組成之文章、自呈簡潔整齊之風格。近人周先庚云：『中國文字、每字有每字之箇性、每字的結構組織、都像一箇小小的建築物、有平衡、有對稱、有和諧、字與字的辨識、因此就非常有標準、特別不容易模糊、比較西洋文字、每字是由許多箇大同小異的字母所組成、而又橫排成一平線、字與字間的箇性、完整性、或格式道(gestalt)、就少得多。』見美人判斷漢字位置之分析測驗二卷一期此言可以證也。

【二】中國文法與西洋文法、有顯著之差異、中國文字有詞位而無詞性、任何一字、可用爲名詞、亦可用爲動詞或形容詞等、全視其在語句中之位置及任務而定。如『解衣衣我』『推食食我』之屬、其詞性靈活、圜轉無端、故構成之文章、自呈生動優美之風格。

【三】單音文字易生混殽、乃以平上去入四聲區別之、今國音分陰平、陽平、上、去爲四聲。自來言四聲音理者、紛紜無定、要之不外以音之高低、強弱、長短而區分之也。有四聲卽有平仄、有平仄卽有抑揚頓挫、中國文字在讀音上之所以音韻悠揚、不致單調者、職是故也。反觀西方聲音之各別性、除元音(vowels)與輔音(consonants)外、至重讀(accented syllable)與輕讀(unaccented syllable)而已窮、無復有抑揚頓挫之節。然則吾國對仗工整、音韻諧美之詩詞曲賦駢文聯語等特殊文體、豈彼西方文字所能夢見者哉。

【四】以單音連綴(couplets)製造新詞、有雙聲(如流離慷慨高岡之類是也)、疊韻(如芳香淒迷慘淡之類是也)、疊字(如蕭蕭家家處處之類是也)、重義(如狼狽貧窮快樂之類是也)、反義(如冷暖南北成敗之類是也)、狹義之複合(如鳳凰魑魅蛟龍之類是也)、及廣義之複合(如學校師範噴射機霹靂彈之類是也)、此六者相互成文、彼此屬對、頗能增加音韻上之美感、而西洋文字則無能爲役焉。

【五】中國文字同義字極多、僅以『大』字而言、見於爾雅釋詁者、卽有三十九字。由於中國文字具備一字一音、詞性無定、一義多字之基本性格、故容易形成對偶之句法。對偶者、上下兩句字數相同、而意義對稱、上一句之第一字與下一句之第一字詞性屬於同類、以此類推、第二字與第二字、第三字與第三字、直至末一字與末一字、詞性亦屬於同類、此駢文律詩聯語等特殊文體之所由生也。蓋欲使文辭句度停勻、聲律和諧、必需一字一音而又多同義字之語文始克勝任、而吾國語文最爲具備此種條件、是以中國文辭常有駢偶化之趨勢。日本漢學家鹽谷溫曰:『中國語文單音而孤立之特性、其影響於文學上、使文章簡潔、便於作駢語、使音韻協暢。』(中國文學概論陳彬龢譯)非漫言也。

四、中西語文與文學之關係　文學作品爲文字所組成、反之、文字卽文學之材料。西方文字、類皆由數十字母拼合而成、以音爲主。獨中國文字、始於象形、指事、以形爲主。由是拼合而得會意與形聲、變化而得轉注與假借、是爲六書。六書既備、於以應萬事賅萬物而無虞匱乏、非特其形式優美、音節協暢、動人愛悅已也。且因字皆單音、故容易綴成簡潔之辭、整齊之句。駢文與律詩、實爲我國特有之文體、卽普通韻文與古詩、亦皆能以三四五七言、組織而成洋洋大篇、無患其意有不達、情有不盡。今錄詩詞曲駢文聯語各一首、以爲鼎臠之嘗焉。

【一】律詩

錦瑟　　李商隱

錦瑟無端五十絃。一絃一柱思華年。莊生曉夢迷蝴蝶。望帝春心託杜鵑。滄海月明珠有淚。藍田日暖玉生煙。此情可待成追憶。祇是當時已惘然。

【二】詞

臨江仙　　晏幾道

夢後樓臺高鎖。酒醒簾幕低垂。去年春恨卻來時。落花人獨立。微雨燕雙飛。記得小蘋初見。兩重心字羅衣。琵琶絃上說相思。當時明月在。曾照彩雲歸。

【三】曲

人月圓　　張可久

萋萋芳草春雲亂。愁在夕陽中。短亭別酒。平湖畫舫。垂柳驕驄。一聲啼鳥。一番夜雨。一陣東風。桃花吹盡。佳人何在。門掩殘紅。

【四】駢文

上文選注表

李善

臣善言。竊以道光九野。縟景緯以照臨。德載八埏。麗山川以錯峙。垂象之文斯著。含章之義聿宣。協人靈以取則。基化成而自遠。故羲繩之前。飛葛天之浩唱。媯箕之後。掞叢雲之奧詞。步驟分途。星躔殊建。球鍾愈暢。舞詠方滋。楚國詞人。御蘭芬於絕代。漢朝才子。綜鞶帨於遙年。虛玄流正始之音。氣質馳建安之體。長離北度。騰雅詠於圭陰。化龍東騖。煽風流於江左。爰逮有梁。宏材彌劭。昭明太子業膺守器。譽貞問寢。居肅成而講藝。開博望以招賢。搴中葉之詞林。酌前修之筆海。周巡緜嶠。品盈尺之珍。楚望長瀾。搜徑寸之寶。故撰斯一集。名曰文選。後進英髦。咸資準的。伏惟陛下經緯成德。文思垂風。則大居尊。耀三辰之珠璧。希聲應物。宣六代之雲英。孰可撮壤崇山。導涓宗海。臣蓬衡蕞品。樗散陋姿。汾河委筴。夙非成誦。嵩山墜簡。未議澄心。握玩斯文。載移涼燠。有欣永日。實昧通津。故勉十舍之勞。寄三餘之暇。弋釣書部。願言注緝。合成六十卷。殺青甫就。輕用上聞。享帚自珍。緘石知謬。敢有塵於廣內。庶無遺於小說。謹詣闕奉進。伏願鴻慈。曲垂照覽。謹言。

【五】聯語

題延平王祠

沈葆楨

開萬古得未曾有之奇。洪荒留此山川。作遺民世界。

極一生無可如何之遇。缺憾還諸天地。是創格完人。其中對句，不僅意義對稱，而詞性，音節，形體，亦無一不對稱，將美學(aesthetics)中所謂整齊美（unity）與對稱美(symmetry)在文學上發揮到極峯。

至於西洋文學作品，尤以佩脫拉克（Francesco Petrarch）莎士比亞（William Shakespeare）密爾頓（John Milton）濟慈（John Keats）諸人之十四行詩（Sonnet），以及雪萊（Percy Bysshe Shelley）丹尼生（Alfred Tennyson）拜倫（Lord George Gorden Byron）漢利（William Ernest Henley）魏特曼（Walt Whitman）卡萊爾（Thomas Carlyle）頗普（Alexander Pope）布魯克（Edmund Burke）諸人之作品，皆有若干類似駢偶之平行語氣（parallel construction），然此種語氣，在一篇一節中，往往不數覯。今不暇博引，姑就其習見者，略舉於左。

（1）Music when soft Voices die,
Vibrate in the memory ——
Odours when sweet Violets Sicken,
Live within the sense they quicken.
~~~ Percy Bysshe Shelley ~~~

（2）The long light shakes across the lakes,
And the wild Cataract leaps in glory.
~~~ Alfred Tennyson ~~~

(3) There is a pleasure in the pathless woods,
There is a rapture on the lonely shore.
〰 Lord George Gorden Byron 〰

(4) My boat is on the shore,
And my bark is on the sea.
〰 Lord George Gorden Byron 〰

(5) Some had shoes,
But all had rifles.
〰 William Ernest Henley 〰

(6) My Captain does not answer, his lips are pale and still,
My father does not feel my arm, he has no pulse nor will.
〰 Walt Whitman 〰

(7) Never more shall I escape, never more the reverberations,
Never more the cries of unsatisfied love be absent from me.
Never again leave me to be the peaceful child I was before what there in the night.
〰 Walt Whitman 〰

(8) I am the last of noble Edward's sons,
Of whom thy father, prince of Wales, was first.
In war, was never lion raged more fierce;
In peace, was never gentle lamb more mild.

~~~~ William Shakespeare ~~~~

(9) See the same man in vigor, in the gout;
Alone, in company; in place, or out;
Early at business, and at hazard late;
Mad at a fox—chase, wise at a dabate.

~~~~ Alexander Pope ~~~~

(10) The question with me is not whether you have a right to render your people miserable, but whether it is not your interest to make them happy. It is not what a lawyer tells me I may do; but what humanity, reason, and justice tell me I ought to do. Is a politic act the worse for being a generous me? Is no concession proper but that which is made from your want of right to keep what you grant?

~~~~ Edmund Burke ~~~~
~~~~

皆屬排偶句法，惜西文單音字與複音字相錯雜，意象雖極對稱，而詞句與聲音則不易兩兩對稱。如上舉丹尼生詩中之『光』與『瀑』二字，中文之音義皆相對稱，而在英文中 light 與 Cataract 義雖相對，而音則多寡不同，不能成對，亦猶『長孫無忌』不能對『魏徵』，其理一也。

今再取英國大詩人拜倫之哀希臘詩 (The Isles of Greece) 第一首，譯爲中國之古詩，以見何者始能在形式上表現出整齊美，何者始能在聲韻上表現出音節美。

原詩爲：

The isles of Greece, the isles of Greece!
　Where burning Sappho lived and sung,
Where grew the arts of war and peace,
　Where Delos rose, and Phoebus sprung!
Eternal summer gilds them yet.
　But all, except their sun is set.

蘇曼殊譯爲：

巍巍希臘都　生長奢浮好
情文何斐亹　荼輻思靈保
征伐和親策　陵夷不自葆

長夏尙滔滔　　　　積陽照空島

二詩在形式上之整齊畫一、在聲韻上之抑揚抗墜、孰優孰劣、一望可知、無待辭費矣。良以單音節方塊形之漢字、其產生字句相對、音調協暢之文學作品、爲勢所必然。異邦之人、書違頡誦、卽有閎文麗藻、而音調參差、隸事亦匪均切、非其至矣。故吾國文學、所長雖非一端、而詩詞曲駢文聯語、則尤爲獨有之美文(belles—lettres)也。

據上所述、足知中國語言文字爲世界上最優美之語言文字、在字形字音字義乃至文法各方面皆表現出優美之特質、在形式上卽形成爲『整齊美』、在音韻上卽形成爲『音節美』、遂使中國文學成爲世界上最優美之文學。善乎高本漢之言曰：『以中國之大、而能如此結合、實由於過去中國文言及文字、爲一種書寫上世界語、作爲維繫之工具。中國有此精巧之工具、與運用之有方、故中國歷代以來、能保持政治上之統一、亦不得不歸功於此種文言與文字之統一勢力。中國人如不願廢棄此種特別文字、決非笨拙頑固之保守、中國文字與中國語情形、非常適合、故中國文字爲中國所必不可少者。如中國人必毀棄此種文字、此乃自願摧毀中國文化實在之基礎而降服於他人。』（中國語與中國文）、我四百兆可愛之國民、其有哀國粹之淪亡者乎、庶幾披涕以讀而爲之舞。

第二節　駢文之義界

世界各國之文學、依其體式、祇能畫爲散文（prose）與韻文（verse）兩大類。惟有中國文學、除此二者之外、別有一特種文藝焉、則駢文是已。斯文也、既非純粹之散文、亦非純粹之韻文。蓋謂之爲散文、則彼既著重聲調之諧婉鏗鏘、同時亦考究字句之整齊勻稱、非若散文之字句參差、聲調錯落也。謂之爲韻文、則彼祇著重句中平仄之相間、而不必押句末之腳韻、非若韻文之通體用韻也。由是觀之、斯文實爲一非散非韻亦散亦韻之特殊文體、乃舉世所未有、中邦所僅見者。日人兒島獻吉郎曰：『四六文既非純粹之散文、又非完全之韻文、乃似文非文、似詩非詩、介於韻文散文之間、有不離不卽之關係者、故稱之爲律語或駢文。』中國文學概論關於斯文之源流與變遷、留待後論、今爲開宗明義之討論、則名稱尙矣。孔子曰：『必也正名乎。……名不正、則言不順、言不順、則事不成。』論語子路篇今首立斯文之界說、亦猶是夫。

一、駢文與散文　駢文蓋別於散文而言、數不能有奇而無偶、斯文不能有散而無駢、易詩書禮春秋之文、散之中未嘗無駢、理欲並舉、則散而駢矣、蓋出於自然也、蓋本乎天籟也、且根本無駢散之觀念也、當駢則駢、當散則散、胥視乎事實之需要與行文之方便而定、自難加以軒輊者矣。

逮東漢以後、文章辭賦皆趨於形式之美化、而漸離教化實用之立場。蕭梁諸子、仍踵舊風、務以聲色相矜、以藻繪相飾、隸事遣詞、尤多拘忌、及其末流、不免弊端叢生、因此激起王通柳冕李華諸人之反感。此諸子者、深病六朝文學之撏撦追琢、不務實際、要求一種切於實用之文學、乃建立道統文學之理論、期冶文學儒道教化於一爐。其後韓愈柳宗元踵起、大聲疾呼、力主文以載道之說、以復古爲革命、用古文代替駢體之時文、以爲古人之文原本如此、影響於當時及後代甚鉅。世遂稱用偶語者爲駢文、用奇語者爲古文、或曰散文。是駢文散文之截然畫分、乃唐代以後事、前此實無有顯著之界限也。

自韓柳古文運動以後、拘墟之士、好異甘酸、喜立門戶、嗜綺麗者以沈思翰藻爲宗、力排散體不得爲文、重質素者以據事直書爲主、痛詆駢偶有類俳優。或高標秦漢、或揭櫫魏晉、或噬八家之殘截、據腐鼠以嚇鵷雛、或乞六代之餘靈、矜班香而擷宋豔。譬彼蕭選一序、宗駢者奉爲玉律金科、韓子之文、主散者謂爲泰山北斗。莫不如薰蕕之不可以同器、涇渭之不可以同流、壁壘森嚴、嘵嘵爭辯、自中唐迄今而未已、聽者瞀惑、靡所適從、深可歎喟。

駢散之爭、李唐已降、無代無之、而以有清一代爲尤烈。首先發難者、厥爲桐城諸子乎。桐城諸子震於蘇氏稱韓文起八代之衰、因奉之爲不祧之宗、益以柳歐三蘇王曾、號爲古文八大家、朝夕研誦、字模句仿、沾沾自喜、謂其可以載道、遂目駢偶爲俳優、力抑之爲不値一錢、集此派思想之大成者、則姚姬傳之高第弟子梅曾亮也。曾亮復陳伯言書曰：

某少好駢體之文、近始覺班馬韓柳之可貴、蓋駢體之文、如俳優登場、非絲竹金鼓佐之、則手足無所措、其周旋揖讓、非無可貴、然以之酬接、則非人情也。

是固古文家泰甚之評論也。故袁枚答友人論文書、力糾桐城諸子之非、以韓柳爲文中五霸、駢散各有其用、大爲駢文張目。其書曰：

足下之答綿莊書曰：『散文多適用、駢體多無用、文選不足學。』此又誤也。夫高文典籍用相如、飛書羽檄用枚皋、文章家各適其用、若以經世而論、則紙上陳言、皆爲無用。

此駁駢文無用之說也。又曰：

古之文、不知所謂駢與散也。尚書曰『欽明文思安安』、此散也。而『賓於四門、納於大麓』、非其駢焉者乎。易曰『潛龍勿用』、此散也。而『體仁足以長人、嘉會足以合禮』、非其駢焉者乎。

此謂古人作文、初無駢散之見梗於胸中、故奇偶無定、舉經典以爲證、其說最精。又曰：

足下云云、蓋震於昌黎起八代之衰一語、而不知八代固未嘗衰也、何也、文章之道、如夏殷周之立法、窮則變、變則通、西京渾古、至東京而漸漓、一二文人、不得不以奇數之窮、通偶數之變。及其靡曼已甚、豪傑代雄、則又不屑雷同、而必挽氣運以中興之。徐庾韓柳亦如禹稷顏子易地則皆然也。

否認昌黎文起八代之衰一語、指出古文家之病源、而以駢散互有盛衰、緣文人好奇、不屑雷同、非其衰祇在駢、而興惟在散、尤爲切中情理、使嗜古者無從置喙。至謂：

韓柳亦知其難、故鏤肝鉥腎、爲奧博無涯涘、或一兩字爲句、或數十字爲句、拗之鍊之、錯落之、以求合於古、人但知其獨造、而不知其功苦、其勢危也、誤於不善學者、而一瀉無餘。蓋其詞駢、則徵典隸事、勢難不讀書、其詞散、則言之無物、亦足支持句讀。吾常謂韓柳爲文中五霸者此也。

則直搗古文家之巢穴、謂其末流欲以質素蓋其弇陋、雖意有所偏、而理則不爽。彼桐城派以駢文不能盡達『來如雲興、聚如雲屯』（管同語見梅曾亮書管異之文集後）之意者、蓋亦未之思矣。其後阮元鑒於古文家之空疏、復大張其軍、直謂駢文爲文學之正統、強調必協音成韻、修辭用偶、乃得命之曰文、否則祇能謂之言、謂之語。其書梁昭明太子文選序後文言說四六叢話後敍、皆反覆闡明此意、且命其子福作文筆對、廣徵史傳、以明散體不得名文（關於此點余別有說詳之）。今節錄書梁昭明太子文選序後一段、以窺豹斑。

言必有文、專名之曰『文』者、自孔子易文言始。傳曰：『言之無文、行之不遠。』故古人言貴有文。孔子文言、實爲萬世文章之祖、此篇奇耦相生、音韻相和、如青白之成文、如咸韶之合節、非淸言質說者比也、非振筆縱書者比也、非詰屈澀語者比也。是故昭明以爲經也史也子也、非可專名之爲文也、專名爲文、必沈思翰藻而後可也。自齊梁以後、溺於聲律、彥和雕龍、漸開四六之體、至唐而四六更卑、然文體不可謂之不卑、而文統不得謂之不正。自唐宋韓蘇諸大家、以奇耦相生之文爲八代之衰而矯之、於是昭明所不選者、反皆爲諸家所取。故其所著者、非經卽子、非子卽史、求其合於昭明序所謂『文』者鮮矣、合於班孟堅兩都賦序所謂『文章』者更鮮矣。

阮氏與桐城派之所謂文、皆失之偏、惟劉開李兆洛曾國藩孫德謙諸子得乎中和。李以爲奇偶不能相離、而可以互用（見駢體文鈔序）。曾亦主奇偶互用、奇中有偶、偶中有奇（見送周荇農南歸序）、與李意同。至劉氏則力主文無所謂古今、亦無分於駢散、其與王子卿太守論駢體書云：

夫辭豈有別於古今、體亦無分於疏整。

夫文辭一術、體雖百變、道本同源、經緯錯以成文、玄黃合而爲采、故駢之與散、並派而爭流、殊塗而合轍。千枝競秀、乃獨木之榮、九子異形、本一龍之產。故駢中無散、則氣壅而難疏、散中無駢、則辭孤而易瘠。兩者但可相成、不能偏廢。

世儒執墟曲之見、騰埳井之波、宗散者鄙儷詞爲俳優、宗駢者以單行爲薄弱、是猶恩甲而仇乙、是夏而非冬也。夫駢散之分、非理有參差、實言殊濃淡、或爲繪繡之飾、或爲布帛之溫、究其要歸、終無異致、推厥所自、俱出聖經。

文有駢散、如樹之有枝幹、草之有花萼、初無彼此之別。所可言者、一以理爲宗、一以辭爲主耳。夫理未嘗不藉乎辭、辭亦未嘗能外乎理、而偏勝之弊、遂至兩歧。始則土石同生、終乃冰炭相格、求其合而一之者、其惟通方之識、絕特之才乎。

孫氏亦曰：

駢體之中、使無散行、則其氣不能疏逸、而敍事亦不淸晰。故庾子山碑誌文、述及行履、出之以散、每敍一事、多用單行先將事略說明、然後援引故實、作成駢語、以接其下。推之別種體裁、亦應駢中有散也。儻一篇之內、始終無散行處、是後世書啓體、不足與言駢文矣。（六朝麗指）

二氏所論、最爲持平、皆刻意強調駢散二者、如陰陽奇偶、但可相成、不能偏廢。蘄春黃季剛先生復揚二氏之波、折衷駢散之說、尤稱卓絕。其言曰：

文之有駢儷、因於自然、不以一時一人之言而遂廢。然奇偶之用、變化無方、文質之宜、所施各別。或鑒於對偶之末流、遂謂駢文爲下格、或懲於流俗之恣肆、遂謂非駢不得爲文、斯皆拘滯於一隅、非閎通之論也。……總之、偏於文者好用偶、偏於質者好用奇、文質無恆、則偶奇亦無定、必求分畛、反至拘墟。……近世褊隘者流、競稱唐宋古文、而於前此之文、類多譏誚、其稱述至於晉宋而已。不悟唐人所不滿意、止於大同以後輕豔之詞、宋人所詆爲俳優、亦裁上及徐庾、下盡西崑、初非舉自古麗辭、一概廢閣也。自爾以後、駢散則判若胡秦、爲散文者力避對偶、爲駢文者又自安於聲律對仗、無復迭用奇偶之能。以愚意論之、彼以古文自標榘者、誠可無與諍難、獨奈何以復古自命者、亦自安於駢文之號、而不一究其名之不正乎。阮伯元云：沈思翰藻、始得爲文、而其餘皆經子史、是以駢文爲文、而反尊散文爲經子史也。李申耆選晚周之文、以迄於隋、而名之曰駢體文鈔、是以隋以前文爲駢文、而唐以後反得爲古文也。文心雕龍札記

大抵駢文聲韻深長、詞句對仗、便於記誦、易啓人感、此其所長也。而其流弊、則有堆積典實、貽書鈔之譏、多所拘忌、傷文之眞美。散文句法錯落、氣疏以達、章無贅句、字不虛下、抒情記事、馳騁如意、此其所長也。及其末流、遂以鉤章棘句爲奇、佶屈聱牙爲古、以艱深之詞、文淺易之說、侈言義法、用掩空疏。惟主奇偶迭用者、兼有二者之長、而無其短、此非兩可之說、實有至理存焉。矧文章以意爲主、以氣勢爲輔、本無間乎駢散者乎。至進化觀念、本由簡以趨繁、自博而返約、則由來駢散之爭、皆膠柱鼓瑟、未得正解、吾人固無足介意焉云爾。

至於駢文散文之差異、概括言之、蓋有四焉。

【一】形態上　駢文之特徵、計有五點：一曰多用對句、二曰以四字與六字之句調作基本、三曰力圖音調之諧和、四曰繁用典故、五曰務求文辭之華美。今舉駢散文各一篇以示例。

讀孟嘗君傳（散文）

王安石

世皆稱孟嘗君能得士。士以故歸之。而卒賴其力。以脫於虎豹之秦。嗟乎。孟嘗君特雞鳴狗盜之雄

耳。豈足以言得士。不然。擅齊之強。得一士焉。宜可以南面而制秦。尚何取雞鳴狗盜之力哉。雞鳴狗盜之出其門。此士之所以不至也。

魚千里齋隨筆序（駢文）

成惕軒

玄亭載酒之餘。試院煎茶之頃。國中耆老。時接雅言。宇內勝流。率殷淸慕。或盧前王後。聲交應於雁行。或枚速馬遲。文各矜其鴻寶。雲泥靡隔。縞紵相歡。亦云盛已。世難紛集。朋簪淩疏。會値播遷。益嗟離索。

而遠棲碧嶠。重振黃圖。乃獲與辭采冠一時。心儀踰十載之漁叔先生。傾蓋北臺。聯鑣東閣。則又未嘗不引爲平生之大快焉。漁叔少讀楹書。上恢門業。

小冠自異。有杜子夏之高風。
喬木如新。是王壬秋之故里。
五鹿折角。窮經明治化之原。
一鳳揚聲。餘事擅篇章之妙。
其爲文也。楚豔漢侈。綜美於前修。
其爲詩也。庾清韓豪。兼工於衆體。
五色濯江頭之錦。
四時飛筆底之花。
秀氣靈襟。
巧心妍手。
求諸冀北。已告空羣。
眘此斗南。宜推獨步。
頃復
抽其餘緒。
撰爲斯篇。
顏曰魚千里齋隨筆。

裁量古今。
品藻人物。
舉所見所聞之事。
紀不支不蔓之言。
間涉祆祥。絕殊齊東之野語。
卽論文字。直勝池北之偶談。
余披覽既竟。因謂漁叔
風標似鶴。
咳唾皆珠。
郢雪妙聲。詎巴人可企。
夢華新錄。視孟氏尤賢。
漁叔
遜謝有加。
序言是屬。
且曰。
潤色鴻業。寧敢後人。
樹幟駢林。當以讓子。

是知昌黎雙鳥之詠。叔度千頃之波。淵識孤懷。又非流俗所得窺其涯際者矣。

余病文士相輕之習。感故人見待之誠。寓目弘編。綴辭末簡。萬言倚馬。爭看李白之再生。一曲移人。儻許成連爲同調。

二者在形態上完全不同、而駢文屬對之工穩、字句之整齊、音調之鏗鏘、用典之繁富、辭藻之華美、有不得不令人咨嗟詠歎者、中國文學之藝術美、於此表現無遺矣。

【二】文氣上　散文主文氣旺盛、則言無不達、辭無不舉。駢文主氣韻曼妙、則情致婉約、搖曳生姿。善乎孫德謙之言曰：『六朝文之可貴、蓋以氣韻勝、不必主才氣立說也。齊書文學傳論曰、放言落紙、氣韻天成。若取才氣橫溢、則非六朝眞訣也。昌黎謂惟其氣盛、故言之高下皆宜。斯古文家應爾、駢文則不如此也。六朝文中、往往氣極遒鍊、欲言不言、而其意則若卽若離、上抗下墜、潛氣內轉、故駢文蹊徑、與散文之氣盛言宜、所異在此。』六朝麗指 近人錢基博亦曰：『主氣韻勿尚才氣、則安雅而不流於馳騁、與散文殊科。崇散朗勿矜才藻、則疏逸而無傷於板滯、與四六分疆。』駢文通義

【三】功用上　散文家認爲文章所以明道、故其態度是認眞的、嚴肅的、蓋以文章爲經世致用之工具也。柳宗元答韋中立論師道書：『始吾幼且少、爲文章以辭爲工。及長、乃知文者以明道、是故不苟爲炳炳烺烺、務采色、夸聲音、而以爲能也。凡吾所陳、皆自謂近道、而不知道之果近乎遠乎。吾子好道而

可吾文、或者其於道不遠矣。故吾每爲文章、未嘗敢以輕心掉之、懼其剽而不留也。未嘗敢以怠心易之、懼其弛而不嚴也。未嘗敢以昏氣出之、懼其昧沒而雜也。未嘗敢以矜氣作之、懼其偃蹇而驕也。抑之欲其奧、揚之欲其明、疏之欲其通、廉之欲其節、激而發之欲其清、固而守之欲其重、此吾所以羽翼夫道也。』而駢文家之見解、則以文章本身之美、卽爲文章之價値、故其態度是淡泊的、超然的、蓋以文章爲抒寫性靈之工具也。孫德謙六朝麗指：『麗辭之興、六朝稱極盛焉。……余少好斯文、迄茲靡倦、握睇籀諷、垂三十年、見其氣轉於潛、骨植於秀、振采則淸綺、陵節則紆徐、緝類新奇、會比興之義、窮形抒寫、極絢染之能。』

【四】性質上　散文雄健如俗世之偉人、駢文閒逸如出塵之高士。若以桐城派之陰陽剛柔況之、散文得之於陽剛之美、卽今世所謂壯美者也、而駢文則得之於陰柔之美、卽今世所謂優美者也。孫德謙六朝麗指：『文氣貴分淸濁、尤宜識陰陽之變、近世古文家、其論文氣也、有陽剛陰柔之說、立論最確當不易。以吾言之、六朝駢文、卽氣之陰柔者也。嘗試譬之、人固有英才偉略、傑然具經世志者、文之雄健似之、若高人逸士、蕭灑出塵、耿介拔俗、自有孤芳獨賞之槪。以言文辭、六朝之氣體閒逸、則庶幾焉。易曰、一陰一陽之謂道。斯豈道爲然哉、六朝文體蓋得乎陰柔之妙矣。』

二、駢文與韻文　古之文章、皆務協音以成韻、修辭以達遠、故有韻文之興焉。質言之、韻文爲一種有音樂之聲韻、美術之組織、而富於人生情感之文學作品。是以美的文學作品、靡論古今中外、皆先有韻、自擊壤歌三百篇以至荷馬 (Homeros) 之伊利亞得 (Iliad) 與奧德賽 (Odyssey) 及但丁 (Dante Alighieri) 之神曲 (La Divina Commedia) 等俱不例外、故曰韻文之起、與生民以並興、蓋有韻利於歌者聞者而較易收到感人之效果，此乃自然之要求，抑亦人類之天籟也。申而論之，韻文所以起源最早者，厥有三因。一則扱字之原，音先義後，解字之用，音近義通，先民作文，比類合義，韻既相叶，義必相符。一則有韻之詞，既與聲通，自與情適，情之發也，或驟或疾，驟則不邕，疾則不舒，惟韻文有節，乃能控制此情，而抑揚婉轉，使之條達，故朱子曰：『既有言矣，則言之所不能盡，而發之於咨嗟詠歎之餘者，必有自然之音響節奏而不能已焉。』（朱子全書）一則古者文字未興，口耳之傳，久則忘失，綴以韻文，斯便吟詠，而易記憶，故阮元曰：『古人以簡策傳事者少，以口舌傳事者多，以目治事者少，以耳治事者多，同為一言也，轉相告語，必有愆誤，是必寡其詞，協其音，以文其言，使人易於記誦，無能增改，且無方言俗語雜於其間，始能達意，始能行遠。』（文言說）此非第韻文然也，駢文之起源亦不外是（駢文之起源下節當詳述之）。駢文有押韻者，有不押韻者，而不押韻之駢文，就廣義言，亦得謂之韻文，蓋古之韻不專在句末，即句中亦有韻，句中平仄，例須調協，然後讀之，鏗鏘可聽，駢文之平仄是也，此阮元論之詳矣，其文韻說曰：

福問曰：『文心雕龍云，今之常言，有文有筆，以為無韻者筆也，有韻者文也。據此，則梁時恒言有韻者乃可謂之文，而昭明文選所選之文，不押腳韻者甚多，何也。』

曰：『梁時恒言所謂韻者，固指押腳韻，亦兼謂章句中之音韻，即古人所言之宮羽，今人所言之平仄也。』

福曰：『唐人四六之平仄，似非所論於梁以前。』

曰：『此不然，八代不押韻之文，其中奇偶相生，頓挫抑揚，詠歎聲情，皆有合乎音韻宮羽者。詩騷而後、莫不皆然、而沈約矜爲㧜獲、故於謝靈運傳論曰、夫五色相宣、八音協暢、由乎玄黃律呂、各適物宜、欲使宮羽 青案宮羽乃指陰平陽平上去入五聲而言 相變、低昂舛節、若前有浮聲、則後須切響 青案浮聲切響乃指平仄而言、一簡之內、音韻盡殊、兩句之中、輕重悉異、妙達此旨、始可言文。又曰、自靈均以來、此祕未覩、至於高言妙句、音韻天成、皆暗與理合、匪由思至。又沈約答陸厥書云、韻與不韻、復有精粗、輪扁不能言之、老夫亦不盡辨。休文說此、實指各文章句之內、有音韻宮羽而言、非謂句末之押腳韻也。是以聲韻流變而成四六、亦祇論章句中之平仄、不復有押腳韻也。四六乃有韻文之極致、不得謂之爲無韻之文也。昭明所選不押腳韻之文、本皆奇偶相生、有聲音者、所謂韻也。休文所矜爲㧜獲者、謂漢魏之音韻、乃暗合於無心、休文之音韻、乃多出於意匠也。豈知漢魏以來之音韻、溯其本源、亦久出於經哉。孔子自名其言易者曰文、此千古文章之祖。文言固有韻矣、而亦有平仄聲音焉。即如溼燥龍虎覩上下八句、何等聲音、無論龍虎二句不可顚倒、若改爲龍虎燥溼覩、即無聲音矣。無論其德其明其序其吉凶四句不可錯亂、若倒不知退於不知亡不知喪之後、即無聲音矣。此豈聖人天成暗合、全不由於思至哉。由此推之、知自古聖賢屬文時、亦皆有意匠矣。然則此法肇開於孔子、而文人沿之、休文謂靈均以來、此祕未覩、正所謂文人相輕者矣。不特文言也、以時代相次、則及於卜子夏之詩大序、序曰、情發於聲、聲成文、謂之音。又曰、主文而譎諫。又曰、長言之不足、則嗟歎之。鄭康成曰、聲謂宮商角徵羽也、聲成文者、宮商上下相應、主文、主於樂之宮商相應也。此子夏直指詩之聲音而謂之文也、不指翰藻也。然則孔子文言之義益明矣、蓋孔子文言繫辭亦皆奇偶相生、有聲音嗟歎以成文者也。聲音卽韻也、詩關雎鳩洲逑押腳有韻、而女字不韻、得服側押腳有韻、而哉字不韻、此正子夏所謂聲成文之宮羽也、此豈詩人暗與韻合、匪由思至哉。子夏此序、文選選之、亦因其中有抑揚詠歎之聲音、且多偶句也。綜而論之、凡文者在聲爲宮商、在色爲翰藻、卽如孔子文言雲龍風虎一節、實千古宮商翰藻奇偶之祖。非一朝一夕之故一節、實千古嗟歎成文之祖。子夏詩序情文聲音一節、實千古聲韻性情排偶之祖。吾固曰、韻者卽聲音也、聲音卽文也。然則今人所便單行之文、極其奧折奔放者、乃古之筆、非古之文也、沈約之說、或可橫指爲八代之衰體、孔子子夏之文體、豈亦衰乎。是故唐人四六之音韻、雖愚者能效之。上溯齊梁、中材已有所限。若漢魏以上至於孔卜、非上哲不能擬也。』

阮氏此說、亦云至當、其意蓋謂韻文與駢文同出一源、並駕齊驅也。惟其說猶有未諦、鄙意以爲韻文蓋有二義：

【一】凡一切文學之有聲音關係者、皆得與於韻文之列、是謂廣義。駢文固須妃青儷白、切響叶音、始爲盡妙、有句末之韻、亦有句中之韻、蓋句中務協宮商、是亦有韻、故駢文亦得謂之韻文。

【二】古之用韻者、約分六項：一曰賦頌、二曰哀誄祭文、三曰箴銘、四曰占繇、五曰古今體詩、六曰詞曲、之數體者、皆須押句末之腳韻、是謂狹義（韻文之在西洋文學中不過詩歌而已）。而句末不必押腳韻之駢文、則非其倫也。

世人對於駢文與散文韻文之分別、每多混殽不清、故不憚煩、辭而闢之。其實必欲使三者作嚴格之畫分、殆非事實上所能許。良以南北朝時代、一切文學作品皆臻於駢偶化、律體化、幾無眞散文可言。趙宋爲一散文化時代、詩與四六、雖講對仗、然仍清空流轉、明白如話、不復見排偶之迹、是極端散文化之作品也。故釋惠洪評韓昌黎之詩直『押韻之文耳、雖健美富贍、然終非詩。』冷齋夜話謝榛亦曰：『李斯上秦皇帝書、爲文中之詩、杜甫北征、爲詩中之文。』四溟詩話蓋亦有爲而發者歟。又在經書中、韻文與非韻文亦無明顯之界限、譬之尙書、記事之史也、而押韻之句、隨處可見。毛詩、韻文之作也、而駢偶與散行之語氣、俯拾可得。由是言之、駢文散文韻文三者、實有其相依相附之關係在焉。近人劉師培嘗以之比附佛書、其言曰：

> 印度佛書、區分三類：一曰經、二曰論、三曰律、中國古代書籍、亦大抵分此三類。一曰文言、藻繪成文、復雜以駢語韻文、以便記誦、如易經六十四卦及書詩兩經是也、是卽佛書之經類。一曰語、或爲記事之文、或爲論難之文、用單行之語、而不雜以駢儷之辭、如春秋論語及諸子之書是也、是卽佛書之論類。一曰例、明法布令、語簡事賅、以便民庶之遵行、如周禮儀禮禮記是也、是卽佛書之律類。後世以降、排偶之文、皆經類也、單行之文、皆論類也、會典律例諸書、皆律類也。故經論律三類、可以賅古今文體之全。劉申叔先生遺書論文雜記

此誠別開生面之論說也、姑錄之以備參閱。今試製二表、以明三者相互間之關係。

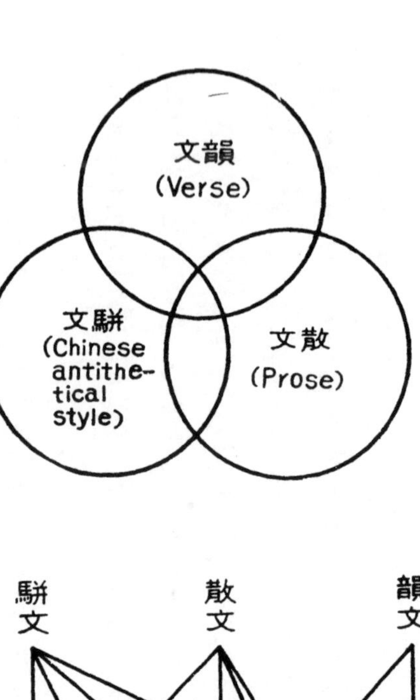

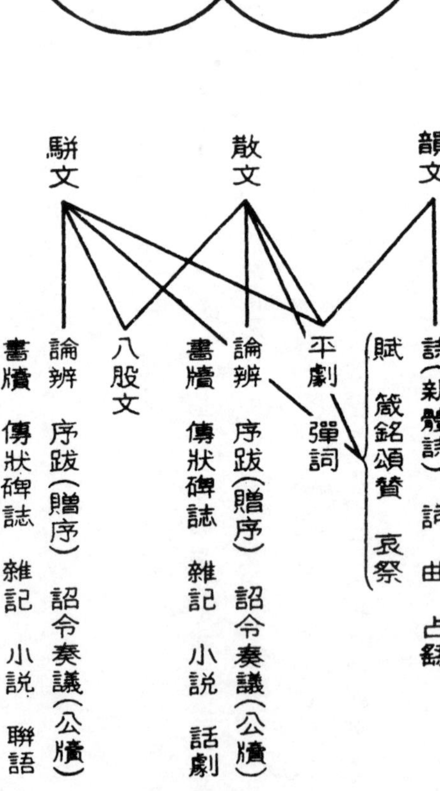

三、駢文之名稱　何謂駢文、駢文者、以通體多作偶句也、其名至清而始盛、近年尤甚、求之於古、則惟柳宗元乞巧文『駢四儷六、錦心繡口』之言、自此以前則未之見也。清曾燠輯國朝駢體正宗十二卷、以駢體名文、蓋昉此。近人夏敬觀云：『駢文義本柳宗元駢四儷六一語、顧未以名文也。說文駕二馬爲駢、莊子駢拇與枝指對舉、於義皆未孅。大抵唐以後、韓柳之學大倡、承其流者各囿門戶之私、務標異以示軒輊、治偶文輩又苟習庸濫、取便箋奏、不能求端往古、以尊其體、而駢義之非、遂無辯之者。李商隱且以四六謚其集、其傎尤甚。淸李兆洛昌言復古、彙選六朝文樹之圭臬、而不悟立名之誤。』（銅厂文稿序）夏氏以駢文一名、於義無當、是否有理、姑置勿論、本書所論之領域、則仍沿用近日駢文之誼、蓋從人所習知也。

夫駢文之名稱多矣、更僕亦難悉數焉、惟文家所習用者、不過二十餘種而已、玆一一詮釋於後。

【一】駢體文　亦省稱曰駢文、駢體。蓋別於散文而言、以其通體多作偶句、如二馬之並馳也。說文：『駢、駕二馬也、從馬、幷聲。』駢訓爲併、併之義爲並、卽與奇相反者也。段玉裁注云：『併馬謂之儷駕、亦謂之駢。』考之文選琴賦『駢馳翼驅』注、訓爲併、七命『駢武齊轍』注、釋爲並、猶言車貳佐乘、馬儷驂服、惟服乘不隻、故名號必雙。蓋非然者、兩事相並、而輕重不均、是驥之左驂、駑爲右服也。或二事合併、而莫與爲偶、是夔之一足、趻踔而行也。駢文中除每段之發句、收句、及段中之轉接句、補足句、可用散句一至數句外、通篇皆以字句相對、平仄調和爲則、如兩馬並駕而馳然、此駢文命名之義也。淸以前以駢體文名其文若書者、未之或見（唐駢文別集如李商隱之樊南四六甲乙集宋駢文總集如五百家播芳大全文粹皆未以駢文名）自曾燠駢體正宗出、步武而沿用之者、僂指難數、如李兆洛之駢體文鈔、王先謙之駢文類纂、錢基博之駢文通義之類是也。

【二】駢文　駢體文之省稱、詳駢體文條。

【三】駢體　亦駢體文之省稱、詳駢體文條。

【四】駢語　卽駢體文也。明游日章撰駢語雕龍四卷、淸周池撰駢語類鑑四卷、又近人王國維以之與楚騷漢賦唐詩宋詞元曲並稱、其宋元戲曲史自序云：『凡一代有一代之文學、楚之騷、漢之賦、六代之駢語、唐之詩、宋之詞、元之曲、皆所謂一代之文學、而後世莫能繼焉者也。』

【五】**駢偶**　駢文以對偶爲第一要件、駢偶之方式、據日人遍照金剛文鏡祕府論所列、多達二十九種、其中以『當句對』青案一句之中自成對偶者謂之當句對如王勃滕王閣序物華天寶龍光射牛斗之墟人傑地靈徐孺下陳蕃之榻龍光對牛斗徐孺對陳蕃之類是也『單句對』青案一聯之中上下兩句相對者爲單句對如滕王閣序君子安貧達人知命君子安貧對達人知命之類是也『隔句對』青案一聯之中第一句與第三句相對第二句與第四句相對者爲隔句對如滕王閣序關山難越誰悲失路之人萍水相逢盡是他鄉之客關山難越對萍水相逢誰悲失路之人對盡是他鄉之客之類是也三種爲最常見駢文對偶方式余別有說詳之、故駢偶卽駢體文。宋史歐陽修傳：『鏤刻駢偶、泱漭弗振。』

【六】**偶文**　卽駢偶、詳駢偶條。

【七】**俳語**　卽偶文、詳偶文條。

【八】**耦文**　卽偶文、耦偶通叚字也、詳駢偶條。

【九】**駢儷文**　儷亦駢也、駢儷爲同義之複合辭、有並行或對偶之意、是駢儷文卽駢體文、錢大昕十駕齋養新錄：『駢儷之文、宋人謂之四六。』

【一〇】**駢儷**　卽駢儷文之簡稱、詳駢儷文條。柳宗元乞巧文：『駢四儷六、錦心繡口。』黃伯思東觀餘論：『華景喬文詞、雖六朝駢儷體、故自清麗可喜、要不失爲佳文。』

【一一】**儷語**　卽駢儷文。徐師曾文體明辨：『未有撰爲儷語、使人宣於其第者也。』

【一二】**儷體文**　卽駢儷文、詳駢儷文條。清陳維崧有湖海樓儷體文集、近人陳含光有含光儷體文稿。

【一三】**儷辭**　卽對偶之辭、詳駢儷文條。

【一四】**駢麗**　麗、耦也、見鄭玄周禮夏官校人注、今通作儷、是駢麗卽駢偶也、詳駢偶條。王明淸揮麈三錄：『呂元直秉鈞、趙元鎮爲中司、力排之、元直移元鎮爲翰林學士、元鎮引司馬溫公故事、以不習駢麗、不肯就職。』

【一五】**麗體文**　即儷體文、麗儷古今字也、詳儷體文條。

【一六】**麗文**　爲麗體文之簡稱、詳麗體文條。

【一七】**麗辭**　即駢儷之辭、亦即對偶之辭也、劉勰文心雕龍有麗辭篇、剖析駢文、頗稱詳賅。

【一八】**俳語**　古文家譏諷駢文爲俳語、言駢文在形式上翻新出奇、逞才弄巧、極盡雕琢之能事、有如俳優之粉墨登場也。蘇轍滕王閣詩：『俳語終倉猝。』自注：『歐陽文忠嘗云、王勃記文似俳、而唐人貴之如此、何也。』又沈蓮芳書方望溪先生傳後稱引望溪語云：『古文中不可入語錄中語、魏晉六朝人藻麗俳語、漢賦中板重字法、詩歌中雋語、南北史佻巧語。』案徐師曾文體明辨稱六朝駢賦爲俳賦、或亦古文家之意乎。

【一九】**律語**　謂文之有一定音律者、即指駢文、亦猶詩之有律詩、賦之有律賦也。兒島獻吉郎曰：『四六文以對偶爲第一條件、慣用「隔句對」「當句對」、且句法有四字句六字句之限制。不特此也、復加增一種平仄法、既非純粹之散文、又非完全之韻文、乃似文非文、似詩非詩、介於韻文散文之間、有不離不即之關係者、故稱之爲律語或駢文、亦無不可。律語云者、文有聲律之謂。駢文云者、句有對偶之謂。然則四六文者、乃文學兩性兩屬之中間性、比之散文、則多韻文之價值、比之韻文、則又有散文之形式。故於韻文散文之外、令駢文獨立、稱爲律語、亦出於不得已耳。』(中國文學概論)近人顧實亦曰：『四六文實中國所獨有

雅整秀美之詩體也、無韻之律語也。』中國文學史大綱

【三〇】六朝文　吳東晉宋齊梁陳、先後都於建康、合稱六朝。六朝文體、專事駢儷、拘於聲韻、隸事遺詞、尚藻繢而務清新、與漢魏文異趣、唐宋古文家病之、乃追摹漢魏以上之古文、於是專事駢儷聲韻之文、特在文學史上畫成一時代、而稱之曰六朝文。參閱俳語條。

【三一】今體　指文章之別於古體而言、卽謂駢文也、一曰今文、六朝唐人恆稱之。梁簡文帝與湘東王論文書：『吾既拙於爲文、不敢輕有掎摭、但以當世之作、歷方古之才人、遠則揚馬曹王、近則潘陸顏謝、而觀其遺辭用心、了不相似。若以今文爲是、則古文爲非、若昔賢可稱、則今體宜棄、俱爲盍各、則未之敢許。』舊唐書李商隱傳：『商隱從事令狐楚幕、楚能章奏、遂以其道授商隱、自是始爲今體章奏。』

【三二】四六文　文之以四字六字爲對偶者、卽駢儷文也、亦省稱曰『四六』。文心雕龍章句篇云：『筆句無常、而字數有常、四字密而不促、六字格而非緩、或變之以三五、蓋應機之權節也』、此爲『四六』一名之先聲。柳宗元乞巧文云：『駢四儷六、錦心繡口』、更進一步以四六與駢儷並舉。至李商隱自定其所爲駢文曰樊南四六甲乙集、於是『四六』之名稱乃告確立。孫德謙六朝麗指：『駢體與四六異、四六之名、當自唐始、李義山樊南甲集序云、作二十卷、喚曰樊南四六。知文以四六爲稱、乃起於唐、而唐以前則未之有也。且序又申言之曰、四六之名、六博格五、四數六甲之取也。使古人早名駢文爲四六、義山亦不必爲之解矣。文心雕龍章句篇雖言四字密而不促、六字格而非緩。此不必卽謂駢文、不然、彼有麗辭一篇、專論駢體、何以無此說乎。吾觀六朝文中以四句作對者、往往祇用四言、或以四字五字相間而出、至徐庾兩

家、固多四六語、已開唐人之先、但非如後世駢文、全取排偶、遂成四六格調也。彥和又云、今之常言、有文有筆、以爲無韻者筆也、有韻者文也。可見文章體製、在六朝時、但有文筆之分、且無駢散之目、而世以四六爲駢文、則失之矣。』案四六卽駢文、但世多以宋人之駢語爲四六、而以駢文專屬之南北朝文、實則二者之主要區別、在駢文較自由、四六更工整、駢文不必盡爲四六句、而四六文實爲駢儷之文無疑、故南北朝與宋之駢語、雖形貌有別、而要不得謂四六與駢文爲二體也。如明王志堅輯四六法海、上起魏晉、下逮趙宋、歷朝駢語、兼容並包、是其證。然而孫氏強取四六駢文而二之者、亦可代表一家之見、非孫氏之慮有未周也。

【二三】美文 詩文之有美術性質者、其詞藻麗澤、與美術品雅相類似、謂之美文(belles-lettres)、亦曰美術文、又曰藝術文。如詩歌駢文小說等文學作品、無論音色、形式、皆予人有美的感覺(sense of beauty)、與無音色藻采之應用文相對待、故有此論焉。

【二四】貴族文學 對平民文學而言。民國初年、一般思想急進之徒、高呼『打倒雕琢的阿諛的貴族文學、建立平易的抒情的國民文學』之口號、揆其初衷、則文必廢駢、詩當廢律是已。彼輩以駢文律詩乃專制時代少數高等知識分子之寵物、既無高遠之思想、又乏眞摯之情感、歌頌功德、言之無物、祇供廟堂點綴之資、寧適民物敷陳之用云云。姑不論其立論是否有當、而從此駢文律詩遂有貴族文學與廟堂文學之別號、則無疑焉。

【二五】廟堂文學 對社會文學而言、亦指駢文、詳貴族文學條。

第三節　駢文之起源及其變遷之大勢

溯文章之源、固不當有駢散之分、良以古代文章、初無所謂駢也、亦無所謂散也、奇偶相參、駢散並馳、純任性之所至、故駢散之分、乃相對的(relatively)、而非絕對的(absolutely)。何況駢文之成立、乃晉宋以後事、前此固無有通體對偶之文章也。然則追溯駢文之緣起、不當自晉宋始耶。曰、不然、晉宋以後之駢文、乃駢文之狹義者也。廣義之駢文、則凡文章之意義平行、屬對精切、聲調協諧、輕重悉稱者、皆得與於駢文之列。茲編所述、從其廣義。

一、駢文產生之因素　夫駢文之起源遠矣、其產生之因素多矣、要而言之、可得六端、分述之如下：

【一】受自然界事物奇偶相對之啓發　自太極剖判、而奇偶已分、凡天下之物、多相對待、不能有奇而無偶、亦不能有偶而無奇、未有是奇而非偶者、亦未有是偶而非奇者、譬之人類、其生理組織、有奇、亦有偶、奇偶相配、卽形成人體美。人之一身、奇也、而二手二足、則偶矣。手足之指各五、奇也、而二手二足各合之而爲十、則偶矣。首、奇也、而兩耳兩目、則偶矣。一鼻一口、又奇也、而兩箇鼻孔兩排牙齒、則又偶矣。由此可見不獨奇偶相配、抑且奇中有偶、偶中有奇、人類生理組織之美妙、有不得不令人歎觀止者。推之自然界之生物、如花葉也、草木也、禽獸也、何莫而非奇偶之相雜耶。不寧惟是、甚至如吾人之日常用品、如文具也、家具也、器皿也、又何莫而非合於平衡之原則耶。近人朱光潛文藝心理學附錄實驗文學第二章形體美有云：

美的形體無論如何複雜、大概都含有一箇基本原則、就是平衡（balance）或勻稱（symmetry）、這在自然中已可見出。比如說人體、手足耳目都是相對稱的、鼻和口都祇有一箇、所以居中不偏。原始時代所用的器皿和布帛的圖案、往往把人物的本來面目勉強改變過、使它們合於平衡原則。此外如希臘瓶以及中國彝鼎、都是最能表現平衡原則的。在雕刻圖畫建築和裝飾的藝術中、平衡原則都非常重要。

此種理論、正可以作駢文產生之注腳。『平衡』或『勻稱』、本係一種物理現象、人在生理上既然有此項要求、心理上自然對此種狀態感覺舒適、寖假產生愛好、不覺流露於字裏行間、對偶文字、因而產生。故古人作文、遣詞用字、輕重悉稱、奇偶迭用、凝重多出於偶、流美多出於奇、體雖駢、必有奇以振其氣、勢其散、必有偶以植其骨、儀厥錯綜、至為微妙。試以毛詩為例、衛風氓：『桑之未落、其葉沃若』、此散也。而『于嗟鳩兮、無食桑葚、于嗟女兮、無與士耽、士之耽兮、猶可說也、女之耽兮、不可說也』、非其駢焉者乎。周南關雎：『參差荇菜、左右流之、窈窕淑女、寤寐求之』、此駢也。而『求之不得、寤寐思服、悠哉悠哉、輾轉反側』、非其散焉者乎。又如司馬遷之史記、『其積句也皆奇、而義必相輔、氣不孤伸、彼有偶焉者存焉。』（見曾國藩送周荇農南歸序）而班固之漢書、『毗於用偶』（曾國藩語亦見送周荇農南歸序）者也、然而書中奇筆、觸處皆是。若斯之流、未易悉數。要之、古人作文、初無駢散之見梗於胸中、故奇偶參差、錯落無定、文章之美、莫逾於是矣。劉勰文心雕龍麗辭篇云：

造化賦形、支體必雙、神理為用、事不孤立。夫心生文辭、運裁百慮、高下相須、自然成對。唐虞之世、辭未極文、而臯陶贊云、罪疑惟輕、功疑惟重。益陳謨云、滿招損、謙受益。豈營麗辭、率然對爾。

言對偶之興、純出自然、非由人力、語最精切。李兆洛駢體文鈔序云：

天地之道、陰陽而已、奇偶也、方圓也、皆是也。陰陽相並俱生、故奇偶不能相離、方圓必相爲用。道奇而物偶、氣奇而形偶、神奇而識偶。孔子曰：『道有變動、故曰爻、爻有等、故曰物、物相雜、故曰文。』又曰：『分陰分陽、迭用剛柔。』故易六位而成章、相雜而迭用、文章之用、其盡於此乎。

又曾國藩送周荇農南歸序云：

天地之數、以奇而生、以偶而存、一則生兩、兩則還歸於一、一奇一偶、互爲其用、是以無息焉。物無獨、必有對、太極生兩儀、倍之爲四象、重之爲八卦、此一生兩之說也。兩之所該、分而爲三、殺而爲萬、萬則幾於息矣、物不可以終息、故還歸於一、天地絪縕、萬物化醇、男女構精、萬物化生、此兩而致於一之說也。一者陽之變、兩者陰之化、故曰一奇一偶者、天地之用也。文字之道、何獨不然。

二氏皆藉陰陽以立說、足以相互發明、百年以下、信爲篤論已。綜覽衆說、泰古之文、原不能有奇而無偶、亦不能有偶而無奇、不能分其何篇爲散文、何篇爲駢文、或奇或偶、一發乎天籟之自然、彰彰明甚矣。而迹其所以然之故、庸非受自然界事物奇偶相對之啓發歟。

【二】觀念聯合之作用　一觀念之起、每以某種關係引起其他觀念者、在心理學（psychology）上謂之觀念聯合（association of ideas）一作聯想。其大別爲類似聯想（association by similarity）接近聯想（association by contiguity)與對比聯想(association by contrast)三類。類似聯想起於種類之近似、如言『狗』則思及『貓』、以其同爲家畜故也。又如言『菊花』則思及『向日葵』、以其同爲黃色之花、在性質上有類似點故也。接近聯想則因經驗之某某諸觀念、於時間上或空間上本互相接近、如言『櫻花』則思及『日本』、言『梅花』則思及『林逋』、以至言『關盼盼』則思及『燕子樓』、言『李香君』則思及『桃花扇』、甚至言『鍾儀幽而楚奏』、則思及『莊舄顯而越吟』、言『項羽之魂斷烏江』、則思及『謝安之凱奏肥水』等、兩種對象雖不同、而在經驗上則曾相接近、此皆接近聯想也。對比聯想係以兩種殊異之事物對立、如『黃』與『白』、『粗』與『細』、乃至『春花』與『秋月』、『香草』與『美人』等、而使其特徵更加明顯者也。夫麗辭之起、亦猶是也、亦出於人心之能聯想也。既思『青山』、類及『綠水』、既思『才子』、類及『佳人』、此正對也。既思『紅顏』、類及『白髮』、既思『驕矜』、類及『謙遜』、此反對也。正反雖殊、其由於聯想一也。推而廣之、至於『天香國色』、『春華秋實』等、或意義相聯、或輕重悉稱、皆因人心有向背聯偶之自然趨勢而構成者也。此法於六經諸子、已早用之、如周易『乾道成男、坤道成女、乾知大始、坤作成物、乾以易知、坤以簡能。』尚書『若登高、必自下、若陟遠、必自邇。』毛詩『山有扶蘇、隰有荷華。』禮記『良冶之子、必學爲裘、良弓之子、必學爲箕。』老子『有無相生、難易相成、長短相形、高下相傾、音聲相和、前後相隨。』莊子『鷦鷯巢林、不過一枝、偃鼠飲河、不過滿腹。』荀子『木受繩則直、金就礪則利。』呂氏春秋『天無私覆也、地無私載也。』皆是。甚至如俚語『向天索價、就地還錢』、『明槍易躲、暗箭難防』、『路遙知馬力、事久見人心』等、亦莫不如是。至如詩賦駢文、多用此法、固夫人而知之者也。

【三】社會及時代之需要　古人傳學、多憑口耳、事理同異、取類相從、記憶匪艱、諷誦易熟、此經典之文、所以多用麗語也。凡欲明意、必舉事證、一證未足、再舉而成、且少既嫌孤、繁亦苦贅、二句相扶、數折其中。昔孔子傳易、特制文繫、語皆駢偶、意殆在斯。又人之發言、好趨均平、短長懸殊、不便脣舌、故求字句之齊整、非必待於偶對、而偶對之成、恆足以齊整字句。魏晉以前篇章、駢詞儷句、充塞幅轃、連緜不絕者此也。阮元文言說云：

古人無筆硯紙墨之便、往往鑄金刻石、始傳久遠、其著之簡策者、亦有漆書刀削之勞、非如今人下筆千言、言事甚易也。許氏說文：『直言曰言、論難曰語。』左傳曰：『言之不文、行之不遠。』此何也、古人以簡策傳事者少、以口舌傳事者多、以目治事者少、以口耳治事者多。故同為一言、轉相告語、必有愆誤、是必寡其詞、協其音、以文其言、使人易於記誦、無能增改、且無方言俗語、雜於其間、始能達意、始能行遠。此孔子於易所以著文言之篇也。古人歌詩箴銘諺語、凡有韻之文、皆此道也。爾雅釋訓、主於訓蒙、『子子孫孫』以下、用韻者三十二條、亦此道也。孔子於乾坤之言、自名曰『文』、此千古文章之祖也。為文章者不務協音以成韻、修詞以達遠、使人易誦易記、而惟以單行之語、縱橫恣肆、動輒千言萬字。不知此乃古人所謂直言之『言』、論難之『語』、非言之有文者也、非孔子之所謂『文』也。

文言數百字、幾於句句用韻。孔子於此發明乾坤之蘊、詮釋四德之名、幾費修詞之意、冀達意外之言、要使遠近易誦、古今易傳、公卿學士、皆能記誦、以通天地萬物、以警國家身心。不但多用韻、抑

> 且多用偶、即如：樂行、憂違、偶也。長人、合禮、偶也。和義、幹事、偶也。庸言、庸行、偶也。閑邪、善世、偶也。進德、修業、偶也。知至、知終、偶也。上位、下位、偶也。同聲、同氣、偶也。水溼、火燥、偶也。雲龍、風虎、偶也。本天、本地、偶也。无位、无民、偶也。勿用、在田、偶也。潛藏、文明、偶也。道革、位德、偶也。偕極、天則、偶也。隱見、行成、偶也。學聚、問辨、偶也。寬居、仁行、偶也。合德、合明、合序、合吉凶、偶也。先天、後天、偶也。存亡、得喪、偶也。餘慶、餘殃、偶也。直內、方外、偶也。通理、居體、偶也。凡偶皆文也。
>
> 於物兩色相偶而交錯之、乃得名曰『文』、『文』即象其形也。然則千古之文、莫大於孔子之言易。孔子以用韻比偶之法、錯綜其言、而自名曰『文』、何後人之必欲反孔子之道、而自命曰『文』、且尊之曰『古』也。

詆娸古文不得爲『文』、雖意未全愜、而其指出駢偶之產生、肇因於社會及時代之需要、則言前人之所未言、發前人之所未發者也、淵識孤懷、於斯概見。餘杭章太炎先生更暢其說曰：

> 古者簡帛重煩、多取記憶、故或用韻文、或用駢語、爲其音節諧熟、不煩記載也。戰國縱橫之士、抵掌搖脣、亦多疊句、是則駢偶之體、適可稱職。（章氏叢書）

語尤精到、可與元說相輔焉。

【四】文章本身之需要　原始之文章、著重意見之表達、氣勢之貫串、隨手爲文、類都奇偶互用、剛柔相濟、良以『駢中無散、則氣壅而難疏、散中無駢、則辭孤而易瘠。』（劉開與王子卿太守論駢體書語）故必駢散相間、以成其文。抑有進者、舉凡文章緊湊之時、常令讀者厭倦、如在其中、附以麗辭、則麗辭之華美、與格式之一定、既可引人入勝、又可令人暫時得以休養疲勞、此則麗辭之重要功效也。昔侯官吳曾祺有云：

自散體之作、別於駢儷爲名、於是談古文者、以不講屬對爲自立風格。然平心而論、二者如陰陽畸耦、不可偏廢。自六經以外、以至諸子百家、於數百字中、全作散語、不著一偶句者、蓋不可多得。此無他、文以氣爲主、而氣之所趨、苟一洩無餘、而其後必易竭、故其中必間以偶句、以稍止其汪洋恣肆之勢、而文之地步乃寬綽有餘。此亦文家之祕訣、而從來無有人焉舉以告人者也。涵芬樓文談

明乎此、則駢偶產生之原因、可以思過半矣。

【五】人類愛美之心理　在美學(aesthetics)上有所謂形式(form)美與內容(contents)美者。如建築物形體之比例、色彩之配合如何美觀、則屬於形式美。其所表現莊嚴偉大、或小巧玲瓏之精神、則屬於內容美。一件藝術品必須兼具內容與形式之長、始能予人有悅目賞心之美感(sense of beauty)。夫文學亦然、文學之功用、原爲表現作者之情感、傳達作者之思想、或記述客觀之事物者、然人類皆有愛美之天性、欲使他人接受作者之情意、感發其情緒、必須具有動人之美感、在文學之廣大領域中、其所以有美文之產生、實卽種因於此。而駢文則美文之尤者也。

【六】中國語文之恩賜　中國語文之特質、在孤立與單音、極便於講對偶、務聲律、駢體文之產生、此其最佳溫牀矣。尋其特點、蓋有數焉。

一曰象形　指事象形形聲會意轉注叚借、是謂六書。其中以象形爲最重要、其他如指事會意、亦

與象形關係、最爲密切、故望文而生義、惟漢文能之。如曹植之洛神賦、言美人之姿態、則『翩若驚鴻、婉若遊龍、榮曜秋菊、華茂春松、髣髴兮若輕雲之蔽月、飄颻兮若流風之迴雪、遠而望之、皎若太陽升朝霞、迫而察之、灼若芙蕖出淥波。』狀美人之身材、則『穠纖得衷、脩短合度、肩若削成、腰如約素、延頸秀項、皓質呈露、芳澤無加、鉛華弗御。』寫美人之容貌、則『雲髻峨峨、脩眉聯娟、丹脣外朗、皓齒內鮮、明眸善睞、靨輔承權。』讀文一如讀畫、而尤非對偶不爲工也。

二曰疊字　疊字爲我國文字所獨具、西文雖亦有如『long long ago』一類句子、究屬罕見、猶未若漢文之幾無一字不可以重疊也。疊字在普通文學中、固有音容之妙、而一經對偶、尤顯其長。如詩經鄭風風雨：『風雨淒淒、雞鳴喈喈、既見君子、云胡不夷。風雨瀟瀟、雞鳴膠膠、既見君子、云胡不瘳。』楚辭卜居：『寧昂昂若千里之駒乎、將氾氾若水中之鳧、與波上下、媮以全吾軀乎。』其例甚多、不遑遍舉。

三曰複字　單音孤立之語言文字、在語言修辭上、頗多不便、故言『樂』、則往往加一『快』字以襯之、而成『快樂』。言『貧』、則往往加一『窮』字以襯之、而成『貧窮』。意雖重複、但因此而使意思更加明顯、形容更臻美妙、然則漢字之缺點不正所以爲其優點歟。由於漢字具備一字一音、複字繁多之基本性格、故有駢文之誕生。

四曰雙聲疊韻　凡字之發聲同類者、謂之雙聲、如『祈求』『銅駝』等、均爲雙聲字。凡字之收音同類者、謂之疊韻、如『旁皇』『蕭條』等、均爲疊韻字。此固夫人而知之者也。雙聲疊韻既能增加文學上音調之美感、而又能創造駢儷之偉觀、是我國文字之得天獨厚處也。

總之、中國文字、一音一義、語根固少變化、而造句易於整齊畫一、此爲產生駢文之最大關鍵所在（參閱本書第一章第一節中國語文之特質）。今再錄劉申叔之言於後、以爲佐證。

物成而麗、交錯發形、分動而明、剛柔判象、在物僉然、文亦猶之。惟是捈欲通嘖、紘埏實同、偶類齊音、中邦臻極、何則、准音署字、修短揆均、字必單音、所施適異、遠國異人、書違頡誦、翰藻弗殊、侔均斯遜。是則音泮輕軒、象昭明兩、比物醜類、泯蹟從齊、切響浮聲、引同協異、乃禹域所獨然、殊方所未有也。（中古文學史）

二、駢文成立之經過　泰古之時、駢散不分、未嘗有通體對偶之文章出現、前已言之詳矣。而劉彥和乃謂駢體之源、肇於書易（見文心雕龍麗辭篇）、此固就其廣義而言之也。若夫狹義之駢文、其成立當在齊梁之交、而以四六句平仄相間作對所謂四六文者、更當在齊梁以後矣。首尾經過千餘年之醞釀發皇、乃成斯體、此豈非文學界之一大奇跡也耶。茲將其成立之經過、扼要述之如下：

【一】春秋卜商撰詩大序一篇、上規周易繫辭、語比聲和、阮元以爲卽駢文之鼻祖（見阮元文韻說）。然猶未開設喻隸事之風也。

【二】秦李斯諫逐客書、爲設喻隸事之濫觴、而兩段相偶亦自此開。

【三】西漢鄒陽有獄中上梁孝王書、廣引譬類、與李斯同風、而辭意更形複雜、儼成一種儷習、駢體之經脈、從是可尋。然猶未整句調、敷色采也。

【四】西漢王褒之聖主得賢臣頌出、而駢句始多。兩段相偶、上繼李斯。偶句、排句、疊句、全段比喻、數句比喻、用成語、用古事、以上諸法、俱自此開之。

【五】東漢蔡邕所作碑文甚富、而以郭有道林宗碑一篇爲尤著、色澤穠縟、音節春容、爲六朝駢文之津梁。

【六】魏曹植一出而駢文始工、所作七啓、造語之精、敷采之麗、漢代所無、而文字已力趨整齊畫一、竟爲儷辭導其先路。

【七】晉陸機撰豪士賦序、裁對之工、隸事之富、爲晉文冠。而措辭短長相間、蓋已爲四六之前驅矣。

【八】宋顏延之一出而代語始繁、其三月三日曲水詩序、用字則避陳翻新、織詞則縟麗競繁、開駢儷雕繪之習。

【九】齊王融梁沈約二子共同發明聲律論、由詩以移於文、而用字始避拘忌、音調始知協暢、配色則益趨穠麗矣。駢文至此、如百尺竿頭、更進一步。王融之三月三日曲水詩序、沈約之齊安陸昭王碑文、是其例。

【十】陳徐陵北周庾信二君一出、遂集駢儷之大成、並開以四六句間隔作對之先例、蓋古人作對、不過上句對下句、其隔句作對、亦往往多用四言、至以四六句平仄相間作對、則首推徐庾爲多。如庾信之『廉頗眷戀、寧聞更用之期、李廣盤桓、無復前驅之望。』（周大將軍懷德公吳明徹墓誌銘序）徐陵之

『楚王宮內、無不推其細腰、魏國佳人、俱言訝其纖手。』（玉臺新詠序）皆其例也。

駢文之成、先之以調整字數、是曰裁對。再之以鋪張典故、是曰隸事。繼之以煊染色澤、是曰敷藻。進之以協諧音律、是曰和聲。終之以靈動句法、是曰調句。持此五者、可以考跡斯體演進之序、上舉諸人、乃絕佳之左驗矣。

三、駢文變遷之大勢　吾華以文立國、自泰古以來、駢散並馳、迭相雄長、與時高下、雖變態百出、不可窮極、究其大概、可得而言。第一期自唐虞以迄於嬴秦、爲駢散未分之時代。第二期自西漢以迄於東漢、爲駢文之胚胎時代、亦駢散角出之時代、第三期自魏晉以迄於盛唐、爲駢文之全盛時代。第四期自中唐以迄於趙宋、爲駢文蛻變之時代、亦駢散並馳之時代。第五期自蒙元以迄於朱明、爲駢散文之衰落時代。第六期有清二百餘年、爲駢散文之復興時代。昔梁任公有言：『佛說一切流轉相、例分四期、曰生住異滅。思潮之流轉也正然、例分四期：一啓蒙期（生）、二全盛期（住）、三蛻分期（異）、四衰落期（滅）、無論何國何時代之思潮、其發展變遷、多循斯軌。』（清代學術概論）若以駢文方之、其第一二兩期、則梁氏所謂啓蒙期也、其第三期則梁氏所謂全盛期也、其第四期則梁氏所謂蛻分期也、其第五期則梁氏所謂衰落期也、若合符節、毫釐不爽。（惟其第六期情況特殊、故爲梁氏所未該耳。）細爲分析、可如下述。

【一】駢散之未分時期　縱觀無始、默契萬有、知宇宙造化之理、無獨而必有對、屈指細數、歷歷可徵。庖羲作卦、一畫後、卽以偶續奇、知一之不可以孤行也。六經之文、整散並運、特渾涵不覺、而烺烺與兩曜爭輝、不可磨滅。逮乎兩周道喪、七十義乖、淹中稷下、八儒三墨、辯博之論蜂起、漆園黍谷、名法兵農、宏放之詞霧集。其後屈宋諸子挺生南國、擢秀鄧林、賦繼孫卿之後、詞開炎漢之先。雖隻詞散句、洋溢乎縹緗、而駢絲儷片、亦往往而有焉。章實齋嘗謂：『後世之文、其體皆備於戰國。』（文史通義詩教篇）其信矣乎。秦一宇內、文武並馳、泰山銘石、李斯上書、作風日益峻整、文字漸趨畫一、蓋已爲設喩隸事之前驅矣。

【二】駢文之胚胎時期　秦鼎既革、劉氏基命、海宇乂安、文風彌盛、洛陽才子、振麗藻於遐荒、蜀國詞人、揚清聲於翰苑、氣則孤行、辭多比合。自是著述滋繁、體制匪一、駢偶之基、已兆其盛。東京之朝、茲道愈扇、絺章繪句者如林、咀徵含商者成市、名流各盡其長、儷體於焉大備。

【三】駢文之全盛時期　自漢末以迄隋初、歷時三百餘年、世所謂六朝者也。此三百餘年中、中原鼎沸、夷狄交侵、社會黑暗、禮法蕩然、益以佛老思想盛行、玄談風氣彌漫、一般作者遂厭棄現實之社會與人生、而努力向藝術之路邁進、上自帝王詔令、下至贈答箋啓、無不刻意美化、適會聲韻之學、自西徂東、益助文章之唱歎、舉世無匹之美文、於焉大盛、幾不復知世有散行文字矣。有隋代興、懲前毖後、雖有改弦更張之心、究不敵潮流之激盪、偶儷之文、依然如日中天、終未掩其光曜於萬一也。爰逮李唐、作者蔚起、上承六朝餘習、惟稍振以清麗之風、務求音節之舒暢、骨氣之端翔、纂組輝華、沈懿雅麗、逶迤至於開寶、其風猶未稍替焉。

【四】駢文之蛻變時期　唐代中葉、韓愈柳宗元崛起、以周秦兩漢之文、律度當世、極思有以丕變舊俗、改革之聲、響徹霄漢、皇李之徒、復從而羽翼之、唐之古文、遂蔚然而稱盛。自茲厥後、駢文深受影響、體格因而大變。爲之前驅者、其陸宣公乎。宣公駢文、明白曉暢、切於實用、指事如口講手畫、說理則縷析條分、眞意篤摯、反覆曲暢、雖驕將悍卒讀之、無不揮涕激發、後世長於公牘者、爭相效之。故駢文由美文蛻變而成爲應用文、實宣公導之也。晚唐溫李、英才挺出、一以博麗爲宗、其雄厚或過於六朝、而雅麗自然、則終有未逮。兩宋詞人、雲蒸霞蔚、咸能自出機軸、以散行之氣勢運偶句、以流利之辭語見自然、清空流轉、蕭疏雅淡、駢散二體、分鑣而並馳焉。

【五】駢文之衰落時期　蒙元以異族入主中夏、稽古右文、幾成絕響、除戲曲稍有可觀外、其餘則一無是處。朱明士子、上承南宋空疏弇陋之習、多不悅學、於是樂散文之簡易、而憚駢體之繁複、號稱作者、率祇作散文、在應用方面、亦以散文爲多、而駢文祇限於一部分用處、其間雖有少數文人刻意爲之者、究多粗製濫造、庸廓膚淺、難登大雅之堂、蓋此時律賦與八股文、正風靡全國、流毒華夏、亙數百年、其阻凝文學之發展、在明代爲尤甚焉。然則元明四百年間、謚之爲駢文之黑暗時代(Dark ages)、亦庶乎其有當也夫。

【六】駢文之復興時期　駢文自宋末衰歇以後、窒息於戲曲之下者垂四百年、直至清世、始又活躍。清初之作者、以陳維崧最號傑出、汪堯峯見其文曰、開寶以來七百年無此等作矣、識者以爲篤論、駢文復興之大纛、於焉高舉。乾嘉間、著名之駢文家有胡天游邵齊燾袁枚阮元汪中洪亮吉孫星衍孔廣森諸家、或心儀顏謝、或追蹤徐庾、或規撫四傑、或神交燕許、或模範宣公、或出入溫李、或取法歐蘇、並能駢肩往代、方駕前修、有以博麗稱者、有以氣勢勝者、有以藻密擅場者、有以輕倩名世者、以是六朝凝重之氣、三唐蘊藉之風、兩宋淡雅之致、乃又重現於騷壇。洎乎末造、王闓運奮起湘中、幾有開拓萬古心胸、推倒一時

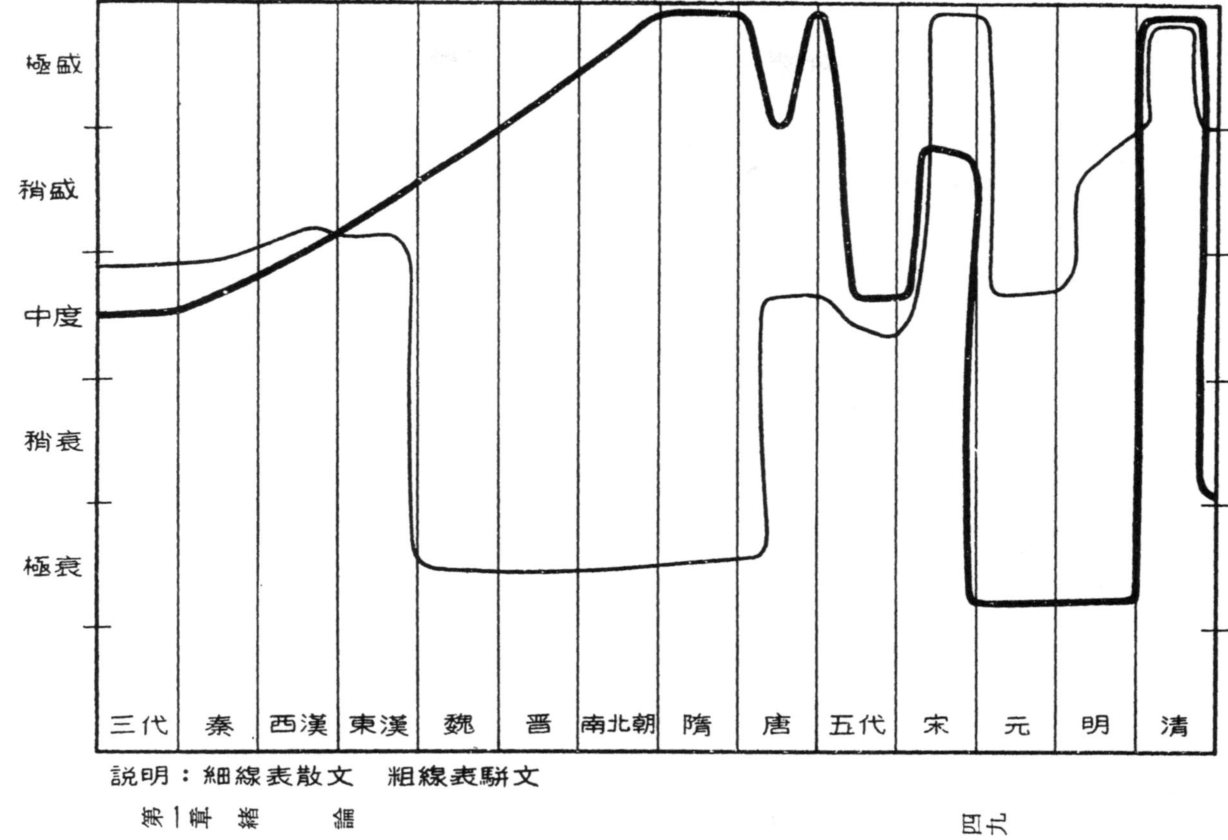

說明：細線表散文　粗線表駢文

豪傑之勢、步趨藺成、神韻逼眞、成爲清季駢文之殿軍、惜其復興之氣運、至此已呈強弩之末、過此以往、不復再有振作之餘地矣。

茲試製一表見四十九頁附表、以見駢散文盛衰消長之梗概。

第四節　駢文在中國文學中之地位

駢文爲中國單音節文字所構成之特殊文體、亦中國文化精神所孕育之絕妙文藝、擧目斯世、無論任何國家、皆不能產生此種風華絕代之美文、所謂『祇此一家、別無分店』、此非余一人之私言、乃天下之公言也。

吾國自有文章、卽有駢體、駢體蓋挾中國文學以俱來、且相終始焉。此種高華優美之文體、厚培深植、極數千年之斟酌損益而成、況其藻采繽紛、神韻綿遠、踵襲雅騷之遺、光昭正始之音、蔚爲此一民族之特有文藝、謂宜光大盛業、緜衍無窮。乃不意自韓柳古文運動倡行以還、歷代文家之不慊意於斯體者、蓋不可以僂指計焉、其犖犖較著者、如王應麟辭學指南云：

宋神宗初卽位、擢司馬光爲翰林學士、光辭以不能爲四六。……不得已乃受之。

又洪邁容齋三筆云：

四六駢儷、於文章家爲至淺。

是皆不滿於當時之文體、而發爲是言者。至於清代古文家震於蘇氏稱韓文起八代之衰之語、遂目駢偶爲俳優、橫加掊擊、不遺餘力、此則古文家以散行之文相號召、其與駢文戾若仇讎、亦勢所必然、無足怪者。乃自鼎革以後、一般思想急進之士、更形變本加厲、高呼科學(science)與民主(democracy)之口號、提倡白話以替代通行數千年之文言、而文必廢駢、詩必廢律之謬說、尤其囂然塵上、謂駢文乃專制時代少數高級知識分子之寵物、非盡人所能學、尤不周於世用、及其末也、且以一無價值之死文學目之矣。揆其用心、則無非震於西洋物質文明之高度發展、非中邦之所能逮、遂以爲人無不是、而我莫不非、詆娸中國文化爲不値一錢、必欲一舉而摧陷廓清之而後已、駢文特其目標之尤著者耳。

夫駢文果爲貴族文學乎、果爲死文學乎、果爲不値一錢乎、在中國文學中果無一席之地乎、若以彼輩之所言爲是、則胡以自三代以來、詞人雲興、名作間出、雖屢經憂患、飽受摧殘、依然屹立不搖、而與散文迭相雄長、分庭抗禮耶。迹其所以然、是必有其本身之優越條件及種種客觀之因素在也。茲條陳如左。

一、駢文與中國文學相終始　我國數千年之文章、萬國罕比其美、此舉世所公認之事實。而自有文章、卽有駢體、駢體之與文章以俱生、亦文家所公認之事實。厥後好事之徒、強分文章爲駢散二體、二者遂在中國文壇上分鑣並驅、迭爲盛衰、消長無定。自清汪中倡言打通駢散之藩籬、恢復駢散合一之境界以來、高揭附和之旗幟者、更僕難數、如劉開曾國藩黃季剛諸氏、則其中褎然冠首之人物焉。卽以白話文風靡全國之今日、駢句儷辭亦未嘗見棄於文壇。如今　總統蔣公輓胡適聯云：

新文化中舊道德的楷模

舊倫理中新思想的師表

又如朱自清怱怱云：

燕子去了、有再來的時候、
楊柳枯了、有再青的時候、
桃花謝了、有再開的時候。

皆其例。是知奇偶相間之詞句、爲絕大多數知識分子所愛用、毋乃勢所必然、而稽其所以致此之由、殆即陸象山所謂『此心同、此理同』者歟。近人瞿兌之於此更有精闢之見解、其言曰：

駢文之理、伏於吾華文字語言之形聲組織、假使僅廢文而不廢語、駢文猶無滅理。何則、不觀口語中之民謠俗諺、必兩兩相對乎、所謂文者、本取彣彰之義、非配儷均齊、映發成趣、不足以當文之目。推之於吾華音樂繪畫建築藝術、罔不基於此。則直謂吾人日日孕育熏習於駢偶之環境中、未爲不可也。又不見人家慶弔必用聯語乎、當世之人、痛詆文言、雖作聯語、亦必白話、雖爲白話、仍是駢偶。足知習俗如此、終不易脫駢文之羈絆也。（中國駢文史序）

談言微中、理則昭然、無復有討論辯駁之餘地矣。揆諸天下萬物奇偶相參剛柔相濟之理、衡諸文運剝復相尋之迹、鑒諸社會上廣大羣衆之需要、駢文（指廣義之駢文而言）之與中國文學相始相終、共江河而長流者、決非過甚之詞、請以證之他日可也。

二、駢文易於流傳不朽　我國文章、依其形態、大致可分爲駢文散文與白話文三大類。三者如尺寸然、各有所長、亦各有所短、誰是誰非、孰優孰劣、言人人殊、實難有一定之標準、若必欲揚彼以抑此、或軒此而輕彼、是徒爭雞蟲之得失於萬一耳、膠柱鼓瑟、其庸有當乎。質實言之、若以空間上通行之廣而論、俾俗淺顯、婦孺皆知之白話文、自較駢散文易於溝通不同地區之現代人之思想、此其所長也。然而語文一致之結果、勢必難於傳諸久遠、蓋語言必隨時代而改變、語言變則文章亦隨之俱變矣。今舉五四主盟諸君所心醉之白話小說紅樓夢水滸傳儒林外史醒世姻緣爲例、其中方言死語甚多、有非現代知識分子所能了解者。例如：

賈母笑罵道、小蹄子們、還不攙起來、只站著笑。紅樓夢

劉老老說道、這箇叉巴子、比我們那裏的鐵掀還沈、那裏挐得動他。同上

李俊說宋江是箇奢遮的好男子。水滸傳

小珍哥說、我淘碌他甚麼來。醒世姻緣

成老爹道、這分田全然是我來說的、我要在中間打五十兩銀子的背公。儒林外史

又如胡適之名句『匹克里來江邊』、郭沫若之詩句『幽靈般的心絃、彈出新的煙士皮里純』、皆歐化句子也、亦非普通知識分子所能解。而紅樓夢『女兒悲、嫁箇男人是烏龜』、尤不雅馴、以視李商隱詩『無端嫁得金龜壻、辜負香衾事早朝』、其神韻迥不侔矣。是則白話文之不能傳諸久遠、彰彰明甚、寧待辭費乎。若以時間上流傳之遠而論、則屬辭比事、協音成韻、而易於諷誦之駢文、自較散文白話文爲長、如江淹之別賦、王勃之滕王閣序、駱賓王之爲徐敬業以武后臨朝移諸郡縣檄、李白之春夜宴從弟桃李園序諸篇、千載以來、傳誦不衰、至以儷辭成篇之孝經文言繫辭、更無論矣。惟是用典浩博、每令學子卻步、而侔色揣稱、

尤非中材所逮、是不能爲駢文諱也。至於散文、適介於兩者之間、故爲多數知識分子所樂用（參閱本書第一章第二節駢文之義界）。鹽城李師健光在所著中國文學史中、嘗就三者之價値、作扼要之批判、不偏不倚、最爲持平、迻錄其言於次：

> 駢體散體語體、爲中國文章之三大形態。前二者屬於文言、後者爲白話、三者各有其得失、不可作片面之指摘。平情而論：白話文之長處、在於直錄說話、淺顯明白、如用作曉諭大衆之工具、啓瀹人民之知識、自較文言文易於理解。但縷述繁複、篇幅冗長、難於傳之久遠、未始非其缺點。反之、駢文之長在辭句工整、聲韻調和、丹采華悅、琅琅成誦、易於流傳不朽。而其典實艱深之處、每使程度較淺之讀者、見而卻步、不易爲大衆所接受。至於散文之特點、適介乎兩者之間、其可吸引之讀者、多於駢文、而少於語體文、可能流傳之力量、強於語體文、而弱於駢文、在目前上層知識階級中、仍佔有極大勢力。

是誠顚撲不破之論、明達之士、必當首肯也。

三、駢文最能表現中國文學之藝術美　中國之美文多矣、詩詞曲賦駢文等、無一而非美文、而美文之至者、又莫如駢文律詩。駢文律詩、旣準音署字、修短相侔、兩句之中、又復聲分陰陽、義取比對、可謂美之極致、此諸夏所獨有、而擧世靡與倫匹者也。近人謝无量曰：『中國字皆單音、其美文之至者、莫不準音署字、修短相均、故駢文律詩、實世界美文所不能逮。蓋雖有閎文麗藻、音調則前後參差、隸事則上下不切、此未足爲美也。駢文鋪敍議論、語累千萬、比對精深、體裁綺密、句中自協宮商、境界視律詩尤廣。』

駢文指南律詩非本書討論之範圍、姑從闕、今專論駢文之藝術art亦稱美術fine art美。

夫美術有兼言內容(contents)者、亦有專重形式(form)者、專重形式之美術、在乎支配均齊、節奏調適。駢文音調鏗鏘、合於調適之原則、對仗工整、又合乎均齊之原則、在美學(aesthetics)上自有其崇高之價值、其所以被謚爲美文(belles—lettres)者以此、其所以被謚爲有字之圖畫者、亦以此也。惟昧者或有以無用之死文學嗤之、是坐不知美文與實用文之殊耳。抑更進一步言之、駢文予人之美感(sense of beauty)、蓋有四焉、今分述之。

【一】講對仗予人在視覺(sense of sight)方面之美的感受　凡自然界之名物、本多對峙、如天地、男女、動植物等皆是。故文中排偶之辭句、各國皆有之詳見本書第一章第一節中國語文之特質、惟長篇駢文、爲中國所獨有耳。良以中國文字、本屬孤立與單音、惟其孤立單音、故長短取舍、至能整齊。言乎對仗之用、可謂與文字而俱來者也。苟無對仗、不但文有不美、亦且意有不達。故自聖經賢傳、諸子百家、下逮小說白話、旁及語錄佛書、無論英雄兒女、君子庸人、但欲爲文、但欲達意、必求利用對仗。而駢文固以對仗爲第一要件、匪惟字字相稱、句句相儷、而意義、詞性、音節、形體等、亦無一不相儷相稱者、將對稱之整齊美發揮至於極峯。此種整齊畫一之文章、有不令人一見傾心者乎。

【二】用典故予人在心靈(spirit)方面之美的感受　文學乃緣歷史以發生、人不習知歷史、則必不能從事文學、此中國文史之所以恆爲一體、不容分割也。夫典、事也、所謂典故、古之事也、亦卽歷史之事也。是以典之定義、凡引證歷史中事實及前人言語入文者、皆曰典故。苟不能禁人斷絕歷史知識、則不能禁人不引用古事、卽不能禁人不引用典故。古今中外文學作品之用典者、所在多是、以言英文習見之典、報章雜誌中可時時發見之。譬如我國人言『千鈞一髮』、英文則言『the sword of Domocles』、我國人言『快刀斬亂麻』、英文則言『to cut the Gordian's Knot』、非大用典而特用典乎、亦何傷其爲流暢之作品耶。是以典非不可以用、只看各人能不能用。文章修辭之法、固不止白描一端、白描特較合乎初學之便而已。至於駢文、固以用典浩博著稱者也、在名篇佳作中、作者融化故事、不著痕跡者、往往能發生新的意趣與新的境界、其予人在心靈方面之美感、蓋有不可以言喩者矣。

【三】調平仄予人在聽覺(sense of heering)方面之美的感受

中國文字、雖爲衍形、而非衍聲、但有平上去入四聲之分別、故一方面可以取義比對、一方面可以聲分陰陽、駢文之產生、職是故也。駢文有用韻與不用韻之殊、顧雖不用韻、而通篇句必協平仄、聲必調馬蹄、然後有疾徐高下、抑揚抗墜之節。故一篇駢文、有如一首美妙的歌曲、使人聽之、不覺情爲之移、神爲之往、手舞足蹈猶其餘事焉耳。如梁簡文帝與蕭臨川書：『零雨送秋、輕寒迎節、江楓曉落、林葉初黃。』江淹別賦：『又若君居淄右、妾家河陽、同瓊珮之晨照、共金爐之夕香、君結綬兮千里、惜瑤草之徒芳、慙幽閨之琴瑟、晦高臺之流黃、春宮閟此青苔色、秋帳含茲明月光、夏簟清兮晝不暮、冬釭凝兮夜何長、織錦曲兮泣已盡、迴文詩兮影獨傷。』平情而論、其聲韻之諧、音調之美、讀之確能令人遶屋唱歎、不能自已。故駢文雖稱之爲文藝而兼音樂之一種特殊文學、其誰曰不宜。雖然、散文亦須講求音節之美、昔曾湘鄉深喜桐城姚惜抱之文、而思救其懦緩之失、故論文每以音響爲主、即此意也。惟是散文有散文對法、則有散文之音節、駢文有駢文對法、故有駢文之音節、二者在本質上判若冰炭、不可強同、而駢文則尤講求音節之美耳。

【四】數藻采予人在嗅覺(olfactory sensation)方面之美的感受　駢文抽祕逞妍、儷紅媲白、江花謝草、宋豔班香、璀璨滿紙、使人恍如置身金谷園中、流連忘返、其予人在嗅覺方面之美感、有非楮墨所能形容者矣。

據上所述、足知駢文確已將中國文學之藝術美發展到極限、是最足以表現中國文學特色之唯一文體。環觀世界各國之美文、若詩歌、若戲劇、若小說、有一能與中國駢文爭一日之長者乎。乃昧者不察、或謂之爲無用、或詆之爲死文學、遂欲並駢儷之藝術美而去之、是不知美學者也。

四、駢文可以治空疏　夫人之常情、往往趨易而畏難、避重而就輕、積習既久、驕惰乃生、至於束書不觀、空談性命、此明代士子所以貽譏於後世也。自民初新文化運動倡行以後、趨時之士、類都醉心物欲、醜詆經書、流風所扇、則往日埋首雞窗、兀兀窮年之讀書風氣、已無復可見、而空疏不學之弊、且視明代爲尤甚焉。縱觀域內、庠序間罕見眞正學人、街坊中憑添許多閑漢、學術思想、變作眞空、赤色帝國主義者乃得縱其爪牙、乘虛竄入、方州瓦解於一旦、國脈垂危於苞桑、誰實尸之、孰令致之、五四主盟諸君雖有儀秦萬喙、亦莫能爲之辯也。惟上述種種弊端、皆可以駢文藥之、蓋初學駢文或專門欲以名家者、必先淹貫羣經諸子、明習史事典故、精研文字音韻、熟讀名家作品、然後始能著筆、而無向壁虛構、信口胡謅之弊、世謂駢文可以徵學殖（袁子才序胡稚威駢體文云散文可蹈空駢文必徵實）者、其故在此。又駢文用典繁多、裁對精切、一字一句不苟措、脫非學有根柢者、不能爲役焉。而廣己造大、學殖荒陋之徒、乃罵宋玉爲罪人、譏永叔爲不學、其作調停之說者、則曰博學不可以工文、工文不可以博學、儒林文苑、自昔判焉、此則流俗之漫言、固非文章之定論、尤非駢文之正解也。試以有清一代而論、二百餘年間、其工爲駢文者、多爲積學之經學家、撰述學之汪中、撰春秋左傳詁之洪亮吉、撰尚書今古文注疏之孫星衍、纂皇清經解之阮元、乃至治公羊學之孔廣森劉逢祿魏源龔自珍王闓運等、無一非駢文高手、蓋爲駢文者必資博學、此殆學問家易工駢文之故歟。故曰駢文可以治空疏不學之弊、其誰敢疑。

五、駢文可以藥文弊　夫文章之弊病多矣、無人無之、無代無之、累紙所不能盡也。遠者弗論、即以近人之文章而言、其弊有三、曰浮淺、曰膚闊、曰枯淡、無論散文語體文、皆所不免、而一可以駢文藥之、此瞿兌之論之甚詳、不復贅也。迻錄其言於次：

近人文字之弊、約有三端、皆可以駢文藥之。一曰浮淺。駢文中無淺語、試看陸士衡豪士賦序及弔魏武帝文、其推論情理處、眞如游魚之出重淵。又如李蕭遠運命論及劉孝標廣絕交論、其反覆申論、面面俱到、名言絡繹、霏玉貫珠、令讀者自得探玩之樂。此駢文之所長一也。一曰膚闊。此是時文大病、而近人每易中其毒。漢魏賦家、從無一語虛構。故太沖之賦、十年而後成。文賦云：『理扶質以立幹、文垂條而結繁。』駢文雖似繁縟、而必以警切爲主。阮文達嘗曰：『議論空而無意以貫之、文選中散文固不爾。』此駢文之所長二也。一曰枯淡。近人文字、每患句調庸熟、用字枯窘、縱有新意、亦無精彩。文選諸篇、足供後人纂組之需、其義尤顯、無待推說。此駢文之所長三也。學者能於此中參悟一二、自不覺爲文之苦、而反有優游自得之樂。一言以蔽之、不讀駢文、不知吾國文字領域之廣、法門之多也。（中國駢文史序）

六、駢文可以周世用　世之醜詆駢文者、每謂駢文乃貴族文學、文義艱深、藻繢滿眼、非盡人所能學、尤非盡人所宜學、遂鄙夷之、以爲不周於世用。此猶盲人之摸象、一偏之見也。卽如彼等所言駢文爲不周世用、仍然有其崇高之藝術價值在、視之爲藝術品可也、況其非爲無用者乎。若唐之魏鄭公陸宣公、一代駢文作手也、而辭達理詣、精闢無累、卒成貞觀之隆、興元之盛、能說駢文爲無用乎。甚至駢文由美文而變成應用文、亦自宣公開之、宋人及後之長於公牘者、競效其體、故從來詔勅表箋之類、例用四六、以其便於宣讀、且使聽者無障耳之感也。陳繹曾文章歐冶云：

四六之興、其來尚矣。自典謨誓命、已加潤色、以便宣讀。四六其語、諧協其聲、偶儷其辭、凡以取便一時、使讀者無聱牙之患、聽者無詰曲之疑耳。

浸淫至於今日、此風猶未盡替也、能說駢文爲無用乎。日月麗乎天、天之文也、百穀草木麗乎土、地之文也、化工之所爲、有定形乎哉、化工形形、而不形於形、而謂文可有定形乎哉、顧其言之所立者何如耳、烏得以其駢而遂妄下無稽之斷語耶。本師陽新成楚望先生論之尤精、其言曰：

今之嗤點駢文者、多以文過其質、義不勝辭、譬之蠟淚成堆、非緣別恨、唐花逞豔、本異春芳、但供廟堂點綴之資、寧適民物敷陳之用。不知鶯飛草長、惓惓增故國之思、賜門榛崩、字字抒蕪城之感。他若子山哀江南賦、孝穆在北齊與楊僕射書、賓王代李敬業傳檄天下文、宣公論兩河及淮西利害狀、何嘗不言之有物、文以生情、遠溯時會之推遷、上關宗社之休戚乎。或又以駢儷之文、辭不達意、縱橫累紙、惟是風雲、堆砌成篇、無殊餖飣、子安之帝車華蓋、事有難稽、文通之危涕墜心、義奚所取。不知曉風零雨、客中之況味曾同、孤鶩落霞、畫裏之風光宛在。試觀齊梁作者諸小簡、下逮清人袁簡齋洪北江輩之所為、何嘗不明白如話、眞樸無華、妙蘊畢宣、老嫗都解耶。是知晦澀之病、不限於美文、纂組之篇、亦周於世用、神而明之、存乎其人。（歷代駢文選序）

觥觥議論、殊足以鍼砭時俗、發人深省、彼信口詆諆駢文為無用者、允宜三復斯言。近人金秬香亦曰：

夫文辭一術、體雖百變、道本同源、尚質尚文、道日衍而日盛、一奇一偶、數相生而相成、蓋琴無取乎偏絃之張、錦非倚乎獨繭之剝、以多為貴、雙詞非駢拇也、沿飾得奇、偶語非重臺也。若必謂散文多適用、駢文多無用、則何解於高文典册用相如、飛書羽檄用枚臯、文固各適其用者乎。（駢文概論）

是則駢文之周於世用也、厥理昭然、毋待覼縷焉。

七、駢文可以感人　文生於情、情生於感、人皆有情、人皆有感、故發而為文、足以感人。文也、情也、感也、蓋息息相生、因因相續者也。中外古今文學作品之美者、無不以至情出之、出之以至情之文學作品、無論其為若何體製、亦不限於一時代與一民族、均可收到感人之效果。故屈子為離騷、賈生感其文、過汨羅、爲賦以弔之。司馬遷則曰：『余讀離騷天問招魂哀郢、悲其志、未嘗不垂涕、想見其爲人。』（史記屈原傳）揚雄亦曰：『悲其文、讀之未嘗不流涕也。』（漢書本傳）西人荷馬(Homeros)所作特洛伊(Troy)奧德賽(Odyssey)二詩、則能感動亞歷山大(Alexander)漢尼拔(Hannibal)與凱撒(Caesar)、而溫采士特(Winchester)亦稱：『荷馬時代之學術、雖爲陳跡、然荷馬在今日、猶未老也、何則、以其訴於古今不滅之人情也。』夫駢文亦猶是耳、故讀諸葛亮出師表、覺其忠義之氣、躍然紙上、讀李密陳情表、使人孝養之心、油然而生、讀江淹別賦、則驟然而興別離之恨、讀庾信哀江南賦、則愴然而動故國之情。駱賓王作討武氏檄、則天覽之、至『蛾眉不肯讓人、狐媚偏能惑主』、初微笑之、及見『一抔之土未乾、六尺之孤何託』、瞿然曰：『誰爲之。』或以賓王對。乃不悅曰：『有如此之才、而使之淪落不偶、宰相之過也。』蓋有遺才之恨也。唐德宗時、藩鎮跋扈、天下喪亂、帝幸奉天、翰林學士陸贄隨行在、揮翰草檄、所下詔書、雖武夫悍卒讀之、無不揮涕激發。議者以德宗克平寇亂、不惟神武之功、爪牙宣力、蓋亦資文德腹心之助焉。饒漢祥民初爲大總統黎元洪撰寫通電文告、文情斐亹、反覆曲暢、至今猶傳爲美談。昔孔子稱『詩可以興、可以觀、可以羣、可以怨。』（論語陽貨篇）駢文之至者、則不僅與觀羣怨之謂矣。

八、駢文可以陶冶性情

蓋嘗論之、文學之與純文學略有差別、文章原是一種工具、其作用大略可分爲記載事故、發表意志、傳達思想、抒寫情感等。惟純文學則有時專爲作文而作文、其所作之文並未打算與他人讀、乃至不希望有人讀。然則此類文章更有何用處、不幾等於廢物矣乎。是不然、蓋文章工具說、乃知識作用、而人類於求知之外、尚有所謂精神、爲作文而作文之文章、即精神作用也。由是言之、則此類文章、其重要性殊不減於工具之文、或有過之。惟此類文章、多屬於韻文方面、駢文即其一也。駢文設色穠麗、遣詞斑斕、窈曲往復、蘊涵萬端、無處不見良工心苦、雖不必篇篇盡是經國之鴻文、而其足資陶冶性情、移易氣質、則可斷言。譬之珠玉珍玩、飢不可食、寒不可衣、而人貴之者、以其美觀悅目、可供欣賞也。又如雅曲佳畫、皆非經世牖民之所急需、而各級學校責學子以必習者、以音樂可以移情、可以美化人生、丹青可以賞心、可以淨化性靈也。然則駢文之功用、寧有異於是哉。

九、駢文析理最精　嘗試言之、老子繫辭、皆闡哲理、魏晉雄辯、大率玄旨、胥用駢語、以達幽情、極流邕之能、無難申之意、此駢文之用以析理者也。大唐創業起居注用俳文以入史、劉彥和以偶語論文、陸宣公以儷文作奏議、咸達幽隱之情、歐蘇王曾以四六入表啓、大暢欲言之意。是則駢文無施不可、謂其不能達繁密之意者、亦猶謂古文言之無物（胡適語見文學改良芻議）耳、皆誤以作者之工拙、爲文體之利弊也。婺源潘石禪先生在文學源流中、嘗發爲宏論、其詞曰：

> 六朝人尚有談名理議禮制之文章、經近世章太炎劉申叔諸先生特別提出、然後世人乃知此類文章、確爲六朝文之精華、非後代古文家所能夢見。曾滌生謂古文之法、無施不可、獨短於說理、即由其忽略談名理議禮制一派文章。如嵇康之聲無哀樂論、裴頠之崇有論、范縝之神滅論、皆析理精微之作。通典中所載束晳袁準諸人議禮制之文、亦皆擘肌分理、緜密異常。大抵理有事理名理之不同、事理之文、唐宋人尚能命筆、名理之文、惟晚周及六朝人優爲之。古文家不敢規摹周秦、又不願取法六朝、遂有『古文不能說理』之歎耳。

闡幽抉隱、屈曲洞達、彼固執駢文不能析理之成見者、可爲當頭棒喝矣。

十、駢文摹寫最美　駢文除精於析理而外、摹寫景物、尤所擅場。酈道元之注水經、麗句繽紛、楊衒之之記伽藍、偶語盈卷、而物無隱貌、事盡行間、摹寫之佳、冠絕古今（唐柳子厚最工寫景而其胎息於水經注者實深）、此駢文之用以摹寫者也。

由上舉十事觀之、則駢文在中國文學中所佔之地位、可以思過半矣。昔王靜安嘗以駢文與楚騷漢賦唐詩宋詞元曲並列、以其皆號稱一代之絕學、所宜等視而齊觀者也。其言曰：『凡一代有一代之文學、楚之騷、漢之賦、六代之駢語、唐之詩、宋之詞、元之曲、皆所謂一代之文學、而後世莫能繼焉者也。』（宋元戲曲史自序）王氏舉六代之駢語、固不足以概中國駢文之全、而謂駢文價値之高、絕不在騷賦詩詞曲之下、則無疑焉。

美哉中華、吾何幸而生於此最大洲之最大國、生於斯、長於斯、聞道於斯、今且闢文界於斯矣。偉哉中華、吾抑何幸而立於此歷史最悠久、文化最燦爛之古國、得以偃仰嘯歌、揚眉瞬目。泱泱哉我中華、吾更何幸而擁有此世界上最優美之文學、晤言一室之內、神交千載以上。我國家、我文化、我先聖往哲之惠我者多矣。凡我炎黃之胄、當思如何復興我國家、重振我民族、發揚我文化、光大我文學——尤其是最足以傲視全球之駢文與律詩。使彼淺見寡聞之士、舍己從人之徒、不得譁衆取寵、鼓其邪說以誣民也。

儀徵劉申叔先生有言：『儷文律詩爲諸夏所獨有、今與外域競長、惟資斯體。』（中古文學史）有靈性有思想之中華兒女、其諦聽之。

第二章　遂古駢散文之未分時期

第一節　駢散文同出一源

觀水有術、必觀其源、惟文章亦然。水之源出於崑崙、流而爲九河、爲四海、爲三江五湖七澤、爲淮泗汝漢濟漯涇渭之屬、下至沼沚溝澮、潢汙行潦、其爲水一也。追溯古昔、各體文章、莫不同源。易言之、駢與散初非兩歧也、皆同出一源也、請得羅而述之。

蘄春黃季剛先生文心雕龍札記麗辭篇略云：『意授於思、言授於意、騰諸脣脗者爲語、載諸篇簡者爲文。言有雅俗之殊、斯文有文質之異、或出之以儷詞、或述之以散筆、抒情各如其意、狀物逼肖其眞、方式不同、作用則一。文之代語、全出自然、初非造作、故一人之書、駢散兼有、一書之文、奇偶互見。』蓋上古之時、世質民淳、斯文未作、文字本以代結繩之用、一字但指一事、一文但象一形、辭句之組織、必極簡略。加以刀筆自操、刻削爲苦、故其爲文、達意便已、不肯辭費、奇散之文、其時自多。洎乎文化猛晉、世日尚文、辭令務極其雅馴、記載力求其翔實、且纂刻之事、職有專司、記言記事、不敢自逸、駢偶之文、亦隨語言而俱有。是則散文之起源雖古、非以避俳、駢體之接踵而興、詎是逞學、皆隨語言而異、自難強行畫然爲兩者矣。此駢散同源之鐵證一也。

抑更進一步言之、文字所以代語言、以事理論、則對稱或列舉之處、其文自偶、偏舉一端之處、其文自奇。以文情言、則凝重之處、不期其偶而自偶、疏宕之處、不期其奇而自奇。文無獨舉一事者、亦無對稱並列到底者、而凝重疏宕、亦必錯綜爲用、而後始成其爲文。故自然之文、駢散不分者勢也。散文發達之初、與口語極爲相近、今日視爲高古、而在古人觀之、則嫌其不文、於是就口語加以修飾、句求其整齊、詞求其雅麗、是爲後世狹義駢文之濫觴。然特就口語加以修飾、非與口語截然爲二物也。魏晉以降、此風彌盛、遂至用字求其雅麗、而俗語皆在所刪、句調求其整齊、則散語幾於不用。而且用典日多、隸事日富、文章至此、遂截然與口語分途。物極必反、乃有矯之之古文出焉。文學之事、如積薪然、新者旣興、舊者不必遂廢、故古文雖盛、駢文亦自有其用焉。此駢散古合今分之關紐所在、亦駢散同源之鐵證二也。

我國最古之書、是曰十三經、其文率皆奇偶相參、整散並運。良由先聖裁經、但求意思之表達、行文之便利、當奇處自然成散、當偶處自然成駢、初無駢散之成見存於胸中也。試以尙書堯典爲例：『欽明文思』一字爲偶、『安安』疊字爲偶、『允恭』『克讓』二字爲偶、偶勢變而生三、奇意行而若一。『光被四表、格于上下』、語奇也而意偶。『克明峻德』四字一句奇、『以親九族』十六字四句偶。『協和萬邦』十字二句奇、而『萬邦』與『九族百姓』語偶、『時雍』與『黎民於變』意偶、是奇也而偶寓焉。『乃命羲和』一段奇、而『昊天』『授時』隔句爲偶、中六字綱目爲偶。分命申命四段、章法偶而辭悉奇。自『帝曰咨』至『庶績咸熙』一段奇、『期三百』十七字參差爲偶、『允釐』八字顚倒爲偶、而意皆奇。故雙意必偶、『欽明』『允恭』等句是也。單意可奇可偶、『光被』『允釐』等句是也。其中『以親九族』四句、『愼徽五典』四句、凡數目之字、已無不整齊矣。『流共工于幽州』四句、竟居然以人名對人名、地名對地名焉、但不調平仄而已（參用包世臣文譜）。再以毛詩周南關雎爲例：『關關雎鳩』四句、以雎鳩雄雌相應和、興君子之必得淑女爲好逑、意似偶而句法不偶。『參差荇菜』四句偶、而承之曰『求之不得、寤寐思服、悠哉悠哉、輾轉反側』、則又奇矣。首尾奇而中間以偶、駢文絡乎散文之間、猶之偶數絡乎奇數之間也參用錢基博現代中國文學史。此外、如周易文言、奇偶皆備、難辨淄澠、故清阮元以爲即千古翰藻奇偶之祖見阮元文韻說。毛詩關雎序、駢音麗字、洋溢篇中、阮元以爲即千古聲韻排偶之祖亦見文韻說。若此之流、爲例甚夥、無煩罄述焉。從是可見、聖人爲文、惟求達意、當散則散、當駢則駢、要皆自然形成、匪由經營造作。若立意爲駢、或有心作散、皆難免削足適屨之弊矣。此駢散同源之鐵證三也。

姬曆云季、百家蠭起、各引一端、崇其所善、當時聰明魁傑之士、莫不彪炳爭塗、振其符彩。因爲求寫作上之便利、雖多用散體、以資縱橫博辯、錯綜成文、而駢枝儷葉、亦往往而是焉。如莊子人間世篇：『孔子適楚、楚狂接輿遊其門曰、鳳兮鳳兮、何如德之衰也。』此散也。而承之曰：『來世不可待、往世不可追也。天下有道、聖人成焉、天下無道、聖人生焉、方今之時、僅免刑焉。福輕乎羽、莫之知載、禍重乎地、莫之知避。已乎已乎、臨人以德、殆乎殆乎、畫地而趨。迷陽迷陽、無傷吾行、吾行卻曲、無傷吾足。』非其駢焉者乎。又如韓非子定法篇：『問者曰、申不害公孫鞅、此二家之言、孰急於國。應之曰、是不可程也、人不食、十日則死、大寒之隆、不衣亦死、謂之衣食孰急於人、則是不可一無也、皆養生之具也。』此散也。而承之曰：『今申不害言術、公孫鞅爲法。術者、因任而授官、循名而責實、操殺生之柄、課羣臣之能者也、此人主之所執也。法者、憲令著於官府、賞罰必於民心、賞存乎愼法、而罰加乎姦令者也、此人臣之所師也。君無術則弊於上、臣無法則亂於下、此不可一無、皆帝王之具也。』非其駢焉者乎。而管子牧民篇：『國有四維、一維絕則傾、二維絕則危、三維絕則覆、四維絕則滅。傾可正也、危可安也、覆可起也、滅不可復錯也。何謂四維、一曰禮、二曰義、三曰廉、四曰恥。禮、不踰節、義、不自進、廉、不蔽惡、恥、不從枉。故不踰節、則上位安、不自進、則民無巧詐、不蔽惡、則行自全、不從枉、則邪事不生。』幾於通篇偶對、不復見散行之迹矣。諸子中若此之屬、觸目可見、無待覼縷焉。至墨子之非攻、韓非之儲說、比事徵偶、錯綜爲用、爲六朝連珠之魄兆、固夫人而知之者也。此駢散同源之鐵證四也。

駢散同源之鐵證甚多、持此四者、可以略窺其端倪矣。然猶有未愜於心者、則阮元之文言說文韻說、李兆洛之駢體文鈔序、劉開之與王子卿太守論駢體書、曾國藩之送周荇農南歸序、羅惇融之文學源流、劉師培之文說耀采篇等、論之綦詳、除阮曾二氏之言已見本書第一章各節所引者外、今迻錄其餘四子之論於後、以見駢散同源之說、非余一人之私言、乃文學起源之公理也。

李兆洛駢體文鈔序：

天地之道、陰陽而已、奇偶也、方圓也、皆是也。陰陽相並俱生、故奇偶不能相離、方圓必相爲用、道奇而物偶、氣奇而形偶、神奇而識偶。孔子曰：『道有變動、故曰爻、爻有等、故曰物、物相雜、故曰文。』又曰：『分陰分陽、迭用柔剛。』故易六位而成章、相雜而迭用、文章之用、其盡於此乎。六經之文、班班具存、自秦迄隋、其體遞變、而文無異名。自唐以來、始有古文之目、而目六朝之文爲駢儷、而爲其學者、亦自以爲與古文殊路、旣歧奇與偶爲二、而於偶之中、又歧六朝與唐與宋爲三、夫苟第較其字句、獵其影響而已、則豈徒二焉二焉而已、以爲萬有不同可也。夫氣有厚薄、天爲之也、學有純駁、人爲之也、體格有遷變、人與天參焉者也、義理無殊途、天與人合焉者也。得其厚薄純雜之故、則於其體格之變、可以知世焉、於其義理之無殊、可以知文焉。文之體、至六代而其變盡矣、沿其流極而泝之、以至乎其源、則其所出者一也。吾甚惜夫歧奇偶而二之者之毗於陰陽也、毗陽則躁剽、毗陰則沈膇、理所必至也、於相雜迭用之旨、均無當也。

劉開與王子卿太守論駢體書：

夫文辭一術、體雖百變、道本同源、經緯錯以成文、玄黃合而爲采。故駢之與散、並派而爭流、殊塗而合轍、千枝競秀、乃獨木之榮、九子異形、本一龍之產。故駢中無散、則氣壅而難疏、散中無駢、則辭孤而易瘠、兩者但可相成、不能偏廢。且夫鳥生於東、兎沒於西者、兩曜各用其光照也。狐不得南、豹無以北者、一水獨限其方域也。物之然否因乎地、言之等量判乎人、世儒執墟曲之見、騰埳井之波、宗散者鄙儷辭爲俳優、宗駢者以單行爲薄弱、是猶恩甲而仇乙、是夏而非冬也。夫駢散之分、非理有參差、實言殊濃淡、或爲繪繡之飾、或爲布帛之溫、究其要歸、終無異致、推厥所自、俱出聖經。夫經語皆樸、惟詩易獨華、詩之比物也雜、故辭婉而妍、易之造象也幽、故辭驚而創、駢語之采色於是乎出。尚書嚴重、而體勢本方、周官整齊、而文法多比。戴記工累疊之語、繫辭開屬對之門、爾雅釋天以下、句皆珠連、左氏敍事之中、言多綺合、駢語之體製於是乎生。是則文有駢散、如樹之有枝幹、草之有花萼、初無彼此之別。所可言者、一以理爲宗、一以辭爲主耳。夫理未嘗不藉乎辭、辭亦未嘗能外乎理、而偏勝之弊、遂至兩歧。始則土石同生、終乃冰炭相格、求其合而一之者、其唯通方之識、絕特之才乎。今欲問道康莊、伐材衡岱、鑽研乎三極、涵泳乎百氏、窮源而入天、逐流而至海、非深於羣經、括囊先典、則詞術亦不能造其至矣。

羅惇曧文學源流：

文之既立、何殊駢散、西漢以前、渾樸敦雅、駢不慮雜、散不病野。……周秦至於漢初、駢散不分之代也。西漢衍乎東漢、駢散角出之代也。魏晉歷六朝至唐、駢文極盛之代也。古文挺起於中唐、策論靡然於趙宋、散文興而駢文蹶之代也。宋四六、駢文之餘波也。元明二代、駢散並衰、而散力終勝於駢。明末迄乎國朝、駢散並興、而駢勢差強於散。』

劉師培文說耀采篇：

昔大易有言：『道有變動、故曰爻、爻有等、故曰物、物相雜、故曰文。』考工亦有言：『青與白謂之文、白與黑謂之章。』蓋伏羲畫卦、即判陰陽、隸首作數、始分奇偶、一陰一陽謂之道、一奇一偶謂之文、故剛柔交錯、文之垂於天者也、經緯天地、文之列於謚者也。三代之時、一字數用、凡禮樂法制、威儀言辭、古籍所載、咸謂之文。是則文也者、乃英華發外、秩然有章之謂也。由古迄今、文不一體、然循名責實、則經史諸子、體與文殊、惟偶語韵詞、體與文合。昔孔美唐堯、特著煥乎之喻、詩歌衛武、亦標有斐之稱。以文雜質、則曰彬彬、舍質從文、乃稱郁郁、觀於文字之古義、可以識文章之正宗矣。況易以六位而成章、書爲四言之嚆矢、太師采詩、咸屬韵語、宣尼贊易、首肇文言、遐稽六藝之書、半屬偶文之體。是猶工繪事者、必待五采之彰施、聆樂音者、必取八音之迭奏、惟對待之法未嚴、平側之音未判、乃偶寓於奇、非奇別於偶、雖句法奇變、長短參差、然音律克諧、低昂應節、故訓辭爾雅、抽句匪單、或運用疊詞、或整列排語、三代文體、卽此可窺。況復鄭修命詞、子產於焉潤色、晉主盟會、仲尼以爲多文。直情徑行、戎狄之道乃如此、言不雅馴、搢紳先生所難言。 道集於躬、出詞氣斯遠鄙倍、言以足志、非文辭不克爲功。 是則文章一體、與直語殊。 故豔采辯說、韓非首正其名、翰藻沈思、昭明復標其體。詩賦家言、與六藝九流異類、文苑列傳、共儒林道學殊科。自古以來、莫之或爽也。東周以降、文體日工、屈宋之作、上如二南、蘇張之詞、下開七發。韓非著書、隱肇連珠之體、荀卿成相、實爲對偶之文。莫不振藻簡策、耀采詞林。

第二節　經典中所表現之駢行語氣與形態

自唐虞以迄春秋、爲吾國學術誕育發皇之時代、亦文學萌芽茁壯之時代、在此一千餘年中、聖人哲士、接踵代興、文化突飛猛晉、是孔子所謂『郁郁乎文哉』（論語八佾篇）之世也。其學術思想與典章文物、非本書之所應及、茲概從略、而專論文章。

皇古文章、不出於經典、易詩書儀禮春秋論語大學中庸孟子、皆聖哲明德經世之書、雖非爲作文之設、而千萬文章、從是出焉。顏之推曰：『夫文章者、原出五經。詔令策檄、生於書者也。序述論議、生於易者也。歌詠賦頌、生於詩者也。祭祀哀誄、生於禮者也。書奏箴銘、生於春秋者也。顯而體例之殊、隱而義法之精、淺之篇章字句之實、微之聲氣風骨之變。以及乎漢唐以來名家之文、奇詞奧旨、詭態殊形、學者誠不可不講而明之也。』（顏氏家訓文章篇）至劉勰所云、意亦同此、其言曰：『論說辭序、則易統其首、詔策章奏、則書發其源、賦頌歌讚、則詩立其本、銘誄箴祝、則禮總其端、紀傳移檄、則春秋為根、並窮高以樹表、極遠以啓疆、所以百家騰躍、終入環中者也。』（文心雕龍宗經篇）申而論之、易則義出於沈思、辭歸乎翰藻、音韻克諧、奇偶相生、實開後世論說序文二體之端、故曰『序述論議、生於易者也』、『論說辭序、則易統其首』。書則堯舜二典、為紀傳體之權輿、禹貢為地理志之濫觴、而訓誥誓命之文、實啓後世詔令奏議之先河、故曰『詔令策檄、生於書者也』、『詔策章奏、則書發其源』。三禮之中、儀禮記一王大法、一朝掌故、洪纖畢舉、條理井然、凡後世史志通典通考等之作、此為其先規也、蓋儀禮如後世之律例、而周禮則如後世之章程、皆修辭簡潔、思力沈雄。惟禮記之中、若文王世子、文最流暢、禮運禮器、文最古雅、學記樂記、文最深純、檀弓文最簡明、而後世哀祭箴銘之體、則拓宇於禮、故曰『祭祀哀誄、生於禮者也』、『銘誄箴祝、則禮總其端』。春秋文約而指博、為後世紀傳編年之根、故曰『紀傳移檄、則春秋為根』。至於三傳、則『左氏豔而富、其失也巫、穀梁清而婉、其失也短、公羊辯而裁、其失也俗。』（范甯春秋穀梁傳序）而後世之作為文章者、無有不源本經典、種種文體、亦無有不自經典胎息而來、此從來治文學者之恆言也。

文心雕龍宗經篇曰：『三極彝訓、其書言經、經也者、恆久之至道、不刊之鴻教也、故象天地、效鬼神、參物序、制人紀、洞性靈之奧區、極文章之骨髓者也。』觀此可知學文之道、首先宗經、未有經學不明而能擅文章之勝者。

如周之庾子山、唐之陸敬輿、一代駢文泰斗也、而跡其生平所得、實於經典為獨多。宋之蘇子瞻、清之姚惜抱、一代散文宗匠也、而跡其生平所得、亦於經典爲獨多。所作故能情深而不詭、格清而不雜、事信而不誕、義直而不回、體約而不蕪、文麗而不淫。論者謂文生於經者、自是千古不奪之定論也。

清代經學家阮元嘗撰文言說文韻說書梁昭明太子文選序後與友人論古文書四六叢話後敍及學海堂文筆策問等、反覆申論古人作文、吐語必雙、遣詞皆偶、使人易於記誦、無能增改、故能行之遐荒、傳諸久遠。甚至謂經典之文、類都奇偶相生、音韻相協、藻繪成章、如治絲之經緯然、故得名之爲『經』。易詞言之、經典之文章、大抵是廣義之駢文、亦卽阮氏之所謂『文』（詳見揅經室集）也。至清季民國之交、劉師培復張其軍、撰廣文言說文筆詩筆詞筆考文說文章原始論文雜記中古文學史經學教科書等、除立論大抵宗阮氏外、更提出較有系統之主張（詳見劉申叔先生遺書）、其文說耀采篇云：

> 易以六位而成章、書爲四言之嚆矢、太師采詩、咸屬韻語、宣尼贊易、首肇文言、遐稽六藝之書、半屬偶文之體（觀尚書堯典之文分命羲仲四節文筆相似九族既睦平章百姓百姓昭明協和萬邦句法已成對待愼徽五典四句亦然流共工二句亦然禹貢以下偶語尤多易詩之用偶語者則更不知凡幾矣）。是猶工繪事者、必待五采之彰施、聆樂音者、必取八音之迭奏。惟對待之法未嚴、平側之音未判、乃偶寓於奇、非奇別於偶。雖句法奇變、長短參差（如書經易經之文是也然對偶排列者甚多）、然音律克諧、低昻應節、故訓辭爾雅、抽句匪單、或運用疊詞、或整列排語（如書經及禮記易繫辭是）、三代文體、卽此可窺。

又文章原始云：

> 吾觀三代之書、諺語箴銘、實多韻語。若六藝之中、詩篇三百、固皆有韻之詞、卽易書二經、亦大抵奇偶相生（阮氏文言說謂乾卦文言多用偶句予謂尚書若堯典諸篇亦多用偶如九族既睦與百姓昭明偶賓於四門與納於百揆偶而堯典分命羲仲四節亦互相爲偶）、聲韻相叶、而爾雅釋訓、用韻者

亦三十條（子子孫孫以下）、惟戴禮周官經言詞簡質、不雜偶語韻文、則以昭書簡冊、懸布國門、猶後世律例公文、特設專門之文體也、故與文言不同。

經典幾儼然爲駢文之鼻祖矣。平情論之、阮劉二氏因鑒於桐城派古文之空疏弇陋、而發爲是言以匡正之、雖意未全愜、但經典中有許多偶氣頗重之篇章、則是灼然可見之事實、不容否定者也。夫文之初創、駢散並不分塗、亦猶數之初創、奇偶不立義界。厥後文法日密、駢文與散文乃自爲家數、此經典之文所以駢散兼該也。矧吾民族之箇性、夙以儒雅好文、著稱於世、泰古時代之修辭、以及先聖往哲之裁經、已有此觀念、原出於無意識之運用者乎。

夫文章用駢用散、各有便利、互見短長、前已論之詳矣。在十三經中、偶氣較重者、如尚書禹貢、多用『厥』字爲排句、周禮職方氏則專用『其』字爲排句、周易文言更是纂組輝華、音韻協暢、實千古宮商翰藻奇偶之祖。是皆由於行文之方便、無勞乎經營者也。再推而論之、文言春秋、同出孔子、文言多偶、而春秋多單、良由陰陽剛柔、非偶不行、年經月緯、非單莫屬。孝經論語、同出春秋、孝經多偶、而論語多單、則以陳述孝道、非反覆訓迪、不克竟其功、論語記孔子之言行、祇須平鋪直敍、即能蕆其事。知劉申叔所謂『遐稽六藝之書、半屬偶文之體』者、要非漫言。善乎劉孟塗之論駢文與經典之淵源也、曰：

夫駢散之分、非理有參差、實言殊濃淡。或爲繪繡之飾、或爲布帛之溫。究其要歸、終無異致、推厥所自、俱出聖經。夫經語皆樸、惟詩易獨華、詩之比物也雜、故辭婉而妍、易之造象也幽、故辭驚而創、駢語之采色於是乎出。尚書嚴重、而體勢本方、周官整齊、而文法多比、戴記工累疊之語、繫辭開屬對之門、爾雅釋天以下、句皆珠連、左氏敍事之中、言多綺合、駢語之體製於是乎生。（與王子卿太守論駢體書）足見駢詞麗句、殆挾文字以俱來、而聖人裁經、尤多協音以成韻、修辭以達遠、炳炳烺烺、洋洋灑灑、遂能共江河而不廢、懸日月而不刊者也。文心雕龍宗經篇贊曰：『三極彝道、訓深稽古、致化歸一、分教斯五、性靈鎔匠、文章奧府、淵哉鑠乎、羣言之祖。』劉孟塗書其後曰：『伐薪必於崑鄧、汲水宜從江海。』豈其然乎。

玆將經典中之駢行語氣與形態、各爲條論、具列於左、以見邃古時代駢散文確係同出一源、並證明阮劉諸氏嘶聲竭力以爭取文章之正統非駢莫屬、自有其淵識孤懷在、非泛泛不著邊際者所可比擬焉耳。

周易　周易繫辭傳云：『易之興也、其於中古乎、作易者、其有憂患乎。』又云：『易之興也、其當殷之末世、周之盛德邪、當文王與紂之事邪。』後人遂多謂伏羲作八卦、文王作卦辭、周公作爻辭、孔子作十翼（十翼者彖辭上下象辭上下繫辭上下文言說卦序卦雜卦是也）、故世稱周易爲四聖所作（本馬融陸績說）。十翼內文言一篇、乃專釋乾坤二卦之義理者、今逐錄如次：

乾文言

元者善之長也。亨者嘉之會也。利者義之和也。貞者事之幹也。君子體仁足以長人。嘉會足以合禮。

利物足以和義。貞固足以幹事。君子行此四德者。故曰乾元亨利貞。初九曰潛龍勿用。何謂也。子曰。龍德而隱者也。不易乎世。不成乎名。遯世无悶。不見是而无悶。樂則行之。憂則違之。確乎其不可拔。潛龍也。九二曰見龍在田。利見大人。何謂也。子曰。龍德而正中者也。庸言之信。庸行之謹。閑邪存其誠。善世而不伐。德博而化。易曰。見龍在田。利見大人。君德也。九三曰君子終日乾乾。夕惕若厲。无咎。何謂也。子曰。君子進德修業。忠信所以進德也。修辭立其誠。所以居業也。知至至之。可與幾也。知終終之。可與存義也。是故居上位而不驕。在下位而不憂。故乾乾因其時而惕。雖危无咎矣。九四曰或躍在淵。无咎。何謂也。子曰。上下无常。非爲邪也。進退无恆。非離羣也。君子進德修業。欲及時也。故无咎。九五曰飛龍在天。利見大人。何謂也。子曰。同聲相應。同氣相求。水流溼。火就燥。雲從龍。風從虎。聖人作而萬物覩。本乎天者親上。本乎地者親下。則各從其類也。上九曰亢龍有悔。何謂也。子曰。貴而无位。高而无民。賢人在下位而无輔。是以動而有悔也。潛龍勿用。下也。見龍在田。時舍也。終日乾乾。行事也。或躍在淵。自試也。飛龍在天。上治也。亢龍有悔。窮之災也。乾元用九。天下治也。潛龍勿用。陽氣潛藏。見龍在田。天下文明。終日乾乾。與時偕行。或躍在淵。乾道乃革。飛龍在天。乃位乎天德。亢龍有悔。與時偕極。乾元用九。乃見天則。乾元者。始而亨者也。利貞者。性情也。乾始能以美利利天下。不言所利。大矣哉。大哉乾乎。剛健中正。純粹精也。六爻發揮。旁通情也。時乘六龍。以御天也。雲行雨施。天下平也。君子以成德爲行。日可見之行也。潛之爲言也。隱而未見。行而未成。是以君子弗用也。君子學以聚之。問以辯之。寬以居之。仁以行之。易曰。見龍在田。利見大人。君德也。九三重剛而不中。上不在天。下不在田。故乾乾因其時而惕。雖危无咎矣。九四重剛而不中。上不在天。下不在田。中不在人。故或之。或之者。疑之也。故无咎。夫大人者。與天地合其德。與日月合其明。與四時合其序。與鬼神合其吉凶。先天而天弗違。後天而奉天時。天且弗違。而況於人乎。況於鬼神乎。亢之爲言也。知進而不知退。知存而不知亡。知得而不知喪。其惟聖人乎。知進退存亡而不失其正者。其惟聖人乎。

坤文言

坤至柔而動也剛。至靜而德方。後得主而有常。含萬物而化光。坤道其順乎。承天而時行。積善之家。必有餘慶。積不善之家。必有餘殃。臣弒其君。子弒其父。非一朝一夕之故。其所由來者漸矣。由辯之不早辯也。易曰。履霜堅冰至。蓋言順也。直其正也。方其義也。君子敬以直內。義以方外。敬義立而德不孤。直方大不習。无不利。則不疑其所行也。陰雖有美。含之以從王事。弗敢成也。地道也。妻道也。臣道也。地道无成。而代有終也。天地變化。草木蕃。天地閉。賢人隱。易曰。括囊无咎无譽。蓋言謹也。君子黃中通理。正位居體。美在其中。而暢於四支。發於事業。美之至也。陰疑於陽必戰。爲其嫌於无陽也。故稱龍焉。猶未離其類也。故稱血焉。夫玄黃者。天地之雜也。天玄而地黃。

此文時用韻語、且多偶句、阮元據之作文韻說及文言說（本書已引於緒論中）、大旨謂必用韻用偶、而後可以謂之文。其說頗能明言文之原、惟泥於晉宋以下文筆之分、故僅以有韻（包括句中之韻與句末之韻）者爲文。且因後世古文家屏棄駢儷之文爲不足以語於古文、故務爲力反其說也。至於標仲尼文言爲千古文章之祖、則自劉勰發之、其說具見文心雕龍原道篇、其麗辭篇又曰：『易之文繫、聖人之妙思也、序乾四德、則句句相銜、龍虎類感、則字字相儷、乾坤易簡、則宛轉相承、日月往來、則隔行懸合、雖句字或殊、而偶意一也。』則直認駢文之規模、實孕育於文言矣、合以阮元文言說文韻說暨書梁昭明太子文選序後所稱『孔子文言、實爲萬世文章之祖、此篇奇偶相生、音韻相和、如青白之成文、如咸韶之合節、非清言質說者比也、非振筆縱書者比也、非詰屈澀語者比也。是故昭明以爲經也史也子也、非可專名之爲文也、專名爲文、必沈思翰藻而後可也。』則文言具備美文之特質有二：一卽多用偶句、一卽多用韻是也。用韻用偶、咸爲古今美文所不能外者矣。

文言以外、如彖象繫辭傳亦多綺縠紛披、宮徵靡曼、而以繫辭爲尤甚焉。尋繫辭上下篇、偶句凡三百二十六見、韻語凡一百一十見（據阮福文筆考學海堂文筆策問）。茲以其文太長、不備錄、僅繫數則於左方、以見其凡。

天尊地卑。乾坤定矣。卑高以陳。貴賤位矣。動靜有常。剛柔斷矣。方以類聚。物以羣分。吉凶生矣。在天成象。在地成形。變化見矣。是故剛柔相摩。八卦相盪。鼓之以雷霆。潤之以風雨。日月運行。一寒一暑。乾道成男。坤道成女。乾知大始。坤作成物。乾以易知。坤以簡能。易則易知。簡則易從。易知則有親。易從則有功。有親則可久。有功則可大。可久則賢人之德。可大則賢人之業。易簡而天下之理得矣。天下之理得。而成位乎其中矣。

聖人設卦觀象。繫辭焉而明吉凶。剛柔相推而生變化。是故吉凶者。失得之象也。悔吝者。憂虞之象也。變化者。進退之象也。剛柔者。晝夜之象也。六爻之動。三極之道也。是故君子所居而安者。易之序也。所樂而玩者。爻之辭也。是故君子居則觀其象而玩其辭。動則觀其變而玩其占。是以自天祐之。吉无不利。

是故易者。象也。象也者。像也。彖者。材也。爻也者。效天下之動者也。是故吉凶生而悔吝著也。陽卦多陰。陰卦多陽。其故何也。陽卦奇。陰卦耦。其德行何也。陽一君而二民。君子之道也。陰二君而一民。小人之道也。易曰。憧憧往來。朋從爾思。子曰。天下何思何慮。天下同歸而殊塗。一致而百慮。天下何思何慮。日往則月來。月往則日來。日月相推而明生焉。寒往則暑來。暑往則寒來。寒暑相推。而歲成焉。往者屈也。來者信也。屈信相感。而利生焉。尺蠖之屈。以求信也。龍蛇之蟄。以存身也。精義入神。以致用也。利用安身。以崇德也。過此以往。未之或知也。窮神知化。德之盛也。

屬對精整、音韻曼妙、讀之津津有味、如天籟之動人。而辭無晦僻、意無奧澀、猶其餘事焉耳。

由斯以觀、周易一書、不獨爲吾國學術之濫觴、哲理之淵海、亦秉文之金科、匯藝之玄圃也。後代駢儷文章、聲調諧美、配對工麗、其文繫使之然歟。而文繫之作、孔子實經營之、則論孔子爲駢文之初祖、亦庶乎其有當夫。

尚書　駢體之源、肇於書易、彥和論之審矣、其說曰：『造化賦形、支體必雙、神理爲用、事不孤立。夫心生文辭、運裁百慮、高下相須、自然成對。唐虞之世、辭未極文、而皐陶讚云、罪疑惟輕、功疑惟重。益陳謨云、滿招損、謙受益。豈營麗辭、率然對爾。』此種雙行意念、蓋與生俱來、無須假借、故在皇古時代、除周易外、則以尚書表現爲獨多、此其所以爲後世駢文家所推重也。劉孟塗有曰：『尚書嚴重、而體勢本方。』

與王子卿太守論駢體書劉申叔亦曰：『詩書二經、大抵奇偶相生。』文章原始而阮芸臺曾滌生二氏、尤舌敝脣焦、反覆推詳、與彥和遙相呼應。豈賢者之所見、恆相冥合邪。

今十三經注疏中之尚書凡五十八篇、其中堯典舜典大禹謨皋陶謨禹貢仲虺之誥伊訓泰誓洪範周官等篇、偶多於奇、駢體之氣息、至爲醲郁。而盤庚大誥康誥酒誥召誥洛誥多士無逸君奭等篇、則奇多於偶、散文之意味、尤覺盎然、昌黎韓氏所謂『周誥殷盤、佶屈聱牙』進學解者是也。

包世臣以上古文字、兼有奇偶之美、並無駢散之歧視、有曰：『討論體勢、奇偶爲先。凝重多出於偶、流美多出於奇、雖駢必有奇以振其氣、雖散必有偶以植其骨、儀厥錯綜、致爲微妙。』文譜並舉堯典以爲例、其說最精、已引於本章前節中、茲不復贅。

禹貢一篇、約一千二百字、紀九州之分域、述山水之脈絡、我國輿地學之鼻祖也。其文字於極錯落不齊之中、寓有極整飭儷偶之筆。如起云：『禹敷土、隨山刊木、奠高山大川』、奇筆也。結云：『禹錫玄圭、告厥成功』、亦奇筆也。及篇中『作十有三載、乃同』等句、皆奇筆也。而每州之起則云：

冀州。

濟河惟兗州。

海岱惟青州。

海岱及淮惟徐州。

淮海惟揚州。

荆及衡陽惟荆州。
荆河惟豫州。
華陽黑水惟梁州。
黑水西河惟雍州。

其每州之末則云：

夾右碣石、入于河。冀州
浮于濟漯、達于河。兗州
浮于汶、達于濟。青州
浮于淮泗、達于河。徐州
沿于江海、達于淮泗。揚州
浮于江沱潛漢、逾于雒、至于南河。荆州
浮于雒、達于河。豫州
浮于潛、逾于沔、入于渭、亂于河。梁州
浮于積石、至于龍門西河、會于渭汭。雍州

其每段中用『厥』字之排句者如云：

厥土惟白壤、厥賦惟上上錯、厥田惟中中。冀州

厥土黑墳、厥草惟繇、厥木惟條、厥田惟中下、厥賦貞、作十有三載、乃同、厥貢漆絲、厥篚織文。兗州

厥土白墳、海濱廣斥、厥田惟上下、厥賦中上、厥貢鹽絺、海物惟錯、岱畎絲枲、鉛松怪石、萊夷作牧、厥篚檿絲。青州

厥土赤埴墳、草木漸包、厥田惟上中、厥賦中中、厥貢惟土五色、羽畎夏翟、嶧陽孤桐、泗濱浮磬、淮夷蠙珠暨魚、厥篚玄纖縞。徐州

厥草惟夭、厥木惟喬、厥土惟塗泥、厥田惟下下、厥賦下上上錯、厥貢惟金三品、瑤琨篠簜、齒革羽毛惟木、島夷卉服、厥篚織貝、厥包橘柚、錫貢。揚州

厥土惟塗泥、厥田惟下中、厥賦上下、厥貢羽毛齒革、惟金三品、杶榦栝柏、礪砥砮丹、惟箘簵楛、三邦厎貢厥名、包匭菁茅、厥篚玄纁璣組、九江納錫大龜。荊州

厥土惟壤、下土墳壚、厥田惟中上、厥賦錯上中、厥貢漆枲絺紵、厥篚纖纊、錫貢磬錯。豫州

厥土青黎、厥田惟上下、厥賦下中三錯、厥貢璆鐵銀鏤砮磬熊羆狐貍織皮。梁州

厥土惟黃壤、厥田惟上上、厥賦中下、厥貢惟球琳琅玕。雍州

凡若此類、可謂極錯落、亦可謂極整飭、有奇句、亦有偶句。儻駢文家而選經也、固不可遺此篇、儻古文家而選經也、亦不可遺此篇矣。參看陳柱中國散文史第一編第二章第二節

自餘各篇、詞意對待、句調整贍、聲容並茂者、比比皆是、因書繁不勝引、姑標數則如次、以當鼎臠。

愼徽五典、五典克從、納于百揆、百揆時敘、賓于四門、四門穆穆、納于大麓。舜典

案此段意逐句移、層層推進、所以求文意之相接、氣勢之貫串也。堯典：『克明俊德、以親九族、九族旣睦、平章百姓、百姓昭明、協和萬邦。』句法與此相同、凡若此類、前賢無以爲稱者、自我作古、姑命之曰『遞承對』可乎。

敷奏以言、明試以功。同上

流共工于幽州、放驩兜于崇山。同上

百姓不親、五品不遜。同上

罪疑惟輕、功疑惟重。大禹謨

君子在野、小人在位。同上

天命有德、五服五章哉、天討有罪、五刑五用哉。臯陶謨

天聰明、自我民聰明、天明畏、自我民明威。同上

決九川、距四海。益稷

臣哉鄰哉、鄰哉臣哉。同上

案此卽後世所謂『迴文對』者也。

股肱喜哉、元首起哉。同上

案『股肱』『元首』對待、『喜』『起』協韻、實爲律詩之遠祖。

佑賢輔德、顯忠遂良、兼弱攻昧、取亂侮亡。仲虺之誥

案此且兼言聲偶矣。

德日新、萬邦惟懷、志自滿、九族乃離。同上

敢有恆舞于宮、酣歌于室、時謂巫風。敢有殉于貨色、恆于遊畋、時謂淫風。伊訓

案此即後世『長偶對』之濫觴。

卿士有一于身、家必喪、邦君有一于身、國必亡。同上

天作孽、猶可違、自作孽、不可逭。太甲

若升高、必自下、若陟遠、必自邇。同上

用罪伐厥死、用德彰厥善。盤庚

崇信姦回、放黜師保、屏棄典刑、囚奴正士。泰誓

撫我則后、虐我則讎。同上

樹德務滋、除惡務盡。同上

左杖黃鉞、右秉白旄。牧誓

案此駢語之中已有藻繪之意矣。

歸馬于華山之陽、放牛于桃林之野。武成

無有作好、遵王之道、無有作惡、遵王之路。洪範

無偏無黨、王道蕩蕩、無黨無偏、王道平平。（同上）

案此則後世『連珠對』之權輿也。

皇天無親、惟德是輔、民心無常、惟惠之懷。（蔡仲之命）

毛詩 毛詩一書、在吾國古代文學中、實爲最光榮最偉大且最足以誇耀於世界文學之林之不朽權威、亦卽殷商至春秋間一部極美麗的詩歌總集、在十三經中惟一屬於純文學之鉅構。清章學誠嘗謂後世之文源於六藝、而多出於詩教（見文史通義詩敎篇）、是則毛詩不特爲韻文之先河、抑亦一切純文學之前驅也。駢文自是純文學之一種、語其構成之要素、蓋莫先於用韻（指句中之聲韻而言）用偶、而用韻用偶之方法、毛詩中殆無不畢具、故欲窺麗辭之淵源、自書易而外、當推毛詩。

毛詩關雎序（一名詩大序）、蓋子夏之所爲作也、此篇上規文繫、語比聲和、麗辭之語氣與形態、略備於是矣、惟尚未開設喻隸事之風耳。今繫諸左方、以見其體。

關雎。后妃之德也。風之始也。所以風天下而正夫婦也。故用之鄉人焉。用之邦國焉。風。風也。教也。風以動之。教以化之。詩者。志之所之也。在心爲志。發言爲詩。情動於中。而形於言。言之不足。故嗟歎之。嗟歎之不足。故永歌之。永歌之不足。不知手之舞之。足之蹈之也。

情發於聲。聲成文。謂之音。治世之音安以樂。其政和。亂世之音怨以怒。其政乖。亡國之音哀以思。其民困。故正得失。動天地。感鬼神。莫近於詩。先王以是經夫婦。成孝敬。厚人倫。美教化。移風俗。

故詩有六義焉。一曰風。二曰賦。三曰比。四曰興。五曰雅。六曰頌。上以風化下。下以風刺上。主文而譎諫。言之者無罪。聞之者足以戒。故曰風。至於王道衰。禮義廢。政教失。國異政。家殊俗。而變風變雅作矣。國史明乎得失之迹。傷人倫之廢。哀刑政之苛。吟詠情性以風其上。達於事變。而懷其舊俗者也。故變風發乎情。止乎禮義。發乎情。民之性也。止乎禮義。先王之澤也。是以一國之事。繫一人之本。謂之風。言天下之事。形四方之風。謂之雅。雅者。正也。言王政之所由廢興也。政有小大。故有小雅焉。有大雅焉。頌者。美盛德之形容。以其成功告於神明者也。是謂四始。詩之至也。然則關雎麟趾之化。王者之風。故繫之周公。南。言化自北而南也。鵲巢騶虞之德。諸侯之風也。先王之所以教。故繫之召公。周南召南。正始之道。王化之基。是以關雎樂得淑女以配君子。憂在進賢。不淫其色。哀窈窕。思賢才。而無傷善之心焉。是關雎之義也。

其中偶語凡十八見：『用之鄉人焉、用之邦國焉』、一也。『風以動之、教以化之』、二也。『在心爲志、發言爲詩』、三也。『手之舞之、足之蹈之』、四也。『治世之音安以樂、其政和、亂世之音怨以怒、其政乖』、五也。『動天地、感鬼神』、六也。『成孝敬、厚人倫』、七也。『美教化、移風俗』、八也。『上以風化下、下以風刺上』、九也。『言之者無罪、聞之者足以戒』、十也。『禮義廢、政教失』、十一也。『國異政、家殊俗』、十二也。『傷人倫之廢、哀刑政之苛』、十三也。『發乎情、止乎禮義』、十四也案此係意義對稱。『以一國之事、繫一人之本、謂之風、言天下之事、形四方之風、謂之雅』、十五也。『然則關雎麟趾之化、王者之風、故繫之周公……鵲巢騶虞之德、諸侯之風也、先王之所以教、故繫之召公』、十六也。『正始之道、王化之基』、十七也。

『哀窈窕、思賢才』、十八也。而其偶之長者如『繫之周公、繫之召公』一段、卽比也、厥後宋四六文之『長偶對』及明八股文之『排比』、皆基於此。故阮元以爲卽駢文之鼻祖、其言曰：『子夏此序、文選選之、亦因其中有抑揚詠歎之聲音、且多偶句也。』又曰：『子夏詩序情文聲音一節、實千古聲韻性情排偶之祖、吾固曰、韻者卽聲音也、聲音卽文也、然則今人所便單行之文、極其奧折奔放者、乃古之筆、非古之文也。沈約之說、或可橫指爲八代之衰體、孔子子夏之文體、豈亦衰乎。』間嘗論之、駢文爲廣義之韻文（詳見本書第一章第二節駢文之義界）、廣義之韻文非僅具句末之韻、亦有句中之韻、詩是句末有韻、駢文則是句中有韻、卽沈休文所謂『前有浮聲、後須切響』（宋書謝靈運傳論）、句中須調平仄是也。

總而論之、則遠溯駢文之起源、實本奇偶自然之理、而孔子文言繫辭、已見精密之體製、子夏在孔門中固以擅文學之勝場著稱者也（詳論語先進篇）、因復申論聲音相和之理、駢儷之體格、從是遂具矣。是則謚仲尼子夏二聖爲駢文之初祖、殆名正而言順、其誰敢復置一喙乎。

至於字句之用偶、在三百篇中、幾近十之六七、而駢文屬對之法、亦全爲三百篇所涵蓋、中國美文之微妙、無往而不相資相輔、相貫相通者、亦可於此中窺消息矣。不過三百篇用偶之處、屬對之法、極其自然、不尙纖巧、作者未嘗將對偶懸爲定格、尤其根本無駢體散行之觀念、完全是意到筆隨之作、所謂出於無心者也。後世詞章家踵事增華、變本加厲、用人爲之力量、將對偶帶入藝術美之極峯、而形成舉世無匹之美文——尤其是駢文與律詩。從此皇古樸質自然之風、音韻天成之趣、遂瀉然不可復見矣。夫一切文學藝術演化之跡象、殆莫能外是、固不獨對偶一端而已、此豈三百篇作者始意之所料哉。爰將詩中之偶句、套入習見之對仗法中、條列如下：

【一】**正名對**

冬之夜、夏之日。唐風葛生

【二】**同類對**

于以采蘋、南澗之濱、于以采藻、于彼行潦。召南采蘋

于以盛之、維筐及筥、于以湘之、維錡及釜。同上

覯閔既多、受侮不少。邶風柏舟

如切如磋、如琢如磨。衛風淇奧

【三】**異類對**

參差荇菜、左右流之、窈窕淑女、寤寐求之。周南關雎

山有喬松、隰有游龍。鄭風山有扶蘇

溱與洧、瀏其清矣、士與女、殷其盈矣。鄭風溱洧

析薪如之何、匪斧不克、娶妻如之何、匪媒不得。齊風南山

【四】**連珠對**（**一名疊字對**）

喓喓草蟲、趯趯阜螽。召南草蟲

青青子衿、悠悠我心。鄭風子衿

昔我往矣、楊柳依依、今我來思、雨雪霏霏。小雅采薇

冬日烈烈、飄風發發。小雅四月

【五】雙聲對

既優既渥、既霑既足。小雅信南山

【六】疊韻對

燕婉之求、籧篨不鮮。邶風新臺

【七】雙擬對

莫赤匪狐、莫黑匪烏、邶風北風

【八】當句對（一名本句對）

是刈是濩、爲絺爲綌。周南葛覃

拊我畜我、長我育我。小雅蓼莪

【九】單句對

女曰雞鳴、士曰昧旦。鄭風女曰雞鳴

父兮生我、母兮鞠我。小雅蓼莪

既醉以酒、既飽以德。大雅既醉

柔則茹之、剛則吐之。大雅烝民

【一〇】**複句對（一名隔句對）**

就其深矣、方之舟之、就其淺矣、泳之游之。邶風谷風

溥天之下、莫非王土、率土之濱、莫非王臣。小雅北山

作之屏之、其菑其翳、修之平之、其灌其栵。大雅皇矣

【一一】**順句對**

山有扶蘇、隰有荷華。鄭風山有扶蘇

【一二】**錯綜對**

爰居爰處、爰笑爰語。小雅斯干

【一三】**疊句對**

不我與、不我與、不我過、不我過。召南江有汜

嘅其歎矣、嘅其歎矣、啜其泣矣、啜其泣矣。王風中谷有蓷

巷無居人、豈無居人、巷無服馬、豈無服馬。鄭風叔于田

有女如雲、雖則如雲、有女如荼、雖則如荼。鄭風出其東門

【一四】**整章對**

河水洋洋、北流活活、施罛濊濊、鱣鮪發發、葭菼揭揭、庶姜孽孽、庶士有朅。衛風碩人

如跂斯翼、如矢斯棘、如鳥斯革、如翬斯飛、君子攸躋。小雅斯干

東人之子、職勞不來、西人之子、粲粲衣服、舟人之子、熊羆是裘、私人之子、百僚是試。（小雅大東）

或燕燕居息、或盡瘁事國、或息偃在牀、或不已于行。或不知叫號、或慘慘劬勞、或棲遲偃仰、或王事鞅掌。或湛樂飲酒、或慘慘畏咎、或出入風議、或靡事不爲。（小雅北山）

【一五】長偶對

爰采麥矣、沫之北矣、云誰之思、美孟弋矣。爰采葑矣、沫之東矣、云誰之思、美孟庸矣。（鄘風桑中）

案蘇軾乞常州居住表：『臣聞聖人之行法也、如雷霆之震草木、威怒雖盛、而歸於欲其生。人主之罪人也、如父母之譴子孫、鞭撻雖嚴、而不忍致之死。』殆卽胎息於此。

右述諸端、不過舉其首要、固不足以概三百篇屬對之全、蓋對偶之道、本甚繁複、細爲分析、累紙所不能盡也、不過依其性質言之、約可區爲兩大類、卽意義之排偶與音律之對仗是也。在三百篇中、偶句固佔十之六七、要多屬意義之排偶、而鮮及音律之對仗、其兼擅音義之勝場者、惟齊梁以下詞章家優爲之、非彼三百篇之作者所能想見者也。竊嘗以爲、文學進化之程序、與一般事物初無二致。一般事物之進化、通常皆『由野蠻而至文明、由簡單而至繁複』。而文學亦『由錯落而日趨整齊、由質樸而日趨華麗』。整齊華麗之結果、遂至巧奪天工、亦不足怪。是則對偶之道、古不逮今、今必勝古者、非天之降才爾殊也、蓋亦時勢之所必至耳。先哲有言：『前修未密、後出轉精。』其此之謂乎。

周禮　古人著書、根本無駢文散文之觀念、卽有屬對、皆是自然形成、充其量亦不過因爲行文之需要、非如後人之刻意經營也。周禮儀禮、同出周代、周禮多偶、而儀禮多單、良由設官分職、種別類殊、不用偶筆、則頭緒不能分明。儀禮記賓主禮節、入門上階、揖讓進退、如用偶筆、則不免失之繁複。本書之所以舉周禮而不及儀禮者、亦豈無微旨歟。

周禮之文、駢詞偶句、隨手紛披、擢髮難罄矣、今不遑博引、惟擇錄夏官職方氏之一段、以著其概。

職方氏掌天下之圖、以掌天下之地、辨其邦國都鄙、四夷八蠻、七閩九貉、五戎六狄之人民、與其財用九穀六畜之數要、周知其利害、乃辨九州之國、使同貫利。

東南曰揚州、其山鎮曰會稽、其澤藪曰具區、其川三江、其浸五湖、其利金錫竹箭、其民二男五女、其畜宜鳥獸、其穀宜稻。

正南曰荊州、其山鎮曰衡山、其澤藪曰雲夢、其川江漢、其浸潁湛、其利丹銀齒革、其民一男二女、其畜宜鳥獸、其穀宜稻。

河南曰豫州、其山鎮曰華山、其澤藪曰圃田、其川滎雒、其浸波溠、其利林漆絲枲、其民二男三女、其畜宜六擾、其穀宜五種。

正東曰青州、其山鎮曰沂山、其澤藪曰望諸、其川淮泗、其浸沂沭、其利蒲魚、其民二男二女、其畜宜雞狗、其穀宜稻麥。

河東曰兗州、其山鎮曰岱山、其澤藪曰大野、其川河泲、其浸盧維、其利蒲魚、其民二男三女、其畜宜六擾、其穀宜四種。

正西曰雍州、其山鎮曰嶽山、其澤藪曰弦蒲、其川涇汭、其浸渭洛、其利玉石、其民三男二女、其畜宜牛馬、其穀宜黍稷。

東北曰幽州、其山鎮曰醫無閭、其澤藪曰貕養、其川河泲、其浸菑時、其利魚鹽、其民一男三女、其畜宜四擾、其穀宜三種。

河內曰冀州、其山鎮曰霍山、其澤藪曰楊紆、其川漳、其浸汾潞、其利松柏、其民五男三女、其畜宜牛羊、其穀宜黍稷。

正北曰并州、其山鎮曰恆山、其澤藪曰昭餘祁、其川虖池嘔夷、其浸淶易、其利布帛、其民二男三女、其畜宜五擾、其穀宜五種。

乃辨九服之邦國、方千里曰王畿、其外方五百里曰侯服、又其外方五百里曰甸服、又其外方五百里曰男服、又其外方五百里曰采服、又其外方五百里曰衞服、又其外方五百里曰蠻服、又其外方五百里曰夷服、又其外方五百里曰鎮服、又其外方五百里曰藩服。

凡邦國、千里封公、以方五百里則四公、方四百里則六侯、方三百里則七伯、方二百里則二十五子、方百里則百男、以周知天下。

此篇上規禹貢、故句法悉同、禹貢用『厥』字爲排句、此則專用『其』字爲排句、禹貢每州長短錯落、此則整齊畫一。世之選文家苟欲選經典之文也、則禹貢駢散均可入選、而此篇則惟宜入於駢文矣。

禮記 昔劉申叔謂禮記周官經言詞簡樸、不雜偶語韻文（文章原始）、其說未猶盡諦。蓋言一書不押句末之腳韻、未嘗有聲調之美、則良是。若並偶語而抹殺之、則顯然與事實不符、此殆智者之偶失耳。案之今本禮記四十九篇、除禮運禮器學記樂記經解哀公問仲尼燕居中庸儒行大學十篇已具儷體之雛形、無待曉辯者外、其餘三十九篇、雖多用散體以行文、而駢絲麗片、縟說繁辭、有非吏僕所能終者。陳蘭甫不云乎：『古者記言之體有三：其一聞而記之、所記非一時之言、記之者則一人之筆、彙而成書、非著書也、尤非作文也、論語是也。其一傳聞而記之、所記非一時之言、記之者則一人之筆、伸說引證而成篇、此著書也、坊記表記緇衣是也。其一亦傳聞而記之、記之者一人之筆、所記者一人之言、敷演潤色、駢偶用韻而成篇、此作文也、禮運儒行哀公問仲尼燕居是也。』東塾讀書記而謂禮記可拒諸儷體之外乎。今略繫如干段於左方、以爲推概焉。

臨財毋苟得、臨難毋苟免。曲禮

道德仁義、非禮不成、敎訓正俗、非禮不備、分爭辨訟、非禮不決、君臣上下、父子兄弟、非禮不定、宦學事師、非禮不親、班朝治軍、蒞官行法、非禮威嚴不行、禱祠祭祀、供給鬼神、非禮不誠不莊。同上

案凡相似或相對之數意、連排爲語法相同之數句、而各句字數不必相等者、在修辭學上謂之排句、語其淵源、卽此是已。

冬溫而夏凊、昏定而晨省。同上

案後世之『當句對』、蓋祖此。

居喪之禮、毀瘠不形、視聽不衰、升降不由阼階、出入不當門隧。同上

拜而后稽顙、頹乎其順也、稽顙而后拜、頎乎其至也。檀弓

　案此豈後世『迴文對』之雛形乎。

樂所以脩內也、禮所以脩外也、禮樂交錯於中、發形於外。文王世子

大人世及以爲禮、城郭溝池以爲固。禮運

先王之立禮也、有本有文、忠信、禮之本也、義理、禮之文也、無本不立、無文不行。禮器

玉不琢、不成器、人不學、不知道。是故古之王者、建國君民、教學爲先。兌命曰：『念終始典於學。』其此之謂乎。雖有嘉肴、弗食、不知其旨也、雖有至道、弗學、不知其善也。是故學然後知不足、教然後知困、知不足、然後能自反也、知困、然後能自強也。學記

發然後禁、則扞格而不勝、時過然後學、則勤苦而難成、雜施而不孫、則壞亂而不脩、獨學而無友、則孤陋而寡聞。同上

燕朋逆其師、燕辟廢其學。同上

善學者、師逸而功倍、又從而庸之。不善學者、師勤而功半、又從而怨之。同上

　案後世之『長偶對』殆從此出。

良冶之子、必學爲裘、良弓之子、必學爲箕。同上

是故君子反情以和其志、廣樂以成其教、樂行而民鄉方、可以觀德矣。德者、性之端也、樂者、德之華也、金石絲竹、樂之器也。詩言其志也、歌詠其聲也、舞動其容也、三者本於心、然後樂器從之。

是故情深而文明、氣盛而化神、和順積中、而英華發外、唯樂不可以爲僞。樂記

孔子曰、入其國、其教可知也。其爲人也、溫柔敦厚、詩教也、疏通知遠、書教也、廣博易良、樂教也、絜靜精微、易教也、恭儉莊敬、禮教也、屬辭比事、春秋教也。故詩之失愚、書之失誣、樂之失奢、易之失賊、禮之失煩、春秋之失亂。其爲人也、溫柔敦厚而不愚、則深於詩者也、疏通知遠而不誣、則深於書者也、廣博易良而不奢、則深於樂者也、絜靜精微而不賊、則深於易者也、恭儉莊靜而不煩、則深於禮者也、屬辭比事而不亂、則深於春秋者也。經解

故昏姻之禮廢、則夫婦之道苦、而淫辟之罪多矣、鄉飲酒之禮廢、則長幼之序失、而爭鬥之獄繁矣。喪祭之禮廢、則臣子之恩薄、而倍死忘生者衆矣。聘覲之禮廢、則君臣之位失、諸侯之行惡、而倍畔侵陵之敗起矣。同上

案此亦後世『長偶對』之所從出。

天命之謂性、率性之謂道、修道之謂教。道也者、不可須臾離也、可離非道也。是故君子戒愼乎其所不睹、恐懼乎其所不聞。莫見乎隱、莫顯乎微、故君子愼其獨也。喜怒哀樂之未發謂之中、發而皆中節謂之和、中也者、天下之大本也、和也者、天下之達道也、致中和、天地位焉、萬物育焉。中庸

人一能之、己百之、人十能之、己千之。同上

誠則明矣、明則誠矣。同上

案此亦後世『迴文對』之所由生也、江淹恨賦『春草暮兮秋風驚、秋風罷兮春草生』、蓋即脫胎

於此。

君子尊德性而道問學、致廣大而盡精微、極高明而道中庸、溫故而知新、敦厚以崇禮。（上同）

天之所覆、地之所載、日月所照、霜露所隊、凡有血氣者、莫不尊親。（上同）

內稱不辟親、外舉不辟怨。（儒行）

富潤屋、德潤身。（大學）

得衆則得國、失衆則失國。（上同）

財聚則民散、財散則民聚。（上同）

案此亦後世『迴文對』之淵源所在。

放眼看去、色澤斑斕、辭藻紛綸。揚光飛文、吐焰生風、未足喻其儁也。雍容典雅、喬皇凝重、未足傳其神也。纂組輝華、宮商協暢、尤未足盡其聲容之妙於萬一也。是則戴記者、誠文章之金繩、麗辭之玉律矣。博雅君子見之、得無哂其過當也乎。

左傳　春秋三傳、以文章論、左氏最美、晉之范寧宋之陳傅良已先我言之矣（分見范寧穀梁傳序。陳傅良左氏章旨）。唐劉知幾嘗分史體爲六家、一尚書家、二春秋家、三左傳家、四國語家、五史記家、六漢書家。並敍左氏在文學上之價值云：

左傳家者、其先出於左丘明。孔子既著春秋、而丘明受經作傳。蓋傳者、轉也、轉受經旨、以授後人。或曰、傳者、示也、所以傳示來世。……觀左傳之釋經也、言見經文、而事詳傳內、或傳無而經有、或

經闕而傳存。其言簡而要、其事詳而博、信聖人之羽翮、而述者之冠冕也。史通六家篇

古希臘（Greece）之敍事文學、則導源於荷馬（Homeros）之史詩（Epic poetry）。吾國之尚書春秋、固亦嘗敍述政事矣。然尚書既零篇斷簡、且非盡敍事之作。以語春秋、則每敍一事、少至一字、多亦僅四十七字、王荊公譏之爲斷爛朝報、誠非厚誣。故謂我國古代無敍事之文學、可也。及左丘明之左傳出、始彌補其闕矣。案左氏之文、其敍事也、曲折而盡情、繁複而得理、若鄢陵之戰成公十六年、城濮之役僖公二十八年、條理井然、其最著者。其敍言也、委婉而深約、春容而爾雅、若燭之武之退秦師僖公三十年、魏絳之和戎襄公四年、哀公之誄孔子哀公十六年、其最著者。而通篇多用偶語者、若臧哀伯之諫納郜鼎桓公二年、公繻之答問名桓公六年、季文子之出莒太子僕文公十八年、王孫滿之答楚子問鼎宣公三年、晉楚邲之戰宣公十二年、士會之答荀林父同上、呂相之絕秦成公十三年、師曠之論衛人出君襄公十四年、吳公子季札之觀樂襄公二十九年、子產之論壞晉館垣襄公三十一年、北宮文子論令尹圍之威儀同上、醫和論晉侯之疾昭公元年、申豐之論雨雹昭公三年、叔向之論鄭人鑄刑書昭公六年、郯子之論官名昭公十七年、泠州鳩之論鑄無射昭公二十一年、子太叔見趙簡子之論禮昭公二十五年、其最著者。善乎呂祖謙謂『文章從容委曲、而意獨至者、惟左氏爲然』東萊左氏博議也。若劉熙載之論左氏、則尤爲能發左氏屬文之祕者。

左氏敍事、紛者整之、孤者輔之、板者活之、直者婉之、俗者雅之、枯者腴之、翦裁運化之方、斯爲大備。文概

左氏敍事文學、具若是之成功、實由文法奇變、整散兼行之故也。以是後世國策史漢之撰述、固奉之爲圭臬、即記一事、述一言、亦往往以奪胎左氏相矜耀、左傳影響後世之巨、從可知矣。今信手掎摭數段

爲例。

山有木、工則度之、賓有禮、主則擇之。（隱公十一年）

天而既厭周德矣、吾其能與許爭乎。（同上）

案此七字聯語、虛實皆愜、蓋妙手偶得之、原出於無心也、乃不意竟成一絕妙之『流水對』矣。歐陽修謝賜漢書表云：『惟漢室上繼三代之盛、而班史自成一家之書。』跡其胎息之所自、舍此更奚屬乎。

夏四月、取郜大鼎於宋、戊申、納於大廟、非禮也。臧哀伯諫曰：君人者、將昭德塞違、以臨照百官、猶懼或失之、故昭令德以示子孫。是以淸廟茅屋、大路越席、大羹不致、粢食不鑿、昭其儉也。袞冕黻珽、帶裳幅舄、衡紞紘綖、昭其度也。藻率鞞鞛、鞶厲游纓、昭其數也。火龍黼黻、昭其文也。五色比象、昭其物也。錫鸞和鈴、昭其聲也。三辰旂旗、昭其明也。夫德、儉而有度、登降有數、文物以紀之、聲明以發之、以臨照百官、百官於是乎戒懼、而不敢易紀律。今滅德立違、而寘其賂器於大廟、以明示百官、百官象之、其又何誅焉。國家之敗、由官邪也、官之失德、寵賂章也。郜鼎在廟、章孰甚焉。武王克商、遷九鼎於雒邑、義士猶或非之、而況將昭違亂之賂器於大廟、其若之何。（桓公二年）

范文子曰：楚囚、君子也、言稱先職、不背本也、樂操土風、不忘舊也、稱太子、抑無私也、名其二卿、尊君也。不背本、仁也、不忘舊、信也、無私、忠也、尊君、敏也。仁以接事、信以守之、忠以成之、敏以行之、事雖大必濟、君盍歸之、使合晉楚之成。（成公九年）

魏絳對曰：和戎有五利焉。戎狄薦居、貴貨易土、土可賈焉、一也。邊鄙不聳、民狎其野、穡人成功、二也。戎狄事晉、四鄰振動、諸侯威懷、三也。以德綏戎、師徒不勤、甲兵不頓、四也。鑒於后羿、而用德度、遠至邇安、五也。(襄公四年)

吳公子札來聘、請觀於周樂、使工爲之歌頌、曰：至矣哉、直而不倨、曲而不屈、邇而不逼、遠而不攜、遷而不淫、復而不厭、哀而不愁、樂而不荒、用而不匱、廣而不宣、施而不費、取而不貪、處而不底、行而不流。五聲和、八風平、節有度、守有序、盛德之所同也。(襄公二十九年)

皆辭藻綺麗、文采煒燁、固不僅音節之曼妙、神韻之緜邈已也。章實齋有云：『傳記如左國、文逐聲而遂諧、語應節而遽協。』(文史通義)信知言哉。

第三節　諸子中所表現之駢行語氣與形態

古今文體、戰國爲樞、上以拓三古而增其華、下以啟百派而張其緒、誠文家之關紐、亦即學者之叢芳也。夫三代以前、文化殊美、星雲麗其前輝、龍火彪其盛采、雖帝升王降、氣體各殊、而傳心垂訓、其揆一也。是以尼山刪訂、定爲專經、大義微言、垂教萬世。周轍既東、百家騰踔、或同源而異出、或殊塗而旁騖、或緣獨見之卓、而濬厥靈知、或矜一技之長、而演爲專說。莫不獨標眞諦、高張奇彩、一緒既萌、累葉不廢、雖分鑣振響、亦孕育滋長。自時厥後、文字益繁、兩漢紹其流風、而更增華茂、三國沿其近緒、而漸逼清腴、東西晉宗暢玄風、故文多俊逸、南北朝專崇儷偶、故文侈纖穠、炳炳焉、蔚蔚焉、不可殫述矣。章學誠有周衰文弊、六藝道息、而諸子爭鳴、蓋至戰國而文章之變盡、至戰國而著述之事專、至戰國而後世之文體備。故論文於戰國、而升降盛衰之故可知也。

戰國之文、其源皆出於六藝、何謂也。曰、道體無所不該、六藝足以盡之。諸子之爲書、其持之有故、而言之成理者、必有得於道體之一端、而後乃能恣肆其說、以成一家之言也。所謂一端者、無非六藝之所該、故推之而皆得其所本、非謂諸子果能服六藝之教、而出辭必衷於是也。老子說本陰陽、莊列寓言假象、易教也。鄒衍侈言天地、關尹推衍五行、書教也。管商法制、義存政典、禮教也。申韓刑名、旨歸賞罰、春秋教也。其他楊墨尹文之言、蘇張孫吳之術、辨其源委、挹其旨趣、九流之所分部、七錄之所敘論、皆於物曲人官、得其一致、而不自知爲六典之遺也。

後世之文、其體皆備於戰國、何謂也。曰、子史衰而文集之體盛、著作衰而辭章之學興。文集者、辭章不專家、而萃聚文墨、以爲蛇龍之沮也。後賢承而不廢者、江河導其勢、不容復遏也。經學不專家、而文集有經義。史學不專家、而文集有傳記。立言不專家、而文集有論辯。後世之文集、舍經義與傳記論辯之三體、其餘莫非辭章之屬也。而辭章實備於戰國、承其流而代變其體製焉。學者不知、而溯摯虞所裒之流別、甚且以蕭梁文選舉爲辭章之祖也、其亦不知古今流別之義矣。

今卽文選諸體、以徵戰國之賅備。京都諸賦、蘇張縱橫六國、侈陳形勢之遺也。上林羽獵、安陵之從田、龍陽之同釣也。客難解嘲、屈原之漁父卜居、莊周之惠施問難也。韓非儲說、比事徵偶、連珠之

曰：

所肇也、而或以爲始於傳毅之徒、非其質矣。孟子問齊王之大欲、歷舉輕煖肥甘聲音采色、七林之所啓也、而或以爲創之枚乘、忘其祖矣。鄒陽辨謗於梁王、江淹陳辭於建平、蘇秦之自解忠信而獲罪也。過秦王命六代辨亡諸論、抑揚往復、詩人諷諭之旨、孟荀所以稱述先王儆時君也。淮南賓客、梁苑辭人、原嘗申陵之盛舉也。東方司馬侍從於西京、徐陳應劉徵逐於鄴下、談天雕龍之奇觀也。遇有升沈、時有得失、畸才彙於末世、利祿萃於性靈、廊廟山林、江湖魏闕、曠世而相感、不知悲喜之何從、文人情深於詩騷、古今一也。文史通義詩教篇

言諸子於文章承前啓後之關係、可謂推勘盡致者矣。

溯自文王演易、炳燦繇辭、公旦多才、振揚徽烈、堂皇文運、祚我邦家。是以豳風樸而靡遺、二南和而不蕩、訓誥之懿、以周摯敷腴、官禮之宏、以繁重舉體、監於二代、郁郁彬彬。迄夫麟書吐瑞、至聖挺生、玉振金聲、表彰六藝、及門諸子、得聞文章、三千七十之徒、舉皆一時秀傑、各宗所得、派別交馳、瑰才異能之士、又各踵事增華、揚葩振藻、學術遂由一元而趨多元、文章亦呈現前此未有之壯觀。觀於伯陽道德、纘緒軒皇、析理精深、製詞高簡、微言所洞、抗手羣經。管子以蓋世之才、著書繁博、經言之粹、獨闢高衢、內外諸篇、並雄峻可喜、區言短語、亦奇勁無倫、學不一家、故文不一格、洵足兼綜道術、而包舉文藝矣。晏子春秋文多罕譬、至於警君臣之隔、劑上下之和、雖非敬仲之倫、要亦文流之選。若夫左氏傳經、國語記事、既爲論說取奧、實以閎肆稱長、中葉之文、蔚爲大國、縱橫博辯、殆國策之化源乎。七王既盛、才士益昌、百喙交騰、競標新幟、著述之富、與山海爭宏、斧藻之華、共星雲併采。是故理懿而精味醰而暢者、孟荀之文也、

辭宕而侈氣煒而誦者、蘇張之文也、俶詭而峭詼幻而麗者、莊列之文也、沈鷙而勁排奧而整者、孫吳之文也。他如墨翟之文、意顯而語質、鄒衍之文、旨閎而詞壯、韓非之文、以博喻騁富、愼到之文、以密理析巧、呂覽之文、以精鍊見工、滑稽之文、以諧謔展詡。以至名根法柄之論、富淫蝨弱之談、執獿搏虎之喻、白馬孤犢之說、莫不扶植名理、紛披詞縷、文質相濟、璘彬互燦、固擒辭之楷模、匯藝之崑鄧、後有作者、弗可及已。蓋文學之盛、極於東周、文體之殊、於斯而備、聖哲復起、必從吾言矣。善乎劉孟塗之論諸子與文章之因緣也、曰：

> 三代既往、百家競興、扶義豈皆淵深、造辭類多精奧、引喻奇古、老氏首發其端、鉤理玄微、蒙莊曲盡其變、禦寇之旨諸誕、乘虛破空、關尹之論瑰奇、鏤塵吹影、夷吾以峭鍊制勝、不韋以淹麗爲工、荀卿質而文、韓非悍而澤。並皆祖述邃初、雕琢羣象、語大則釣巨鼇之首、稱細則截秋蟬之翼、索深則沒波於歸墟之谷、窮高則抱露於中天之臺。搖衣得風、鞭鼓動物、以盆爲沼、易欺游魚。陽春雖溫、未見芽不土之木、造化至巧、安能卵無雄之雌。冬蓮春菊格於時、心棗肝榆應乎化。物有定分、言無端涯。故欲激盪靈淵、汪洋奧府、闡圓道方德之蘊、想柔心弱骨之儔、招清都之化人、求絳宮之蕊女、氣馭鳳鶴、力席蛟鯨。使尺簡之中、可以反山移海、寸管之末、可以起雷造冰。則周秦諸子所當效焉。與王子卿太守論駢體書

觀此則知梁昭明太子謂諸子『蓋以立意爲宗、不以能文爲本』文選序云云、要未得爲正解也。

吾國文學之盛、蓋極於春秋、文體之備、蓋極於戰國、前已約略辨之矣。若乃學派文派之殊且繁、則要

以春秋戰國遞嬗之際爲尤著焉。夫文緣學博、學以文精、無文則學術不昌、無學則文源不立。由斯而上、則有學名而無學別、即所謂文派者、亦復寥寥。而自時厥後不逮百年、遽有罷黜百家之令。於是才智之士、併出一塗、學鮮日新、文章亦靡、即間有吐棄凡近雅慕周秦者、亦均虎文羊質已耳。若夫周末諸子、各因其學之所得、而託之於文。方其發憤著書、亦祇以闡其所學。迨夫文義既炳、樹幟自標、而繼起之英、終鮮有登壇而拔之者。蓋始則以學派而傳其文、繼乃以文派張其學也。顧當時之文、雖各張其學、而卜年既遠、文與時遷、由豐鎬而春秋、由春秋而戰國、氣息體格、要弗強同。觀於周初之文、去古未遠、若訓誥、若官禮、若風南雅頌、雖復雲霞雕色、草木翔芬、形立章成、文勝其質。大抵上以宣表治化、下以陳述民風、無所謂一家之言以興起當世者。東遷以後、始有專書、若管之雄峻、晏之精覈、左國之宏博典奧、雖不逮詩書所載之醇、而才識權奇、要亦未遑多讓。至老聃道德之著、尤爲旨遠辭深。春秋之文、則已由醇而肆矣。遞至戰國、門戶大闢、鳳逸龍蟠之士、各以文雄。儒家之文以義勝、道家之文以玄勝、墨家之文以質勝、兵家之文以詭勝、名家之文以整析勝、法家之文以深刻勝、縱橫家之文以排奡勝、陰陽家之文以夸誕勝。其他若雜家、若農家、若小說諸家、莫不各吐所能、以宏篇製。其學愈競、其文愈工、其文愈工、而其辭乃愈麗矣。此亂世文章所以必雄於盛世也。蓋盛世則才爲時囿、亂世則才與時爭、周季文風獨有千古、殆以此夫。

至於諸子摛文、蓋與先聖同風、悉皆奇偶相參、剛柔迭用、根本無駢散之成見梗於胸中也。惟是七略芬非、九流薈萃、先哲殺青所編者、百八十有餘家矣。故欲逐一辨析其駢散之畛域、雖巧識者、恐亦力所難逮。然揀其風行當時、影響後世者、不過五家而已、一曰儒家、二曰道家、三曰墨家、四曰法家、五曰縱橫家

（陰陽家附）。今各爲條論、具列左端。

儒家　儒家之學、導源周孔、戰國時代、紹二聖之絕學、分鑣而並馳、卓然爲儒家之大作家者、當以孟荀二氏爲最。孟多言仁、荀多言禮、孟稱先王、荀法後王、孟主性善、荀言性惡、兩派分流、源泉各出、要其旨歸、並合儒宗、此太史公書之所以二人同傳也。至其行文、亦分二派、孟多單筆、爲後世古文家所宗、荀多偶詞、爲後世駢文家所祖。以荀文影響後世駢文之深且鉅也、特爲闢專節以詳之、今祇述孟子。

孟子自稱願學孔子（見孟子滕文公篇）、則其文學從孔子來、不待言矣。孔子之文學在六經、趙岐稱孟子通五經、尤長於詩書。陳澧考孟子引詩者三十、論詩者四、引書者十八、論書者六、又有似引書而不言書曰者（詳東塾讀書記）、以證趙氏尤長於詩書之說爲不虛。詩書二經、既開儷體之先河（詳見本書第二章第二節）、周孔二聖、又係儒學之大師、是則孟子行文之整散并運者、自有其淵源在也。剖析觀之、可得而言。

孟子書中、常爲連篇之排句、此蓋作者之思想豐富、同時顧到多方面之頭緒、故造語自然排偶、與後世辭賦狀物、易趨於排偶、同一道理。今舉數則爲例、以明吾說。

為肥甘不足於口與、輕煖不足於體與、抑爲采色不足視於目與、聲音不足聽於耳與、便嬖不足使令於前與。（梁惠王篇）

案孟子歷舉『肥甘』『輕煖』『聲音』『采色』以對齊宣王之問、是卽司馬相如上林賦之所啓、非肇自枚乘也。

天時不如地利、地利不如人和、三里之城、七里之郭、環而攻之而不勝、夫環而攻之、必有得天時者矣、然而不勝者、是天時不如地利也。城非不高也、池非不深也、兵革非不堅利也、米粟非不多也、委而去之、是地利不如人和也。故曰、域民不以封疆之界、固國不以山谿之險、威天下不以兵革之利、得道者多助、失道者寡助。寡助之至、親戚畔之、多助之至、天下順之。以天下之所順、攻親戚之所畔、故君子有不戰、戰必勝矣。公孫丑篇

居天下之廣居、立天下之正位、行天下之大道、得志與民由之、不得志獨行其道、富貴不能淫、貧賤不能移、威武不能屈、此之謂大丈夫。滕文公篇

伯夷、聖之淸者也、伊尹、聖之任者也、柳下惠、聖之和者也、孔子、聖之時者也。孔子之謂集大成、集大成也者、金聲而玉振之也。金聲也者、始條理也、玉振之也者、終條理也、始條理者、智之事也、終條理者、聖之事也。智、譬則巧也、聖、譬則力也。由射於百步之外也、其至、爾力也、其中、非爾力也。萬章篇

至其韻偶幷運之處、亦往往而有、如：

未有仁而遺其親、未有義而後其君。梁惠王篇

飢者弗食、勞者弗息。同上

案據段玉裁古韻諧聲表及章太炎先生成均圖、『親』與『君』、『食』與『息』、古音均相諧協。

自餘偶句亦多極工整者、嘗鼎一臠、繫諸左方。

見其生不忍見其死、聞其聲不忍食其肉。梁惠王篇

老吾老以及人之老、幼吾幼以及人之幼。同上

權然後知輕重、度然後知長短。同上

仰足以事父母、俯足以畜妻子。同上

從流下而忘反謂之流、從流上而忘反謂之連、從獸無厭謂之荒、樂酒無厭謂之亡。同上

案此以義界作對也。

遺佚而不怨、阨窮而不憫。公孫丑篇

爲富不仁、爲仁不富。滕文公篇

案此卽後世『迴文對』之楷式。

一齊人傅之、衆楚人咻之。同上

庖有肥肉、廄有肥馬、民有飢色、野有餓莩。同上

爲高必因丘陵、爲下必因川澤。離婁篇

城郭不完、兵甲不多、非國之災也。田野不闢、貨財不聚、非國之害也。同上

案此卽後世『長偶對』之所從出。

徒善不足以爲政、徒法不能以自行。同上

天子不仁、不保四海、諸侯不仁、不保社稷、卿大夫不仁、不保宗廟、士庶人不仁、不保四體。同上

案此卽後世『整章對』之所由生也。

自暴者、不可與有言也、自棄者、不可與有爲也。上同

有不虞之譽、有求全之毀。上同

不得乎親、不可以爲人、不順乎親、不可以爲子。上同

愛人者人恆愛之、敬人者人恆敬之。上同

有終身之憂、無一朝之患。上同

禹思天下有溺者、由己溺之也、稷思天下有飢者、由己飢之也。上同

文武興則民好善、幽厲興則民好暴。告子篇

凱風、親之過小者也、小弁、親之過大者也。親之過大而不怨、是愈疏也、親之過小而怨、是不可磯也。愈疏、不孝也、不可磯、亦不孝也。上同

求則得之、舍則失之。盡心篇

善政得民財、善教得民心。上同

人之所不學而能者、其良能也、所不慮而知者、其良知也。上同

孔子登東山而小魯、登泰山而小天下。故觀於海者難爲水、遊於聖人之門者難爲言。……流水之爲物也、不盈科不行、君子之志於道也、不成章不達。上同

案此段文字、偶處凡三、皆屬意義上之對稱、非求工於字句之間也。先秦諸子中類此者最多、無煩枚述、舉此以當隅反足矣。

虞集曰：『六經之文尚矣、孟子在戰國時以浩然之氣、發仁義之言、無心爲文、而開闔抑揚、曲盡其妙。』可謂知孟子矣。

道家　道家學術、以老子爲魁率、以莊子爲羽翼。老子之文、理精詞簡、整齊而有韻、大抵衝口而出、自有聲律、猶之六經之文、或奇或偶、或有韻或無韻、皆發之於天籟、本之於自然、既不以文害辭、尤不以辭害意。而氣韻高遠、華藻獨構、足以頡頏六經、跨躡諸子、在文學史上自有其堅確不拔之地位、固不可徒以哲理書目之也。

今本老子五千言、不但多用韻、亦且多用偶、分述之如次。

一、關於用韻者（案乾嘉諸老謂先秦之音韻爲古音而以魏晉唐宋間之音韻爲今音二者迥然有別協韻之法自異詳見戴震聲類表段玉裁古韻諧聲六書音韻二表孔廣森詩聲類嚴可均說文聲類等本章所舉諸例悉準古音）

五色令人目盲、五音令人耳聾、五味令人口爽、馳騁畋獵令人心發狂、難得之貨令人行妨。（第十二章）

天得一以清、地得一以寧、神得一以靈、谷得一以盈、萬物得一以生、侯王得一以爲天下貞。（第三十九章）

天無以清、將恐裂、地無以寧、將恐廢、神無以靈、將恐歇、谷無以盈、將恐竭、萬物無以生、將恐滅、侯王無以爲貞、將恐蹶、是以聖人裒一爲天下式。（同上）

二、關於裁對者

【一】複其字以爲對者

道可道、非常道、名可名、非常名。（第一章）

【二】疊其字以爲對者

俗人昭昭、我獨昏昏、俗人察察、我獨悶悶。第二十章

琭琭如玉、落落如石。第三十九章

【三】以兮字作對者

忽兮恍兮、其中有象、恍兮忽兮、其中有物。第二十一章

禍兮福之所倚、福兮禍之所伏。第五十八章

【四】以單句爲對者

飄風不崇朝、驟雨不終日。第二十三章

大器晚成、大音希聲。第四十一章

【五】層遞爲對者

人法地、地法天、天法道、道法自然。第二十五章

道生一、一生二、二生三、三生萬物。第三十九章

【六】參差爲對者

不尙賢、使民不爭、不貴貨、使民不盜。第三章

天下難事、必作於易、天下大事、必作於細。第六十三章

【七】以義界作對者

視之不見名曰幾、聽之不聞名曰希。第十四章

【八】迴文爲對者

知者不言、言者不知。第五十六章

信者不美、美者不信。第八十一章

【九】整章成對者

有無相生、難易相成、長短相較、高下相傾、音聲相和、前後相隨。第二章

曲則全、枉則直、窪則盈、敝則新、少則得、多則惑。……不自見、故明、不自是、故彰、不自伐、故有功、不自矜、故長。第二十二章

【十】以同類爲對者

既以爲人、己愈有、既以與人、己愈多。第八十一章

至若莊子之學、則大抵系出老氏、惟其具有豐富之想像力、與浪漫之情感、是故摛而爲文、窮造化之姿態、極生靈之遼廣、剖神聖之渺幽、探有無之隱賾、汪洋恣肆、機趣橫生。楊士奇稱其『一字一義、祖述道德、正如公孫大娘舞劍、左右揮霍、皆含草書。』眞絕世之奇文也。今本莊子凡三十三篇、除內七篇而外、其餘二十六篇或疑係後人假託羼雜之辭、不盡周所自撰、然亦不悖於道家之旨、腴辭藻飾、麗字駢音、則尤彰著明晰焉。今舉數例以爲式。

一、關於用韻者

鳳兮鳳兮、何如德之衰也、來世不可待、往世不可追也。天下有道、聖人成焉、天下無道、聖人生焉、方今之時、僅免刑焉。福輕乎羽、莫之知載、禍重乎地、莫之知避。已乎已乎、臨人以德、殆乎殆乎、畫地而趨。迷陽迷陽、無傷吾行、吾行卻曲、無傷吾足。人間世篇

亂天之經、逆物之情、玄天弗成、解獸之羣、而鳥皆夜鳴、災及草木、禍及正蟲。在宥篇

二、關於用偶者

【一】流水對

聖人不死、大盜不止。胠篋篇

【二】隔句對

鷦鷯巢林、不過一枝、偃鼠飲河、不過滿腹。逍遙遊篇

【三】整章對

可以保身、可以全生、可以養親、可以窮年。養生主篇

載我以形、勞我以生、佚我以老、息我以死。大宗師篇

【四】當句對

小知不及大知、小年不及大年。逍遙遊篇

【五】單句對

朝菌不知晦朔、蟪蛄不知春秋。同上

天地與我並生、萬物與我爲一。齊物論篇

【六】**長偶對**

楚之南有冥靈者、以五百歲爲春、五百歲爲秋、上古有大椿者、以八千歲爲春、八千歲爲秋。逍遙遊篇

【七】**連珠對**

大知閑閑、小知閒閒。齊物論篇

大言炎炎、小言詹詹。同上

【八】**迴文對**

方生方死、方死方生。同上

因是因非、因非因是。同上

【九】**同類對**

其大本擁腫而不中繩墨、其小枝卷曲而不中規矩。逍遙遊篇

天無私覆、地無私載。大宗師篇

【十】**異類對**

一盛一衰、文武倫經、一清一濁、陰陽調和。天運篇

山木自寇也、膏火自煎也。人間世篇

三、以賦體行文者

夫大塊噫氣、其名爲風、是唯無作、作則萬竅怒呺、而獨不聞之翏翏乎。山林之畏佳、大木百圍之竅穴、似鼻、似口、似耳、似枅、似圈、似臼、似洼者、似汚者、激者、謞者、叱者、吸者、叫者、譹者、宎者、咬者。前者唱于、而隨者唱喁。泠風則小和、飄風則大和、厲風濟則衆竅爲虛、而獨不見之調調之刁刁乎。齊物論篇

四、通體多用偶句者

芴漠無形、變化無常。死與生與、天地並與、神明往與。芒乎何之、忽乎何適。萬物畢羅、莫足以歸。古之道術有在於是者、莊周聞其風而說之。以謬悠之說、荒唐之言、無端崖之辭、時恣縱而不儻、不以觭見之也。以天下爲沈濁、不可與莊語。以巵言爲曼衍、以重言爲眞、以寓言爲廣。獨與天地精神往來、而不敖倪於萬物。不譴是非、以與世俗處。其書雖瓌瑋、而連犿無傷也。其辭雖參差、而諔詭可觀。彼其充實不可以已、上與造物者遊、而下與外生死無終始者爲友。其於本也、宏大而辟、深閎而肆。其於宗也、可謂調適而上遂矣。雖然、其應於化而解於物也、其理不竭、其來不蛻、芒乎昧乎、未之盡者。天下篇

由上觀之、可知老莊行文雖多偶語排句、然皆近於語言之自然、而無牽強刻削之痕迹、尤未有定其字之多寡、聲之平仄、詞之虛實也。

墨家　昔韓非尸佼、並高墨子之學術、韓則謂爲顯學、與儒家相埒。夫墨子之生、其殆丁戰國之初乎、

觀其感欷世難、怵變思危、幾冀上賡虞夏之盛、雖間與儒家鉏鋙、然時亦宗尚詩書、言多可采。又旁通品彙、默運精思、蓋天賦至高、才能偏勝、際天下鼎沸、嫉惡傷悖、思欲秉獨察之明、上躋乎郅治、而惜多悖謬乖迕、不合吾儒大中至正之道也。惟是站在純文章之立場觀之、則其文學價值亦有足多者、現存墨子五十三篇、條理謹嚴、層次分明、反覆推勘、精闢無累、持以方歐洲之邏輯（logic案論理學中之三段論法syllogism近人謂與古之連珠相似而墨子則連珠體之開山祖師也）、印度之因明 (a system of Hindu logic something like a syllogism)、蓋有異曲同工之妙焉。

墨子在論理學與散文上之地位、無煩吾人之喋喋。至其在駢文上之價值、可得而言者凡四：

一曰非攻篇隱寓連珠之體也　古今文家多謂墨子非攻篇辭麗而言約、不指說事情、率用假喻以達其旨、而覽者微悟、合於古詩諷諭之義、蓋爲連珠導其先路者（高郵高仲華師即力持是說）。今擇錄其上篇以見體。

今有一人。入人園圃。竊其桃李。衆聞則非之。上爲政者。得則罰之。此何也。以虧人自利也。至攘人犬豕雞豚者。其不義。又甚入人園圃竊桃李。是何故也。以虧人愈多。其不仁茲甚。罪益厚。至入人欄廄。取人馬牛者。其不仁義。又甚攘人犬豕雞豚。此何故也。以其虧人愈多。苟虧人愈多。其不仁愈甚。罪益厚。至殺不辜人也。扡其衣裘。取戈劍者。其不義。又甚入人欄廄。取人馬牛。此何故也。以其虧人愈多。苟虧人愈多。其不仁茲甚矣。罪益厚。當此天下之君子。皆知而非之。謂之不義。今至大爲攻國。則弗之非。從而譽之。謂之義。此可謂知義與不義之別乎。

殺一人。謂之不義。必有一死罪矣。若以此說往殺十人。十重不義。必有十死罪矣。殺百人。百重不義。必有百死罪矣。當此天下之君子。皆知而非之。謂之不義。今至大爲不義。攻國則弗之非。從而譽之。謂之義。情不知其不義也。故書其言以遺後世。若知其不義也。夫奚說書其不義以遺後世哉。

今有人於此。少見黑曰黑。多見黑曰白。則以此人不知白黑之辨矣。少嘗苦曰苦。多嘗苦曰甘。則必以此人爲不知甘苦之辨矣。今小爲非。則知而非之。大爲非攻國。則不知而非。從而譽之。謂之義。可爲知義與不義之辨乎。是以知天下之君子也。辨義與不義之亂也。

二曰多用韻語也　墨子中用韻之處、更僕難終矣、今約舉二三則爲例。

今有五錐。此其銛。銛者必先挫。有五刀。此其錯。錯者必先靡(挫靡爲韻)。是以甘井近竭。招木近伐(竭伐爲韻)。靈龜近灼。神蛇近暴(灼暴爲韻○親士篇)

以七患居國。必無社稷(國稷爲韻)。以七患守城。敵至國傾(城傾爲韻)。七患之所當。國必有殃(當殃爲韻)。凡五穀者。民之所仰也。君之所以爲養也。故民無仰。則君無養(仰養爲韻)。民無食。則不可事(食事爲韻)。故食不可不務也。地不可不立也。用不可不節也(立節爲韻)。五穀盡收。則五味盡御於主。不盡收則不盡御(主御爲韻○七患篇)

烏乎君子。天有顯德。其行甚章。爲鑑不遠。在彼殷王。謂人有命。謂敬不可行。謂祭無益。謂暴無傷。上帝不常。九有以亡。上帝不順。祝降其傷。惟我有周。受之大商。(章王行傷常亡商爲韻○此非命篇引太誓之辭也)

三曰多用偶句也　墨子之文、警切動宕、質直明暢、極散文之能事、固無論矣、而駢絲麗片、亦隨手紛披焉。近人金秬香辨之綦詳、其言曰：

墨子首篇親士第一、其文有數典之駢語曰：『比干之殪、其抗也、孟賁之殺、其勇也、西施之沈、其美也、吳起之裂、其事也。』有引喻之駢語曰：『江河之水、非一水之源也、千鎰之裘、非一狐之白也。』修身篇言：『君子戰雖有陳、而勇爲本焉。喪雖有禮、而哀爲本焉。士雖有學、而行爲本焉。』是文雖排偶、而意則質實矣。所染篇言：『舜染於許由伯陽、禹染於皋陶伯益、湯染於伊尹仲虺、武王染於太公周公。』是文雖排偶、而則古稱先、幾於儒者矣。公輸篇墨子見楚王曰：『今有人於此、舍其文軒、鄰有敝輿而欲竊之、舍其錦繡、鄰有短褐而欲竊之、舍其粱肉、鄰有糟糠而欲竊之。』是文雖排偶、其善爲說辭、可謂辨矣。（駢文概論）

四曰小取篇已具儷體之規模也　小取篇雖爲辯學之肇端、而意多對待、此豈有意作對仗哉、以其學理本如此耳。錄其開宗明義第一章於後、以見其體。

夫辯者將以明是非之分。審治亂之紀。明同異之處。察名實之理。處利害。決嫌疑。焉摹略萬物之然。論求羣言之比。以名舉實。以辭抒意。以說出故。以類取。以類予。有諸己。不非諸人。無諸己。不求諸人。

法家　先秦時代、法家之學說、蓋自管仲開之、商鞅申不害慎到繼之、而由韓非集其大成。此數子者、皆邃於刑名法術之學、而極力反對文學者也（詳韓非子六反八說五蠹諸篇及羅根澤周秦兩漢文學批評史第三章）。然吾人披讀管子商君書慎子韓非子諸書、不惟條理整贍、博辯明透、爲議論文之上乘。而其辭排比整齊、屬對精切、在駢文史上固有其不可移易之地位在、大略言之、蓋有數事。

一、管子著書、蓋以立意與修辭並重也、今本管子七十五篇（案坊間管子分二十四卷凡八十六篇而有其文者僅七十五）、率皆比事徵偶、文理整飭、其中單詞隻字、蓋晨星可數、是豈宋四六之遠祖歟。文繁不勝載、獨節取權修篇之一段於下、以見其凡。

萬乘之國。兵不可以無主。土地博大。野不可以無吏。百姓殷衆。官不可以無長。操民之命。朝不可以無政。地博而國貧者。野不辟也。民衆而兵弱者。民無取也。故末產不禁。則野不辟。賞罰不信。則民無取。野不辟。民無取。外不可以應敵。內不可以固守。故曰。有萬乘之號。而無千乘之用。而求權之無輕。不可得也。

金秬香於此尤多精湛之論列、其說曰：

管子之言治、層出而不窮、故其文亦多層疊語。自來稱述管子者、謂其文采麗密、義理豐博、文既拔羣、意尤卓爾、誠不誣也。覲其牧民篇言：『禮不踰節、義不自進、廉不蔽惡、恥不從枉。』皆四言之最整潔者。形勢篇言：『山高而不崩、則祈羊至矣、淵深而不涸、則沈玉極矣。』又云：『蛟龍得水、而神可立也、虎豹得幽、而威可載也。』魏晉以後之儷體、摹撫之而未能似也。……或謂諸子多僞託、然詞藻之古腴者、周秦間恆有之、未可盡斥爲僞託也。（駢文概論）

二、韓非子雖非駢四儷六之文、而時加工緻之煊染、遂使文彩之傾向、愈趨明晰、但未嘗爲是而下降文章之氣格者、蓋出之自然而不踰矩也。林傳甲中國文學史云：

韓非子文之工整而深中事理者、如安危篇曰：『安危在是非、不在強弱、存亡在虛實、不在衆寡。』外儲篇云：『利之所在、民歸之、名之所彰、士死之。』韓非子最惡文學之士、其言曰：『今脩文學、習言談、則無耕之勞、而有富之實、無戰之危、而有貴之尊』數語、亦對仗工整。其譬喻之精妙者、如『以肉去蟻而蟻愈多、以魚驅蠅而蠅愈至。』其駢語之古奧者、如『椎鍛平夷、榜檠矯直』之類是也。又曰：『椎鍛者所以平不夷也、榜檠者所以矯不直也。』後世作駢文者於四字句删除虛字、自覺簡古矣。韓非之文、如云『發囷倉而賑貧窮者、是賞無功也、論囹圄而出薄罪者、是不誅過也。』則深刻而不近情矣。

三、韓非子內外儲說實連珠體之所昉、後此淮南子說山訓實首模仿之、而說苑說叢篇亦規撫之、下逮揚雄傅毅班固陸機之輩、乃約其體而號爲連珠矣。文史通義詩教篇曰：

韓非儲說、比事徵偶、連珠之所肇也、而或以爲始於傅毅之徒、非其質矣。

至劉申叔所云、意亦同此。

韓非著書、隱肇連珠之體。（文說耀采篇）

今節取其內儲說於下：

內儲說上七術

主之所用也七術。所察也六微。七術。一曰衆端參觀。二曰必罰明威。三曰信賞盡能。四曰一聽責下。五曰疑詔詭使。六曰挾知而問。七曰倒言反事。此七者主之所用也。

觀聽不參則誠不聞。聽有門戶則臣壅塞。其說在侏儒之夢見竈。哀公之稱莫衆而迷。故齊人見河伯與惠子之言亡其半也。其患在豎牛之餓叔孫。而江乞之說荆俗也。嗣公欲治不知。故使有敵。是以明主推積鐵之類。而察一市之患。參觀

愛多者則法不立。威寡者則下侵上。是以刑罰不必。則禁令不行。其說在董子之行石邑。與子產之教游吉也。故仲尼說隕霜。而殷法刑棄灰。將行去樂池。而公孫鞅重輕罪。是以麗水之金不守。而積澤之火不救。成歡以太仁弱齊國。卜皮以慈惠亡魏王。管仲知之。故斷死人。嗣公知之。故買胥靡。必罰

賞譽薄而謾者。下不用。賞譽厚而信者。下輕死。其說在文子稱若獸鹿。故越王焚宮室。而吳起倚車轅。李悝斷訟以射。宋崇門以毀死。句踐知之。故式怒鼃。昭侯知之。故藏弊袴。厚賞之。使人爲賁諸也。婦人之拾蠶。漁者之握鱣。是以效之。賞譽

一聽則愚智不分。責下則人臣不參。其說在索鄭與吹竽。其患在申子之以趙紹韓沓爲嘗試。故公子汜議割河東。而應侯謀弛上黨。一聽

數見久待而不任。姦則鹿散。使人問他。則不鬻私。是以龐敬還公大夫。而戴讙詔視輼車。周主亡玉簪。商太宰論牛矢。詭使

挾智而問。則不智者至。深智一物。衆隱皆變。其說在昭侯之握一爪也。故必審南門而三鄉得。周主索曲杖而羣臣懼。卜皮事庶子。西門豹詳遺轄。挾智

倒言反事以嘗所疑。則姦情得。故陽山謾樛豎。淖齒爲秦使。齊人欲爲亂。子之以白馬。子產離訟者。嗣公過關市。倒言

內儲說下六微

六微。一曰權借在下。二曰利異外借。三曰託於似類。四曰利害有反。五曰參疑內爭。六曰敵國廢置。此六者主之所察也。

權勢不可以借人。上失其一。臣以爲百。故臣得借則力多。力多則內外爲用。內外爲用則人主壅。其說在老聃之言失魚也。是以人主久語。而左右鬻懷刷。其患在胥僮之諫厲公。與州侯之一言。而燕人浴矢也。權借

君臣之利異。故人臣莫忠。故臣利立而主利滅。是以姦臣者召敵兵以內除。舉外事以眩主。苟成其私利。不顧國患。其說在衛人之夫妻禱祝也。故戴歇議子弟。而三桓攻昭公。公叔內齊軍。而翟黃召韓兵。太宰嚭說大夫種。大成牛教申不害。司馬喜告趙王。呂倉規秦楚。宋石遺衛君書。白圭教暴譴。利異

似類之事。人主之所以失誅。而大臣之所以成私也。是以門人捐水而夷射誅。濟陽自矯而二人罪。司馬喜殺爰騫而季辛誅。鄭袖言惡臭而新人劓。費無忌教郄宛而令尹誅。陳需殺張壽而犀首走。故燒芻廥而中山罪。殺老儒而濟陽賞也。似類

事起而有所利。其尸主之。有所害。必反察之。是以明主之論也。國害則省其利者。臣害則察其反者。其說在楚兵至而陳需相。黍種貴而廩吏覆。是以昭奚恤執販茅。而昭僖侯譙其次。文公髮繞炙。而穰侯請立帝。有反

參疑之勢。亂之所由生也。故明主愼之。是以晉驪姬殺太子申生。而鄭夫人用毒藥。衞州吁殺其君完。公子根取東周。王子職甚有寵。而商臣果作亂。嚴遂韓傀爭。而哀公果遇賊。田常闞止戴驩皇喜敵。而宋君簡公殺。其說在狐突之稱二好。與鄭昭之對未生也。參疑

敵之所務。在淫察而就靡。人主不察。則敵廢置矣。故文王資費仲。而秦王患楚使。黎且去仲尼。而干象沮甘茂。是以子胥宣言而子常用。內美人而虞虢亡。佯遺書而萇弘死。用雞猳而鄶桀盡。廢置

參疑廢置之事。明主絕之於內。而施之於外。資其輕者。輔其弱者。此謂廟攻。參伍既用於內。觀聽又行於外。則敵僞得。其說在秦侏儒之告惠文君也。故襄疵言襲鄴。而嗣公賜令席。

縱橫家　晚周之際、七國爭雄、羣士蠭起、馳說雲湧、人持弄丸之技、家挾飛鉗之術、劇談者以譎狂爲宗、利口者以寓言爲主。若蘇秦張儀之遊說列強、侈陳形勢、動之以利害、怵之以聲威、談笑之間而富貴得矣。以是縱橫捭闔之風、益以騰踔一時、蘇代蘇厲陳軫公孫衍之徒、相率踵起、推波助瀾、文學之盛、蓋由其揣摩談吐之功也。章學誠論之曰：『戰國者、縱橫之世也。縱橫之學、本於古者行人之官、觀春秋之辭命、列國大夫、聘問諸侯、出使專對、蓋欲文其言以達旨而已。至戰國而抵掌揣摩、騰說以取富貴、其辭敷張而揚厲、變其本而加恢奇焉、不可謂非行人辭命之極也。』文史通義詩教篇 是爲縱橫派之文學、此一事也。齊魯濱

海之區、每爲方士怪異之論、及夫鄒衍以談天飛譽、鄒奭以雕龍馳響、司馬遷稱其『深觀陰陽消息、而作怪迂之變、終始大聖之篇、十餘萬言、其語閎大不經、必先驗小物、推而大之、至於無垠』(史記孟子荀卿列傳)者、可想見其說之詼詭矣。加以稷下先生淳于髡之流、善爲隱語、長於設喻、滑稽亂俗、尤足以動人也。是爲陰陽家與隱語者之文學、此一事也。他如平原孟嘗信陵春申諸公子、開好客養士之風、雞鳴狗盜、亦出其門、屠沽賣漿、同列上座、相與抵掌搖脣、縱論天下、舉動既異於常經、辭說亦超乎流俗矣、此一事也。又若秋風易水、劍客慚恩、祖道河梁、衣冠似雪、念一去之不返、應泣下而沾襟、益以慷慨悲歌、士皆髮指、此事之足以激發文情者也、此又一事也。

本以上之四因、有不知誰何之作者、爲之收集補綴成書、復經劉向之按國排比(見向作戰國策序)、於是三十三篇之戰國策、乃如天半之巨星、光芒萬丈矣、上以繼左國、下以開史漢、可謂盡炙轂雕龍之能事、極縱橫短長之大觀、而駢語之采色亦日趨鮮明焉。劉熙載稱其文體沈快雄儁、頗爲得之矣。

文之快者每不沈、沈者每不快、國策乃沈而快。文之儁者每不雄、雄者每不儁、國策乃雄而儁。(藝概文概)

金秬香則謂『其時縱橫者、抵掌搖脣、類多積句、偶麗之體、適可稱職』云云、蓋亦勢爲之也。錄其評國策之駢文如次。

戰國策爲古文之雄勁者、然其間往往雜以駢語、而風格益高峻。黃歇說秦王曰:『智氏見伐趙之利、而不知榆次之禍也、吳氏見伐齊之便、而不知干隧之敗也』、此類格調、建安以後多摹倣之、讀李蕭遠運命論可見也。莊辛論幸臣曰：『臣聞鄙語曰、見兔而顧犬、未爲晚也、亡羊而補牢、未爲遲也』、魏晉以後、言事之文、每多引譬喩爲起筆、亦詩人比興之遺也。蘇秦說趙、謂『趙地方二千里、帶甲數十萬、車千乘、騎萬匹、粟支十年、西有常山、南有河漳、東有清河、北有燕國』、皆以數名對數名、地名對地名、極爲工整。謂『秦劫韓包周、則趙自銷鑠、據衞取淇、則齊必入朝』、雖對仗極工、然非尋常駢偶家所能學步矣。

侈陳形勢、本出縱橫、漢代賦家、猶延餘習、語賦則『沃野千里』、言戰則『車騎萬乘』、地勢形便、肆口直陳、礪山帶河、八方並指、諷籀賦篇、往往而在、讀子虛兩京兩都諸作可見也。又魯共公論亡國曰：『今主君之尊、儀狄之酒也、主君之味、易牙之調也、左白臺而右閭須、南威之美也、前夾林而後蘭臺、強臺之樂也』、其論甚正、其辭極妍、後世相如之流爲古豔體詩、皆源於此。其餘問答形勢之談、開漢代鋪采摛文之習者、不一而足、玆不綴述焉。章實齋所以謂賦家者流、縱橫之派別、而兼諸子之餘風、而大異於後世辭章之士也夫。（駢文概論）

今選錄范雎獻秦王書及樂毅報燕王書於後、閱此二書之駢散雜陳、已足當鼎臠之嘗矣、固無須求其全璧也。

范雎獻秦王書　　秦策

范子因王稽入秦。獻書昭王曰。

臣聞明主涖正。有功者不得不賞。有能者不得不官。勞大者其祿厚。功多者其爵尊。能治衆者其官大。故不能者不敢當其職焉。能者亦不得蔽隱。使以臣之言爲可。則行而益利其道。若將弗行。則久留臣無爲也。語曰。庸主賞所愛。而罰所惡。明主則不然。賞必加於有功。刑必斷於有罪。今臣之胸不足以當椹質。要不足以待斧鉞。豈敢以疑事嘗試於王乎。雖以臣爲賤而輕辱臣。獨不重任臣者。後無反覆於王前耶。

臣聞周有砥厄。宋有結綠。梁有懸黎。楚有和璞。此四寶者。工之所失也。而爲天下名器。然則聖王之所棄者。獨不足以厚國家乎。臣聞善厚家者。取之於國。善厚國者。取之於諸侯。天下有明主。則諸侯不得擅厚矣。是何故也。爲其凋榮也。

良醫知病人之死生。聖人明於成敗之事。利則行之。害則舍之。疑則少嘗之。雖堯舜禹湯復生。弗能改已。語之至者。臣不敢載之於書。其淺者又不足聽也。意者臣愚而不闔於王心耶。亡其言臣者將賤而不足聽耶。非若是也。則臣之志。願少賜游觀之間。望見足下而入之。

書上。秦王悅之。因謝王稽。使人持車召之。

樂毅報燕王書　燕策

昌國君樂毅。爲燕昭王合五國之兵而攻齊。下七十餘城。盡郡縣之以屬燕。三城未下。而燕昭王死。惠王卽位。用齊人反間。疑樂毅。而使騎劫代之將。樂毅奔趙。趙封以爲望諸君。齊田單詐騎劫。卒敗燕軍。復收七十餘城以復齊。燕王悔。懼趙用樂毅。乘燕之敝以伐燕。燕王乃使人讓樂毅。且謝之曰。先王舉國而委將軍。將軍爲燕破齊。報先王之讎。天下莫不振動。寡人豈敢一日而忘將軍之功哉。會先王棄羣臣。寡人新即位。左右誤寡人。寡人之使騎劫代將軍。爲將軍久暴露於外。故召將軍。且休計事。將軍過聽。以與寡人有隙。遂捐燕而歸趙。將軍自爲計則可矣。而亦何以報先王之所以遇將軍之意乎。望諸君乃使人獻書報燕王曰。

臣不佞。不能奉承先王之教。以順左右之心。恐抵斧質之罪。以傷先王之明。而又害於足下之義。故遁逃奔趙。自負以不肖之罪。故不敢爲辭說。今王使使者數之罪。臣恐侍御者之不察先王之所以畜幸臣之理。而又不白於臣之所以事先王之心。故敢以書對。

臣聞賢聖之君。不以祿私其親。功多者授之。不以官隨其愛。能當者處之。故察能而授官者。成功之君也。論行而結交者。立名之士也。臣以所學者觀之。先王之舉錯。有高世之心。故假節於魏王。而以身得察於燕。先王過舉。擢之乎賓客之中。而立之乎羣臣之上。不謀於父兄。而使臣爲亞卿。臣自以爲奉令承教。可以幸無罪矣。故受命而不辭。先王命之曰。我有積怨深怒於齊。不量輕弱。而欲以齊爲事。臣對曰。夫齊。霸國之餘教。而驟勝之遺事也。閑於兵甲。習於戰攻。王若欲伐之。則必舉天下而圖之。舉天下而圖之。莫徑於結趙矣。且又淮北宋地。楚魏之所同願也。趙若許。約楚魏宋盡力。四國攻之。齊可大破也。先王曰。善。臣乃口受令。具符節。南使臣於趙。顧反命。起兵隨而攻齊。以天之道。先王之靈。河北之地。隨先王舉而有之於濟上。濟上之軍。奉令擊齊。大勝之。輕卒銳兵。

長驅至國。齊王逃遁走莒。僅以身免。珠玉財寶。車甲珍器。盡收入燕。大呂陳於元英。故鼎反乎歷室。齊器設於寧臺。薊邱之植。植於汶篁。自五伯以來。功未有及先王者也。先王以爲慊於其志。以臣爲不頓命。故裂地而封之。使之得比乎小國諸侯。臣不佞。自以爲奉令承教。可以幸無罪矣。故受命而弗辭。

臣聞賢明之君。功立而不廢。故著於春秋。蚤知之士。名成而不毀。故稱於後世。若先王之報怨雪恥。夷萬乘之強國。收八百歲之蓄積。及至棄羣臣之日。遺令詔後嗣之餘義。執政任事之臣。所以能循法令。順庶孽者。施及萌隸。皆可以教於後世。臣聞善作者不必善成。善始者不必善終。昔者伍子胥說聽乎闔閭。故吳王遠迹至於郢。夫差弗是也。賜之鴟夷而浮之江。故吳王夫差不悟先論之可以立功。故沈子胥而弗悔。子胥不蚤見主之不同量。故入江而不改。夫免身全功。以明先王之迹者。臣之上計也。離毀辱之非。墮先王之名者。臣之所大恐也。臨不測之罪。以幸爲利者。義之所不敢出也。

臣聞古之君子。交絕不出惡聲。忠臣之去也。不潔其名。臣雖不佞。數奉教於君子矣。恐侍御者之親左右之說。而不察疏遠之行也。故敢以書報。唯君之留意焉。

第三章　戰國末年至秦代駢文之胚胎時期

第一節　楚國詞人才情之豔發

中國文明、發源於黃河流域、自周初以迄定簡之世（約當春秋之前半期）、其間主要之純文學爲詩歌、大抵三百篇足以盡之、此代表北方民族性之文學者也。逮戰國末葉、僻處邊隅之楚國、於文學上有一特起之異軍焉、則屈原是也。前章所述、各家之於文學也、雖有風格之可尋、然尚未作有意識之運動、即三百篇之作品、亦多無作者之主名、故文體上有意識之運動、雖謂仍未發生可也。及屈原以貞幹之材、憂心宗國、懷讒受謗、乃作離騷諸篇以見志、此其遭際之可悲者。其爲文也、本風雅之遺、發忠厚之旨、或託言於香草美人、或寄意於虬龍惡鳥、皆悲天愛人、纏綿悱惻、司馬作傳、稱其不淫不亂、意兼風雅（參看史記屈原傳）、此其作品立意之可貴者也。歎天地之無窮、哀人生之長勤（語見遠遊）、旣君門之九重、欲拯時而不得、於是或託豐隆之求宓妃、或託鴆鳥之媒娀女（皆見離騷）、青虬白螭、崑崙瑤圃（見涉江）、龍堂鱗屋、貝闕朱宮（河伯）、奇蹟畢陳、遐思飛越、此其文學上想像力之偉大也。旣遭放逐、漫遊沅湘、草木之靈秀、山水之清幽、足以激發其文情者至夥、故或滔滔孟夏、草木莽莽（懷沙）、或嫋嫋秋風、洞庭葉下（湘夫人）、或霰雪紛其無垠、雲霏霏其承宇（涉江）、或雷填填兮雨冥冥、猿啾啾兮又夜鳴、風颯颯兮木蕭蕭、思公子兮徒離憂（山鬼）、狀幽黯蕭颯之狀態、令人想見其孤獨之離憂、此其文學上描寫自然之成功也。彥和劉氏稱其『氣往鑠古、辭來切今、驚采絕豔、難並與能。……其敘情怨、則鬱伊而易感、述離居、則愴快而難懷、論山水、則尋聲而得貌、言節候、則披文而見時』文心雕龍辨騷篇者、豈不然乎。其徒宋玉唐勒景差、接踵代興、推波揚瀾、作九辯招魂大招諸篇、而楚辭之文體以成。

顧屈宋之作、本爲賦體、在當時並無楚辭之目也、故史記屈原傳云：

屈原既死之後、楚有宋玉唐勒景差之徒者、皆好辭、而以賦見稱、然皆祖屈原之從容辭令、終莫敢直諫。

又安陸府志云：

宋玉、屈平之弟子也、平既罹譖投沙、玉與其友唐勒景差、哀而賦之、作九辯以述其志、招魂以號其復初。古今圖書集成三八八一冊文學名家列傳一之三十六頁所引

而漢書藝文志亦載其目曰：屈原賦二十五篇、宋玉賦十六篇。又以其多爲楚人之作、所記多爲楚地之事、西漢文人如賈誼東方朔嚴忌王褒諸子、雖非楚產、然其所作、或則追摹其詞、或則詠歎其人、故劉向校書、乃裒集之、以成專著、並定其名曰楚辭、王逸更爲之章句、自此遂爲不易之定名矣。黃伯思東觀餘論校定楚辭序曰：

屈宋諸騷、皆書楚語、作楚聲、記楚地、名楚物、故可謂之楚辭。若『些、只、羌、誶』、『蹇、紛、侘傺』者、楚語也。悲壯頓挫、或韻或否者、楚聲也。沅湘江澧修門夏首者、楚地也。蘭茝藥蕙若芷蘅者、楚物也。案陳振孫直齋書錄解題引其文作翼騷序

四庫全書楚辭章句提要更詳言之曰：

初劉向裒集屈原離騷九歌天問九章遠遊卜居漁父、宋玉九辯招魂、景差大招、而以賈誼惜誓、淮南小山招隱士、東方朔七諫、嚴忌哀時命、王褒九懷、及向所作九歎、共爲楚辭十六篇、是爲總集之祖、逸又益以己作九思、與班固二敍、爲十七卷、而各爲之注。

此楚辭得名之經過、及其內容之大略也。案楚辭之作者、嚴格言之、三人而已、曰屈原、曰宋玉、曰景差。賈誼以下諸子、皆係漢人、其篇什宜歸之辭賦、容俟後論。今茲所述、悉以屈宋景三家作品之見於楚辭者爲主、而以全上古三代秦漢三國六朝文所錄宋玉作品十二篇附焉。

屈宋諸賦產生之因素　自姬歷云季、風雅道喪、賢達代起、含章蔚興、屈宋振藻於郢都、唐景蜚英於湘沅、惟楚多材、新聲競響、南人文學、斯其嚆矢、其在文學上之地位、上則繼三百篇而變化之、下則開兩漢辭賦之先聲、故屈宋唐景諸子、實東周秦漢間文學上——詩賦——承先啓後之功臣也。文心雕龍辨騷篇云：

> 自風雅寢聲、莫或抽緒、奇文鬱起、其離騷哉。固已軒翥詩人之後、奮飛辭家之前、豈去聖之未遠、而楚人之多才乎。

離騷爲屈宋諸賦之靈魂、故騷體遂爲屈宋諸賦之代稱、亦爲楚辭之總名也。夫賦本詩六義之一、至此遂以附庸蔚爲大國、而與三百篇平分南北文學之秋色、卓然稱辭章之初祖者、豈偶然哉、請得略陳其故。

一、客觀之因素

【一】音樂之陶冶　先秦之世、各國風謠不同、音樂亦異、觀呂覽四方聲音之說、可以證也。風謠之播於聲音者爲土樂、土樂又影響於文學、此在諸國皆然、而楚爲尤甚。案左氏春秋成公九年傳云：

晉侯觀於軍府、見鍾儀、問之曰：『南冠而縶者誰也。』有司對曰：『鄭人所獻楚囚也。』使稅之、召而弔之、再拜稽首、問其族、對曰：『伶人也。』公曰：『能樂乎。』對曰：『先父之職官也、敢有二事。』使與之琴、操南音。……范文子曰：『楚囚、君子也、言稱先職、不背本也、樂操土風、不忘舊也。』

又襄公十八年傳云：

晉人聞有楚師、師曠曰：『不害、吾驟歌北風、又歌南風、南風不競、多死聲、楚必無功。』

夫曰南音、曰土風、又曰南風、則楚樂必異乎北方之操也。漢書禮樂志謂房中祠樂爲楚聲、卽本其調以製曲耳。又案呂覽音初篇曰：

禹行功、見塗山之女、未之遇、而巡省南土、塗山氏之女乃令其妾候禹於塗山之陽、女乃作歌、歌曰：『候人兮猗。』實始作爲南音、周公及召公取風焉、以爲周南召南。

是南音者、『兮猗』之音、卽南方國風之音據高誘注說、亦卽楚辭之魄兆也。漢書朱買臣傳亦曰：

會邑子嚴助貴幸、薦買臣、召見說春秋、言楚辭、帝甚悅之。

綜上以觀、則所謂南音楚辭楚聲者、後先異名、術有異致、要其爲特異之聲調與體式、溯厥初原、由來已舊、齊民謠諺、往往而在。屈子旣被放逐、徜徉其間、於是或增廣前文、或易爲新制本朱子楚辭集注九歌序說、宋玉景差之徒、繼起騷壇、述作益富、而至深厚偉大之文學、遂於是誕生矣。

【二】巫覡之盛行　楚辭之起、與楚地風俗關係最深、而戰國時代、楚地之巫風盛行、屈宋作品遂難免染上濃厚之宗教色彩。蓋巫覡所司者祭祀、而祭祀必有祈禱、祈禱必用祝辭與歌舞、故迷信之風愈熾、而文學之材料亦愈多、觀九歌一篇專詠巫覡降神之事、可以信矣。王逸楚辭章句九歌序曰：

　昔楚國南郢之邑、沅湘之間、其俗信鬼而好祠、其祀必作歌樂鼓舞、以樂諸神。屈原放逐、竄伏其域、懷憂苦毒、愁思沸鬱、出見俗人祭祀之禮、歌舞之樂、其詞鄙陋、因爲作九歌之曲。

而朱子所云、意與此同、其說曰：

　昔楚南郢之邑、沅湘之間、其俗信鬼而好祀、其祀必使巫覡作樂歌舞以娛神、蠻荊陋俗、詞既鄙俚、而其陰陽人鬼之間、又或不能無褻慢淫荒之雜。原既被逐、見而感之、故頗爲更定其詞、去其泰甚。（楚辭集注九歌序）

近儒王靜安亦曰：

　周禮既廢、巫風大興、楚越之間、其風尤盛。（宋元戲曲史第一章上古至五代之戲曲）

夫以其俗既信鬼尚巫、神話發達、祭祀之曲盛行、想像之情豐富、然則神女作賦、山鬼名篇、鸞皇先戒、玉虬爲駟、迥異北人文學之寫實者、又曷足怪耶。

【三】山川之炳靈　夫青山可以移氣、綠水可以移情、此山水奇麗之鄉、所以吟詠滋盛也。故謝靈運之縱情諸什、柳子厚之遷謫諸記、以至徐霞客遊歷之作、袁中郎小品之文、皆緣是而發、山水之關係文學也、亦云大矣。夫屈宋之所以卓然稱辭賦之英傑者、亦深得山水之助焉。文心雕龍之言曰：

山林皋壤、實文思之奧府。屈平所以能洞監風騷之情者、抑亦江山之助乎。（物色篇）

蓋荊楚爲西南之澤國、實神州之奧區、水有瀟湘漢沔之沃、山有衡疑荊峴之奇、林木蓊鬱、江湖濬闊、窺情風景之上、鑽貌草木之中、吟詠所發、志惟深遠、故潯陽枉渚、不絕於篇、沅芷澧蘭、俯拾卽是、蓋得其山川清淑之氣、而文思遂以勃發焉。昔太沖左氏有云：『江漢炳靈、世載其英。』（蜀都賦）近儒羅田王葆心先生亦云：『大河流域、土風膇重、大江流域、土風輕英。輕英秉江海之靈、其人深思而美潔、故南派善言情。膇重含河海之質、其人負才而敦厚、故北派善說理與記事。』（古文辭通義）二君洞微之言、其盡之矣。

【四】經典之潛移　屈宋諸賦、吐語爾雅、掃絕凡近、其沈浸於經典者、要非淺尠、前哲論之詳矣、今擇其尤要者、條列如左。

劉安離騷傳序云：

國風好色而不淫、小雅怨悱而不亂、若離騷者、可謂兼之矣。

王逸離騷章句云：

離騷之文、依詩取興、引類譬諭、故善鳥香草、以配忠貞、惡禽臭物、以比讒佞、靈脩美人、以媲於君、宓妃佚女、以譬賢臣、虯龍鸞鳳、以託君子、飄風雲霓、以爲小人。其辭溫而雅、其義皎而朗、凡百君子、莫不慕其清高、嘉其文采、哀其不遇而愍其志焉。

又離騷敍云：

夫離騷之文、依託五經以立義焉。帝高陽之苗裔、則厥初生民、時惟姜嫄也。紉秋蘭以爲佩、則將翱將翔、佩玉瓊琚也。夕攬洲之宿莽、則易潛龍勿用也。駟玉虬而乘鷖、則時乘六龍以御天也。就重華而陳詞、則尚書咎繇之謀謨也。登崑崙而涉流沙、則禹貢之敷土也。

劉勰文心雕龍辨騷篇云：

漢宣嗟歎、以爲皆合經術、揚雄諷味、亦言體同詩雅。……故其陳堯舜之耿介、稱湯武之祗敬、典誥之體也。譏桀紂之猖披、傷羿澆之顚隕、規諷之旨也。虬龍以喻君子、雲蜺以譬讒邪、比興之義也。每一顧而掩涕、歎君門之九重、忠怨之辭也。觀茲四事、同於風雅者也。

【五】儒道之默化　夫楚立國於江漢之濱、山川靈秀、物產殷美、其民重精神而輕實際、思想容易流於浪漫神祕之趨向、崇拜美妙之大自然、迷信鬼神、而欲於虛渺曠放之遐想中、尋求解決宇宙或人生之謎、此種奔放馳騁繾綣惻怛之豐富情感、經過婉轉柔曲之描寫、衍爲長篇、卽是睥睨古今之楚辭之來源。而跡其所以然之故、則當時道家玄風之籠罩全楚、實有以致之。然而屈子以宗室之親、遘百六之運、感時撫事、怵目劌心、其後雖橫遭放逐、顚頓沅湘、而仍不忘彼始終熱愛之國家、且思有以拯救之。逮此僅有之一線希望亦歸幻滅也、則又恣情痛哭、放志詩歌、怨悱不亂、永矢弗諼。一若鵑叫蜀山、猿啼巫峽、非至血盡枯、腸盡斷、終不肯收此殘聲、效彼反舌者。此種江水長流、萬折必東之特性、視儒者『知其不可而爲』之偉大胸襟、相去蓋不能以寸矣。或謂『君子得時則大行、不得時則龍蛇、遇不遇命也、何必湛身哉。』（揚雄反離騷語見漢書本傳）雖然、假令屈子以是而易其所爲、尙得爲屈子哉。蓋其觀念出於道、而性質復近於儒、兩者恆相激盪於胸中、而莫知所從、終於沈身汨羅、以求解脫矣。吾故謂屈子乃合儒家行爲哲學之奮鬥精神與道家遊心物外之出世觀念而一之者也。

【六】文體之蛻變　夫時無論古今、地靡間中外、當一文體通行若干時日以後、必蛻變而成他體、蓋勢使之然也。三百篇所以蛻變而爲辭賦者、亦莫能外是。崑山顧氏之言曰：

> 三百篇之不能不降而楚辭、楚辭之不能不降而漢魏、漢魏之不能不降而六朝、六朝之不能不降而唐也、勢也。（日知錄卷二十一）

海寧王氏申之曰：

> 四言敝而有楚辭、楚辭敝而有五言、五言敝而有七言、古詩敝而有律絕、律絕敝而有詞。蓋文體通行既久、染指遂多、自成習套、豪傑之士亦難於其中自出新意、故遁而作他體、以自解脫、一切文體所以始盛終衰者、皆由於此。故謂文學後不如前、余未敢信、但就一體論、則此說固無以易也。（人間詞話）

二君蓋就一般文學進化必循之軌跡以立說、是誠顛撲不破之論、然猶未觸及事實之眞象也、若深入而觀察之、則辭賦產生之因素、固別有在。班固漢書藝文志詩賦略敘云：

> 古者諸侯卿大夫交接鄰國、以微言相感、當揖讓之時、必稱詩以諭其志、蓋以別賢不肖而觀盛衰焉。故孔子曰、不學詩、無以言也。春秋之後、周道寖壞、聘問歌詠、不行於列國、學詩之士、逸在布衣、而賢人失志之賦作矣。大儒孫卿及楚臣屈原、離讒憂國、皆作賦以風諭、咸有惻隱古詩之義。其後宋玉唐勒、漢興枚乘司馬相如、下及揚子雲、競爲侈麗閎衍之詞、沒其風諭之義。

謂辭賦之起、由於聘問歌詠之事廢、極爲有見。而徐師曾文體明辨且更進一步說明辭賦胎息於三百篇者甚深、其詞曰：

按楚辭、詩之變也、詩無楚風、然江漢間皆爲楚地、自文王化行南國、漢廣江有汜諸詩、列於二南、乃居十五國風之先、是詩雖無楚風、實爲風首也。風雅既亡、乃有楚狂鳳兮、孺子滄浪之歌、發乎情、止乎禮義、與詩人六義不甚相遠。但其辭稍變詩之本體、而以兮字爲讀、則楚聲固已萌櫱於此矣。屈平後出、始本詩義爲騷、蓋兼六義、而賦之義居多。厥後宋玉繼作、幷號楚辭、自是辭賦家悉祖此體。

據上稱引、則屈宋諸賦之由三百篇蛻變而來、實已鐵案如山、無可移易矣。

【七】南方文學之間接影響　楚自周初熊繹宅都丹陽(今湖北省秭歸縣東)以還、槃才蔚起、名世間出、子文伍舉、導清源於前、子華老聃、振芳塵於後、爰逮戰國、文風彌扇、彬蔚之美、競爽當年、此正太沖所謂『江漢炳靈、世載其英』者也。良以荊楚地區、山水奇麗、風光旖旎、民生其間、往往淸慧而文、愛美之情特著、加以土地肥美、物產豐饒、人間實際生活、非所顧慮、好聘懷閎偉窈眇之理想界焉、緣是吟詠滋繁、文藻秀出、稽諸載籍、可得而言。

1.說苑善說篇載楚康王時之越人歌云：『今夕何夕兮、搴洲中流、今日何日兮、得與王子同舟、蒙羞被好兮、不訾詬恥、心幾煩而不絕兮、知得王子、山有木兮木有枝、心說君兮君不知。』此歌由越語而譯爲楚文、實爲騷辭之先驅、蓋楚康王在屈子前尚二百年也。語助中用『兮』字、雖在三百篇中已頗有之、然於兩句中始夾一用者、句調特長、亦可徵楚地歌謠自有其異於中夏者在也。

2. 新序節士篇引徐人歌詠延陵季子掛劍之辭曰：『延陵季子兮不忘故、脫千金之劍兮帶丘墓。』其風格之獨創、亦與越人歌同。

3. 論語微子篇載楚狂接輿諫孔子之歌曰：『鳳兮鳳兮、何德之衰、往者不可諫、來者猶可追、已而已而、今之從政者殆而。』孔子下車、欲與之言、而楚狂避之。案史記孔子世家記其事在魯哀公六年、是歲孔子年六十三、遂自楚反乎衞、蓋孔子在楚時所聞之歌也。並引第三四句作『往者不可諫兮、來者猶可追也。』而莊子人間世篇引前四句作『鳳兮鳳兮、何如德之衰也、來世不可待、往世不可追也。』二書所載、較之論語、均多語辭『也』字、具見楚調反覆丁寧之意。

4. 孟子離婁篇引孺子歌云：『滄浪之水清兮、可以濯我纓、滄浪之水濁兮、可以濯我足。』案楚辭漁父及文子上德篇並引此歌、而文子稍異。觀其引孔子戒弟子云云、則此歌亦孔子在楚之所聞歟。

若乃萃賁之謠、見於家語致思篇、三戶之諺、見於史記楚世家、以至優孟忼慨子文楚人庚癸等、皆古南方詩歌之可信者、篇什雖曰不多、然其胚胎辭賦之功則不可沒。至其句調文情、與後起之騷賦多相脗合、足徵楚人作歌、固出於同一軸杼者也。故就形式觀之、騷體之成、當遠在屈宋之先矣。

【八】縱橫辯士之直接影響　詩賦與周末縱橫諸子之關係至深、而以前者爲尤甚。漢書藝文志諸子略序云：

縱橫家者流、蓋出於行人之官、孔子曰：『誦詩三百、使於四方、不能專對、雖多亦奚以爲。』又曰：

『使乎、使乎。』言其當權事制宜、受命而不受辭、此其所長也。

又詩賦略敍云：

> 傳曰：『不歌而誦謂之賦』、『登高能賦、可以爲大夫』、言感物造耑、材知深美、可與圖事、故可以爲列大夫也。

蓋春秋之時、列國卿大夫聘問往來、不辱使命、皆以辭命爲先、所謂『言之無文、行之不遠』見左傳襄公二十五年、『子產有辭、諸侯賴之』見左傳襄公三十一年是也。顧欲善其辭命、厥惟學詩、故孔子以『誦詩』『專對』並舉見論語子路篇、觀左傳所載諸侯盟會燕享之時、必藉賦詩歌詩以爲周旋酬酢之助者、僂指難數、可以略知端倪矣。降及戰國、聘問不行、而縱橫家遊說之風大盛、彼等以布衣之微、而欲說服千乘之主、前此『微言相感』『稱詩以諭其志』並見漢書藝文志詩賦略敍之道已不復適用、故或則抵掌搖脣、或則著書立說、庶幾依違取合、獵取功名、此著述之風所以大盛於戰國也本章學誠文史通義詩教篇說。屈子爲楚國之外交官、耳之所濡、目之所接、莫非筆舌兩能之士、積日旣久、遂爲之移氣移體矣。故文心雕龍時序篇云：

> 春秋以後、角戰英雄、六經泥蟠、百家飈駭。方是時也、韓魏力政、燕趙任權、五蠹六蝨、嚴於秦令、唯齊楚兩國、頗有文學。齊開莊衢之第、楚廣蘭臺之宮、孟軻賓館、荀卿宰邑、故稷下扇其淸風、蘭陵鬱其茂俗、鄒子以談天飛譽、騶奭以雕龍馳響、屈平聯藻於日月、宋玉交彩於風雲。觀其豔說、則籠罩雅頌。故知煒燁之奇意、出乎縱橫之詭俗也。

足徵屈宋之善於辭令、長於諷諭、能移人之情、奪人之志、號辭賦之宗師者、實深蒙縱橫辯士之直接影響也。

案儀徵劉君與日人鈴木虎雄於騷賦產生之客觀因素、均有獨到之論列、特錄其詞如次、以當總評。

劉申叔文說宗騷篇云：

粵自風詩不作、文體屢遷、屈宋繼興、爰創騷體、擷六藝之精英、括九流之奧旨、信夫駢體之先聲、文章之極則矣。觀其理窮奧衍、術試雜占、歌巫陽之下招、命靈氛而占吉、凄涼誰語、詹尹謀龜、禍福無門、賈生賦鵩、此易教之支流也。君懷武湯、臣慕伊呂、美堯舜之耿介、傷桀紂之昌披、就重華以陳詞、命羲和而弭節、治水推鯀禹之功、格君憶微箕之節、此書教之微言也。湘君之什、遠追漢廣之吟、哀郢之章、隱寓黍離之恫、天路險難、爲匪風之變體、良辰易邁、乃吉日之嗣音、推之感物興懷、援情記興、嬛嬛女蘿、寄離憂於公子、森森桂樹、望歸來於王孫、比興不乖夫六藝、情思遠紹夫二南、此詩教之正傳也。黃能徵羽淵之祀、玄鳥肇高禖之祠、羽觴蠱勺、備陳祭器之名、桂酒椒漿、侈列賓筵之品、腒鱐膹臛、亦列庖人之職、炮豚胹鼈、兼詳內則之文、莫不采六官之制、補五禮之遺、此禮教之遺制也。九歌爲入樂之章、招魂亦祀神之曲、張咸池、奏承雲、九韶備舞、吹參差、發激楚、八音克諧、嗚篪吹竽、覘彼司命、揚枹拊鼓、愉彼上皇、推之調磬空桑、叩鐘瑤圃、秦箏趙瑟備其音、吳歈蔡謳詳其制、此樂教之遺意也。上紀開闢、下紀後王、忠臣孝子、貞女烈士、賢愚成敗、罔不畢舉、推之思古情深、憂時志切、懷伍子之英風、抉目憶胥門之痛、表介推之大節、封田傳緜上之蹤、莫不進賢退惡、據事直陳、此春秋之精義也。

若夫矢耿介、慕靈修、怨悱不亂、永矢弗諼、表廉正潔清之志、寫纏綿悱惻之忱、帝子無聞、悵艾蕭之當戶、黨人不亮、悲椒樧之當帷、雖感時撫事、亦志潔行芳、故遐思往哲、若子輿之法先王、畀以修能、符子思之言性命、濯纓濯足、溯源滄浪之歌、爲炭爲銅、隱含太極之旨、其源出於儒家。瑰意奇行、超然高舉、緤馬閬風、驂螭西極、溘埃風而上征、過江皋而延佇、顧下土而愁余、與佺期而爲友、厭世之思、符於莊列、恐年歲之不與、傷日月之不淹、日忽忽而將暮、時曖曖而將罷、極目而傷彼春心、時不再得、驚心而悲夫秋氣、爰送將歸、誠以人生如寄、逝者如斯、爲懽幾何、浮生若夢、故樂天之旨、近乎楊朱、其源出於道家。荊楚之俗、敬天明鬼、故神女作賦、山鬼名篇、仰古賢於彭咸、弔靈蹤於河伯、孔蓋翠旍、遺制仍沿皇舞、龍堂貝闕、巨觀半屬靈祠、雲霓來迓、神其康樂、雷雨杳冥、魂兮歸來、考其職掌、是屬清廟之官、列彼禮文、半雜南邦之典、其源出於墨家。若屈子之詢漁父、宋玉之對楚王、或屬寓言、或陳譎說、或即小以寓大、或事隱而言文、其詞近於縱橫家。又或疾時俗之混濁、感主聽之不聰、賢士無名、智不明而數不逮、讒人罔極、忠見謗而信見疑、近於韓非之說難、豈類荀生之成相、其旨流爲法家。至於語逞怪奇、說鄰譎詭、鸞鳳濟津、虎豹當關、馮夷出舞、湘女來游、是爲神話之史、出於稗官家言、其說近於小說家。是知楚辭一書、隱括衆體。

鈴木虎雄賦史大要云：

騷賦形式、其本源系統、雖發於九歌之巫誦、然其實更有爲之影響者。當春秋戰國時、其所發生者、有隱語、有優伶之辭、有如蘇秦張儀之縱橫家及其他辯士富於修飾之辯說、於楚有特善修飾之辯士、故實受此類人物影響、而以之雜入於巫誦文辭之形式中、遂得觀見屈原宋玉等韻文之大成矣。

二、主觀之因素

【一】遭遇之窮厄　屈宋二子、生丁干戈擾攘之世、命途之乖舛、遭際之窮厄、固夫村童野叟所語焉能詳者也、是其爲人臣所短處、亦卽爲詞人所長處也、何則、文窮而後工也。司馬子長不云乎：

> 夫詩書隱約者欲遂其志之思也、昔西伯拘羑里、演周易、孔子厄陳蔡、作春秋、屈原放逐、著離騷、左丘失明、厥有國語、孫子臏腳、而論兵法、不韋遷蜀、世傳呂覽、韓非囚秦、說難孤憤、詩三百篇、大抵賢聖發憤之所爲作也。此人皆意有所鬱結、不得通其道也、故述往事、思來者。(史記自序)

而章實齋亦云：

> 夫騷與史、千古之至文也、其文之所以至者、皆抗懷三代之英、而經緯乎天人之際者也、所遇皆窮、固不能無感慨。(文史通義)

是凡古今偉大詞人、必也顚頓江湖之上、侘傺巖穴之中、鬱結轖滯、潦倒終身、然後嘔心泣血之作出焉。西哲尼采 (Friedrich Wilhelm Nietzsche) 謂一切文學、余愛以血書者、屈宋之賦、眞所謂以血書者也。

【二】思想之矛盾　屈子之爲人、以一身而具兩種矛盾性、卽面目冰冷、而情感則熱至沸點是已。此兩種矛盾元素長期黏著於其身心而不自覺、遂陷於進退維谷之絕境、舍自殺無他途矣、一代才人乃出於自殺、由來文士運數之窮、除近儒海寧王氏而外、尟有甚於此者、泚筆至此、不禁擲地三歎。新會梁任公氏嘗就心理個性上析論屈子之爲人、頗爲得之、錄其詞如下：

屈原性格誠爲積極的、而與中國人好中庸之國民性最相反也、而其所以能成爲千古獨步之大文學家、亦卽以此。彼以一身同時含有矛盾兩極之思想、彼對於現社會極端的愛戀、又極端的厭惡。彼有冰冷的頭腦、能剖析哲理、又有滾熱的感情、終日自煎自焚。彼絕不肯同化於惡社會、其力量又不能感化惡社會、故終其身與惡社會鬥、最後力竭而自殺。彼兩種矛盾惟日日交戰於胸中、結果所產煩悶至於爲自身所不能擔荷而自殺。彼之自殺、實其箇性最猛烈最純潔之全部表現。非有此奇特之箇性、不能產此文學、亦惟以最後一死、能使其人格與文學永不死也。楚辭解題

吾人由梁氏之言以讀騷賦、知屈子以偉大之人格、乃能發爲偉大之文學、而偉大之文學、亦必有崇高之理想與熱烈之情感、可斷斷不疑者也。

屈宋諸賦與駢文之關係　劉彥和曰：『楚辭者、體慢於三代、而風雅於戰國、乃雅頌之博徒、而詞賦之英傑也。觀其骨鯁所樹、肌膚所附、雖取鎔經意、亦自鑄偉辭。故騷經九章、朗麗以哀思、九歌九辯、綺靡以傷情、遠遊天問、瓌瑋而惠巧、招魂大招、耀豔而深華、卜居標放言之志、漁父寄獨往之才、故能氣往轢古、辭來切今、驚采絕豔、難與並能矣。自九懷以下、遽躡其跡、而屈宋逸步、莫之能追。故其敍情怨、則鬱伊而易感、述離居、則愴快而難懷、論山水、則循聲而得貌、言節候、則披文而見時。是以枚賈追風以入麗、馬揚沿波而得奇、其衣被詞人、非一代也。』文心雕龍辨騷篇　其推挹可謂至矣盡矣、蔑以復加矣。蓋騷賦繼三百篇而起、奇文壯采、南風獨競、寄神思於九天、駕葩經而直上。昔之內容簡單者、今則情節婉曲矣、昔之結構

幼稺者、今則託體華贍矣、昔之鉛黛弗御、粗服亂頭者、今則摹景狀物、極絢染之能事矣、昔之奇偶並運、眞趣盎然者、今則駢辭麗句、若中原之有菽矣。蓋三百篇爲齊民之謳謠、質實自然、毫無雕琢、而騷賦則進而爲專家之製作、鋪錦列繡、繪句絺章、蘊靈襟於緜邈、寫神思之芳馨、漾餘情之漣漪、寄遙心於委宛、使其臻於藝術美之極峯者、是文家之所有事也。騷賦之所以雄視百代、伊古無儔者以此、而其所以兆儷體之胚胎、號美文之淵府者、亦以此也。

昔孫松友謂屈宋之詞、其殆詩之流、賦之祖、古文之極致、儷體之先聲(見四六叢話敍騷篇)。鈴木虎雄亦以爲言、其說曰:『中國文章中極侈麗者、有四六文、欲知四六文、必解一般駢文、欲知一般駢文、必解漢賦、欲知漢賦、必解楚騷、此其爲一貫系統、摘出其一、則不免支離矣。楚騷、漢賦、一般駢文、四六文四者、雖概可以駢文稱之、然騷賦者、有韻之駢文、四六者、無韻也。』(賦史大要自序)有以哉、有以哉。

屈宋諸賦與駢文之關係、籠統言之、約如下述。

一曰設喻隸事之繁富也 駢體之源、肇於經典、前已論之詳矣。然經典之文、止於駢音競響、麗片紛飛已耳、猶未開設喻隸事之風也、設喻隸事、實自屈宋發之、今各舉數例以爲證。

【一】設喻之例

汩余若將不及兮、恐年歲之不吾與、朝搴阰之木蘭兮、夕攬洲之宿莽。(離騷)

案木蘭至春天而開花、宿莽乃冬天之青草、故知詩人係以朝夕喻歲時。又下文『朝飲木蘭之墜露兮、夕餐秋菊之落英』、亦同此例。

日月忽其不淹兮、春與秋其代序、惟草木之零落兮、恐美人之遲暮。同上

案王逸洪興祖朱子均以美人喻君。

余固知謇謇之爲患兮、忍而不能舍也、指九天以爲正兮、夫唯靈脩之故也。同上

案靈脩、謂以善行而脩治者、蓋喻君之詞。

朝吾將濟於白水兮、登閬風而緤馬、忽反顧以流涕兮、哀高丘之無女。同上

案女、美女也、蓋以比賢君。

勉陞降以上下兮、求榘矱之所同、湯禹儼而求合兮、摯咎繇而能調。同上

案此喻君擇臣、臣亦擇君、所謂君臣以義合也。

何昔日之芳草兮、今直爲此蕭艾也、豈其有他故兮、莫好脩之害也。同上

案此言時人莫有好自脩潔者、故其害至於荃蕙爲茅、芳草爲艾。

余以蘭爲可恃兮、羌無實而容長、委厥美以從俗兮、苟得列乎衆芳。同上

案此暗諷楚令尹子蘭虛有其表。

世溷濁而不清、蟬翼爲重、千鈞爲輕、黃鐘毀棄、瓦釜雷鳴。卜居

案蟬翼爲重、近讒佞也、千鈞爲輕、遠忠良也、黃鐘毀棄、賢者遠遁也、瓦釜雷鳴、小人盈朝也、均以物喻人。

騏驥伏匿而不見兮、鳳皇高飛而不下。九辯

案此喻仁賢隱藏、智者遠之四方也。

【二】**隸事之例**

彼堯舜之耿介兮、既遵道而得路、何桀紂之猖披兮、夫唯捷徑以窘步。離騷

謇吾法夫前脩兮、非世俗之所服、雖不周於今之人兮、願依彭咸之遺則。同上

女嬃之嬋媛兮、申申其詈予、曰鮌婞直以亡身兮、終然殀乎羽之野。同上

依前聖以節中兮、喟憑心而歷茲、濟沅湘以南征兮、就重華而陳詞。同上

啓九辯與九歌兮、夏康娛以自縱、不顧難以圖後兮、五子用失乎家巷。同上

羿淫遊以佚畋兮、又好射夫封狐、固亂流其鮮終兮、浞又貪夫厥家。同上

夏桀之常違兮、乃遂焉而逢殃、后辛之菹醢兮、殷宗用而不長。同上

湯禹儼而祇敬兮、周論道而莫差、舉賢而授能兮、循繩墨而不頗。同上

吾令豐隆乘雲兮、求宓妃之所在、解佩纕以結言兮、吾令蹇脩以爲理。同上

二曰悉以複句成篇也　屈宋諸賦最大之特點、在於單詞隻字幾已絕跡、通篇悉以複句成篇是已。或二句爲一聯、或四句爲一聯、或六句爲一聯。每一聯中、上下句之字數容有參差、而意思則已完足、駢體之雛形、蓋已孕育於斯矣。略錄一二首如左：

哀郢

屈原

皇天之不純命兮。何百姓之震愆。
民離散而相失兮。方仲春而東遷。
去故鄉而就遠兮。遵江夏以流亡。
出國門而軫懷兮。甲之鼂吾以行。
發郢都而去閭兮。怊荒忽其焉極。
楫齊揚以容與兮。哀見君而不再得。
望長楸而太息兮。涕淫淫其若霰。
過夏首而西浮兮。顧龍門而不見。
心嬋媛而傷懷兮。眇不知其所蹠。
順風波以從流兮。焉洋洋而爲客。
淩陽侯之氾濫兮。忽翱翔之焉薄。
心絓結而不解兮。思蹇產而不釋。
將運舟而下浮兮。上洞庭而下江。
去終古之所居兮。今逍遙而來東。
羌靈魂之欲歸兮。何須臾而忘反。
背夏浦而西思兮。哀故都之日遠。

登大墳以遠望兮。聊以舒吾憂心。
哀州土之平樂兮。悲江介之遺風。
當陵陽之焉至兮。淼南渡之焉如。
曾不知夏之爲丘兮。孰兩東門之可蕪。
心不怡之長久兮。憂與愁其相接。
惟郢路之遼遠兮。江與夏之不可涉。
忽若去不信兮。至今九年而不復。
慘鬱鬱而不通兮。蹇侘傺而含感。
外承歡之汋約兮。諶荏弱而難持。
忠湛湛而願進兮。妒被離而鄣之。
彼堯舜之抗行兮。瞭杳杳而薄天。
衆讒人之嫉妒兮。被以不慈之僞名。
憎慍惀之脩美兮。好夫人之忼慨。
衆踥蹀而日進兮。美超遠而逾邁。
亂曰。
曼余目以流觀兮。冀一反之何時。

鳥飛反故鄉兮。狐死必首丘。
信非吾罪而棄逐兮。何日夜而忘之。

九　辯（錄第二章）　　宋　玉

悲憂窮戚兮獨處廓。有美一人兮心不繹。
去鄉離家兮徠遠客。超逍遙兮今焉薄。
專思君兮不可化。君不知兮可奈何。
蓄怨兮積思。心煩憺兮忘食事。
願一見兮道余意。君之心兮與余異。
車既駕兮朅而歸。不得見兮心傷悲。
倚結軨兮長太息。涕潺湲兮下霑軾。
忼慨絕兮不得。中瞀亂兮迷惑。
私自憐兮何極。心怦怦兮諒直。

三曰對仗方法之美備也　韻文之用對仗、在屈宋以前、固已屢見不鮮、然皆出於無心者也。刻意求偶、當自屈宋始。洪邁容齋續筆云：『唐人詩文、或於一句中自成對偶、謂之當句對、蓋起於楚辭蕙蒸蘭藉、桂酒椒漿、桂櫂蘭枻、斲冰積雪、自齊梁以來、江文通庾子山諸人亦如此。』當句對為對仗方法之一種、罔不足以概騷賦屬對之全、探賾索隱、條諸左方。

【一】當句對

畦留夷與揭車兮、雜杜衡與芳芷。離騷

屈心而抑志兮、忍尤而攘詬。同上

【二】單句對

豈余身之憚殃兮、恐皇輿之敗績。同上

前望舒使先驅兮、後飛廉使奔屬。同上

蘭芷變而不芳兮、荃蕙化而爲茅。同上

攀大薄之芳茝兮、搴長洲之宿莽。思美人

赤蟻若象、玄蜂若壺。招魂

【三】隔句對

忽馳騖以追逐兮、非余心之所急、老冉冉其將至兮、恐脩名之不立。離騷

彼堯舜之耿介兮、既遵道而得路、何桀紂之猖披兮、夫唯捷徑以窘步。同上

呂望之鼓刀兮、遭周文而得舉、甯戚之謳歌兮、齊桓聞以該輔。同上

【四】同類對

高堂邃宇、檻層軒些、層臺累榭、臨高山些。招魂

名余曰正則兮、字余曰靈均。騷離

既滋蘭之九畹兮、又樹蕙之百畝。上同

製芰荷以爲衣兮、集芙蓉以爲裳。上同

言與行其可迹兮、情與貌其不變。誦惜

【五】異類對

惟草木之零落兮、恐美人之遲暮。騷離

彷徉無所倚、廣大無所極些。魂招

【六】雙聲對

心鬱邑余侘傺兮。誦惜

【七】疊韻對

聊浮游以逍遙。騷離

【八】雙聲對雙聲

曾歔欷余鬱邑兮。上同

【九】雙聲對疊韻

帶長劍之陸離兮、冠切雲之崔嵬。江涉

【一〇】蹉　對

蕙肴蒸兮蘭藉、奠桂酒兮椒漿。（東皇太一）

案二句當曰『蒸蕙肴兮蘭藉、奠桂酒兮椒漿』、今倒用之、謂之蹉對。沈括夢溪筆談云：『韓退之集中羅池廟碑銘有春與猿吟兮、秋鶴與飛。古人多用此格、如楚辭吉日兮辰良、又蕙肴蒸兮蘭藉、奠桂酒兮椒漿。蓋欲相錯成文、則語勢矯健耳、杜子美詩香稻啄餘鸚鵡粒、碧梧棲老鳳凰枝、此亦語反而意全。』

滔滔孟夏兮、草木莽莽。（懷沙）

【一一】錯綜對

固時俗之工巧兮、偭規矩而改錯、背繩墨以追曲兮、競周容以爲度。（離騷）

案此第二句與第三句錯綜爲對也。

【一二】連珠對

紛容容之無經兮、罔芒芒之無紀。（悲回風）

漂翻翻其上下兮、翼遙遙其左右。（同上）

以身之察察、受物之汶汶。（漁父）

四曰句法之固定畫一也　屈宋諸賦、句法率皆固定畫一、且以四字句與六字句爲最多、後世四六文之句法、實卽奪胎於此。今歸納之、凡有四類。

【一】上四下四之例（案騷賦中兮些只羌諸字皆語助詞楚人最喜用之故不計入字數之內下同）

日月安屬、列星安陳。天問

十日代出、流金鑠石些。招魂

【二】上五下五之例

采薜荔兮水中、搴芙蓉兮木末。湘君

惜誦以致愍兮、發憤以抒情。惜誦

【三】上六下六之例

吾令羲和弭節兮、望崦嵫而勿迫。離騷

飲余馬於咸池兮、總余轡乎扶桑。同上

【四】上七下七之例

藐蔓蔓之不可量兮、縹緜緜之不可紆。悲回風

目極千里傷春心、魂兮歸來哀江南。招魂

五曰開通篇屬對之先河也　屈子作品凡二十五篇、駢絲麗片、觸目皆是、然祇限於二句中自作對耳。及宋玉神女高唐對楚王問出、而偶氣遂加重焉、雖未必如後世駢文之通篇字比詞櫛、屬對到底、而其藍篳之功、實不可沒。昌黎韓氏嘗謂：『莫爲之前、雖美而不彰、莫爲之後、雖盛而不傳。』與于襄陽書 不啻爲屈宋二人詠也。本師陽新成楚望先生亦謂屈原作離騷、奇文鬱起、上繼雅聲、爲後世詞章之祖、宋玉淵源所自、濡染特深、其作品上表現之風格與精神、自然不能不受屈原之影響、屈宋並稱、由來已久、無屈原則無以

導源於積石、無宋玉則無以分派於潯陽、開先繼美、相得益彰、此二語正可爲屈宋二人寫照、而宋玉對於駢體之胎息更深、形式亦更爲具體。並舉宋玉神女小言好色諸賦爲例、批郤導窾、有蘊必宣、最後且謂宋玉亦駢文之祖師矣（詳現代國民基本知識叢書第五輯中國文學史論集）。今略舉一首、以爲推概。

對楚王問

宋玉

楚襄王問於宋玉曰。先生其有遺行與。何士民衆庶不譽之甚也。

宋玉對曰。唯。然。有之。願大王寬其罪。使得畢其辭。客有歌於郢中者。其始曰下里巴人。國中屬而和者數千人。其爲陽阿薤露。國中屬而和者數百人。其爲陽春白雪。國中屬而和者。不過數十人。引商刻羽。雜以流徵。國中屬而和者。不過數人而已。是其曲彌高。其和彌寡。故鳥有鳳而魚有鯤。鳳凰上擊九千里。絕雲霓。負蒼天。足亂浮雲。翱翔乎杳冥之上。夫藩籬之鷃。豈能與之料天地之高哉。鯤魚朝發崑崙之墟。暴鬐於碣石。暮宿於孟諸。夫尺澤之鯢。豈能與之量江海之大哉。故非獨鳥有鳳而魚有鯤也。士亦有之。夫聖人瑰意琦行。超然獨處。世俗之民。又安知臣之所爲哉。

屈宋諸賦對後世駢文之影響　屈宋諸賦對後世駢文貢獻甚多、影響尤深、由前述各端觀之、已可知其大凡矣。然而猶有說焉。

一、駢體之胚胎　駢體之胚胎、兆於屈宋、持此說者、以孫松友劉申叔暨本師成楚望先生爲最著、其說具見前引、茲不復贅。

二、賦體之濫觴　賦體凡分六類、曰騷賦、曰短賦、曰古賦、曰俳賦、曰律賦、曰文賦、支流雖繁、而源頭則一、騷辭其濫觴也。今約舉昔賢之論於下、以實吾說。

班固離騷序：

離騷之文、弘博雅麗、爲辭賦宗、後世莫不斟酌其英華、則象其從容。

沈約宋書謝靈運傳論：

自漢至魏、四百餘年、詞人才子、文體三變、相如工爲形似之言、二班長於情理之說、子建仲宣以氣質爲體、並標能擅美、獨映當時、是以一世之士、各相慕習、原其飇流所始、莫不同祖風騷。

劉勰文心雕龍詮賦篇：

賦也者、受命於詩人、拓宇於楚辭也、於是荀況禮智、宋玉風釣、爰錫名號、與詩畫境、六義附庸、蔚成大國、遂客主以首引、極聲貌以窮文、斯蓋別詩之原始、命賦之厥初也。

孫梅四六叢話敍騷篇：

屈子之詞、其殆詩之流、賦之祖、古文之極致、儷體之先聲乎。故使善品藻者、殫於名言、工文章者、竭於摹擬、習訓詁者、炫於文字、辨名物者、窮於爾雅。至於後之學者、資其一得、原委可知、波瀾莫二、又略可得而言矣。若夫幽通思玄、宗經述聖、離騷之本義也。甘泉藉田、齋肅典雅、東皇司命之麗則也。長門洛神、哀怨婉轉、湘君湘夫人之縹渺也。感舊歎逝、悲涼幽秀、山鬼之奇幻也。馬汧督誄祭古冢文、激昂痛切、國殤禮魂之苦調也。西征北征、敍事記遊、發揮景物、涉江遠遊之殊致也。

鵩鳥鸚鵡、曠放沈摯、懷沙之遺響也。哀江南賦、有黍離麥秀之感、哀郢之賡載也。小園枯樹、體物瀏亮、橘頌之亞匹也。恨別二賦、哀音慘怛、招魂大招之神理也。經通天臺表追答劉沼書辨命勞生諸論、託喻非常、天問之詭激也。七發觀濤、浩瀚清壯、九辯之體勢也。東方像贊歸去來辭、蕭散風流、卜居之別情也。解嘲答賓戲、問對雄奇、漁父之深趣也。冰絲一掬、而杼軸日新、緶缶紛來、而沖融自若、思窮物表、一言而情貌無遺、興寄篇中、百讀而風神自得、動而愈出、職此之由。隋唐而後、踵事彌增、秋水長天之句、游泳乎歌章、洞庭落木之吟、陶鎔乎燕許。要而論之、四傑富其才、右丞高其韻、柳州咀其華、義山體其潤、淵源所自、不可誣也。……今以別於選者、不以選囿騷也、自賦而下、始專爲駢體、其列於賦之前者、將以騷啓儷也。

三、七體之先規　七爲文辭之一體、亦駢儷之旁支也。自枚乘作七發、而漢魏以下文人多仿爲之、如傅毅七激、張衡七辯、崔駰七依、曹植七啓、張協七命、陸機七徵等、分鑣競爽、洋洋大觀、而溯其淵源所自、莫不同祖騷賦、本師成楚望先生論之愜矣、其言曰：

文選將『七』列爲一種文體、頗有議其不當者。實則這種文體、出自騷賦、而又不能謂之騷賦、我很同意劉彥和的看法、將他列爲『雜文』。日人鈴木虎雄撰賦史大要、認爲七發問答之體、以及於散文中隨時使用駢語韻語、實以屈宋的製作爲其先驅。劉申叔在論文雜記中、更明白的說道：『七發始於枚乘、蓋楚辭九歌九辯之流亞也。厥後曹子建作七啓、張景陽作七命、浩瀚縱橫、體仿七發。蓋勸百諷一、與賦無殊、而盛陳服食游觀、亦近招魂大招之作。』文說『七發乃九辯之遺』、直以此體出於宋玉。我們再看這種七體的作法如何、文心雕龍雜文篇有云：『觀其大抵所歸、莫不高談宮館、壯語畋獵、窮瓌奇之服饌、極蠱媚之聲色、甘意搖骨髓、豔詞動魂識、雖始之以淫侈、而終之以居正。』根據這段話來觀察、他的斷章分節、容與九辯招魂不同、而始邪末正、取戒膏粱、立意固未嘗相遠。謂其出自宋玉、按之事實、要爲可信。（現代國民基本知識叢書第五輯中國文學史論集）

右所臚舉、誠不足以盡論屈宋諸賦影響後世詞人者之萬一、惟屈宋諸賦之爲後世各體駢儷作家所師效而變化改進之迹、卽此已可見其一斑矣。

第二節　蘭陵才子文采之芊緜

屈宋而外、戰國末季、北方復產生一與文學哲學均有相當關係之作家、厥爲荀子。荀子之生卒年月、不詳於史籍、據近人推定、約生於屈原三十一年、晚卒於屈原五十年以上（詳見張長弓荀卿之韻文）。今從其說、故以列之屈宋之次云。

荀子名況、趙人也、時人尊稱爲荀卿、太史公書沿襲之、劉向班固則稱孫卿、蓋避漢宣帝諱（宣帝名詢）而改也。齊襄王時、荀子年五十、始遊學於齊、三爲祭酒、後適楚、春申君以爲蘭陵（戰國楚邑在今山東省嶧縣境）令、春申君死、而荀子遂廢、因家蘭陵、李斯韓非嘗爲弟子、又魯人毛亨及齊人浮丘伯皆北面師事之、爲世名儒。荀子之學、源出孔門、與孟子爲儒家中之兩大宗派、孟主性善、荀主性惡、其說皆有精義、未可輕爲軒輊。卿著書數萬言、經劉向校訂、定爲三十二篇、凡十二卷、題曰孫卿新書、唐楊倞分易舊第、編爲二十卷、復爲之注、更名荀子、即今本也。

荀子乃北方之大儒、其學淵源於洙泗、而濡染於子夏仲弓者爲獨多、舉凡詩易禮春秋以及公穀諸傳、皆爲所傳、其呵護羣經之功無論矣、而於詩賦文章亦有其堅固不移之地位、惟作品爲其學術思想所掩、致爲一般文學史家所忽視、憾孰甚焉。爰爲撢其閫奧、發其幽光、權分二端而論述之。

荀子之文章　魏文侯時、聘子夏爲師、教授西河、而子夏固以擅文學之勝場見稱於孔子者也、其詩序一篇、上規易繫、語比聲和、阮芸臺以爲即駢文之初祖、與孔子等視而齊觀焉。荀子既傳其學統、自不能不感染其摛文之氣息、發爲篇章、故多排比敷陳、裁對精整、獨創一格。而體裁綺密、析理精微、更不待言矣。今節錄其勸學篇、以當鼎臠。

君子曰。學不可以已。青。取之於藍。而青於藍。冰。水爲之。而寒於水。木直中繩。輮以爲輪。其曲中規。雖有槁暴。不復挺者。輮使之然也。故木受繩則直。金就礪則利。君子博學而日參省乎己。則知明而行無過矣。故不登高山。不知天之高也。不臨深谿。不知地之厚也。不聞先王之遺言。不知學問之大也。干越夷貉之子。生而同聲。長而異俗。教使之然也。詩曰。嗟爾君子。無恆安息。靖共爾位。好是正直。神之聽之。介爾景福。神莫大於化道。福莫長於無禍。

吾嘗終日而思矣。不如須臾之所學也。吾嘗跂而望矣。不如登高之博見也。登高而招。臂非加長也。而見者遠。順風而呼。聲非加疾也。而聞者彰。假輿馬者。非利足也。而致千里。假舟楫者。非能水也。而絕江河。君子生非異也。善假於物也。

南方有鳥焉。名曰蒙鳩。以羽爲巢。而編之以髮。繫之以葦苕。風至苕折。卵破子死。巢非不完也。所繫者然也。西方有木焉。名曰射干。莖長四寸。生於高山之上。而臨百丈之淵。木莖非能長也。所立者然也。蓬生麻中。不扶而直。蘭槐之根是爲芷。其漸之滫。君子不近。庶人不服。其質非不美也。所漸者然也。故君子居必擇鄉。遊必就士。所以防邪僻而近中正也。物類之起。必有所始。榮辱之來。必象其德。肉腐出蟲。魚枯生蠹。怠慢忘身。禍災乃作。強自取柱。柔自取束。邪穢在身。怨之所構。施薪若一。火就燥也。平地若一。水就溼也。草木疇生。禽獸羣焉。物各從其類也。是故質的張而弓矢至焉。材木茂而斧斤至焉。樹成蔭而衆鳥息焉。醯酸而蜹聚焉。故言有招禍也。行有招辱也。君子愼其所立乎。

積土成山。風雨興焉。積水成淵。蛟龍生焉。積善成德。而神明自得。聖心備焉。故不積蹞步。無以致千里。不積小流。無以成江海。騏驥一躍。不能十步。駑馬十駕。功在不舍。鍥而舍之。朽木不折。鍥而不舍。金石可鏤。螾無爪牙之利。筋骨之強。上食埃土。下飲黃泉。用心一也。蟹六跪而二螯。非蛇蟺之穴。無可寄託者。用心躁也。是故無冥冥之志者。無昭昭之明。無惛惛之事者。無赫赫之功。行衢道者不至。事兩君者不容。目不能兩視而明。耳不能兩聽而聰。螣蛇無足而飛。梧鼠五技而窮。詩曰。尸鳩在桑。其子七兮。淑人君子。其儀一兮。其儀一兮。心如結兮。故君子結於一也。

昔者瓠巴鼓瑟而流魚出聽。伯牙鼓琴而六馬仰秣。故聲無小而不聞。行無隱而不形。玉在山而草木潤。淵生珠而崖不枯。爲善不積邪。安有不聞者乎。

學惡乎始。惡乎終。曰。其數則始於誦經。終乎讀禮。其義則始乎爲士。終乎爲聖人。眞積力久則入。學至乎沒而後止也。故學數有終。若其意則不可須臾舍也。爲之。人也。舍之。禽獸也。故書者。政事之紀也。詩者。中聲之所止也。禮者。法之大分。類之綱紀也。故學至乎禮而止矣。夫是謂道德之極。禮之敬文也。樂之中和也。詩書之博也。春秋之微也。在天地之間者畢矣。

君子之學也。入乎耳。箸乎心。布乎四體。形乎動靜。端而言。蝡而動。一可以爲法則。小人之學也。入乎耳。出乎口。口耳之閒。則四寸耳。曷足以美七尺之軀哉。古之學者爲己。今之學者爲人。君子之學也。以美其身。小人之學也。以爲禽犢。故不問而告。謂之傲。問一而告二。謂之囋。傲。非也。囋。非也。君子如嚮矣。

若是之類、瓌辭博練、奧義環深、固是說明文之上乘、而句法嚴整、齊音偶類、抑亦儷體之雛形也。世之嗤點駢文者、輒謂駢文短於說理、美則美矣、其於不周世用何、此殆不讀荀文之過歟。

荀子之詩賦　賦體創作、肇自靈均、賦名成立、實始蘭陵。荀子有賦篇成相篇、成相亦詩之流也、賦篇有禮知雲蠶箴五賦、篇末附以佹詩二首、凡六篇。皆韻詞譎古、侔色揣稱、雖貌似詩經、而朔風變楚、間用騷體、蓋其長居荆楚、沈浸濡染、不能不受屈宋之影響也。

成相之辭、雜論君臣治亂之事、以自見其意、幾於句句用韻、即後世彈詞之祖、蓋爲當時文體之一、託之瞽矇諷誦之詞、亦古詩之遺也。

賦篇五賦、則鋪采摛文、體物寫志、蓋荀卿未得意時憤慨之作也。五賦中有一共同之表現法、即先極力狀物、而不點題、並采用問答體、答語亦不直接點題、多用疑問意敷陳其理、頗似隱謎性質。其文體之組織悉用三言四言構成、前段之問語、常用隔句韻、後段之答語則或隔句韻、或句句韻、或錯雜爲韻。今錄其知箴二賦爲式。

皇天隆物。以示下民。或厚或薄。帝不齊均。桀紂以亂。湯武以賢。涽涽淑淑。皇皇穆穆。周流四海。曾不崇日。君子以脩。跖以穿室。大參乎天。精微而無形。行義以正。事業以成。可以禁暴足窮。百姓待之而後寧泰。臣愚不識。願問其名。曰。此夫安寬平而危險隘者邪。脩潔之爲親而雜汙之爲狄者邪。甚深藏而外勝敵者邪。法禹舜而能弇迹者邪。行爲動靜待之而後適者邪。血氣之精也。志意之榮也。百姓待之而後寧也。天下待之而後平也。明達純粹而無疵也。夫是之謂君子之知。——知

有物於此。生於山阜。處於室堂。無知無巧。善治衣裳。不盜不竊。穿窬而行。日夜合離。以成文章。以能合從。又善連橫。下覆百姓。上飾帝王。功業甚博。不見賢良。時用則存。不用則亡。臣愚不識。敢請之王。王曰。此夫始生鉅。其成功小者邪。長其尾而銳其剽者邪。頭銛達而尾趙繚者邪。一往一來。結尾以爲事。無羽無翼。反覆甚極。尾生而事起。尾邅而事已。簪以爲父。管以爲母。既以縫表。又以連裏。夫是之謂箴理。——箴

詳觀其詞、屬對工整、音韻協暢、又統以四言句爲主、或謂卽六朝俳賦之遠祖、其或然歟。

至於佹詩二首、體甚奇特、開宗明義云：『天下不治、請陳佹詩』、蓋荀卿請陳佹異激切之詩、欲以推求天下變亂之原因也。雖其句法內容與賦篇成相篇各不相同、然思想則首尾相貫、楚騷悱怨之旨、葩經諷

諭之義、蓋已兼鎔而並鑄焉。荀卿作品之淵源於三百篇及楚辭、亦可於此中窺消息矣。茲全錄之、以供觀覽。

天下不治。請陳佹詩。天地易位。四時易鄉。列星殞墜。旦暮晦盲。幽晦登昭。日月下藏。公正無私。反見從横。志愛公利。重樓疏堂。無私罪人。憼革貳兵。道德純備。讒口將將。仁人絀約。敖暴擅彊。天下幽險。恐失世英。螭龍爲蝘蜓。鴟梟爲鳳皇。比干見刳。孔子拘匡。昭昭乎其知之明也。郁郁乎其遇時之不詳也。拂乎其欲禮義之大行也。闇乎天下之晦盲也。皓天不復。憂無疆也。千歲必反。古之常也。弟子勉學。天不忘也。聖人共手。時幾將矣。與愚以疑。願聞反辭。其小歌曰。念彼遠方。何其塞矣。仁人絀約。暴人衍矣。忠臣危殆。讒人服矣。琁玉瑤珠。不知佩也。雜布與錦。不知異也。閭娵子奢。莫之媒也。嫫母力父。是之喜也。以盲爲明。以聾爲聰。以危爲安。以吉爲凶。嗚呼上天。曷維其同。

前首共四十五句、後首共十四句、多爲四言句、其中用五言句者兩句、用參差句者四句、除參差句每句有韻外、餘皆爲隔句韻、且通篇爲同一韻字、或卽後世排律之先規歟。

戰國時代、纘元聖之絕學、振六藝之墜緒者、孟荀而外、指難再屈。而孟子不傳詞賦、荀書獨有賦篇、此豈荆楚風流、度越南朔、蘭陵文藻、挺秀鄧林也耶。荀卿之賦長於理、與屈宋之賦長於情者殊科、一以質勝、一以辭勝、然其衣被詞人、沾漑駢林、則初無二致也。

第三節　嬴秦諸子辭華之茂懿

秦皇一統、力反前制、欲愚黔首、災及羣書、獨以武雄、塞彼文教。然一代典制、不無撰述。卽商君變法之議、氣懾於甘龍、范雎激諷之談、心折於霸主。其他辯說、波譎雲詭、由余著書而下、昭襄遷鼎以上、諸書所錄、不可殫收、雖屬秦文、尙非邦粹。至呂氏集覽、號紀春秋、李斯上書、彬彬文質、諸生功德之頌、方士仙眞之歌、太史博學之章、秦皇尊號之議、驪山治陵之奏、琅玡刻石之文、莫不古質斑斕、雄詞雅奧。雖法家尙質、不事修文、而辭華茂美、聿光其代。第以世祚既短、鬱積未充、燔坑之餘、師資獨缺、故所傳者僅、諸體亦弗該耳。其犖犖諸篇、悉皆周季遺才所作、考其文格、猶是戰國諸子支流也。今粗爲鉤稽、略事研討、俾知駢文體格進化之大概焉。

開嬴秦一代文學之風氣者、秦相呂不韋之門下諸儒也。當是時、魏有信陵君、楚有春申君、趙有平原君、齊有孟嘗君、皆折節下士、喜賓客以相傾、不韋以秦之強、羞不如、亦招致士、厚遇之、至食客三千人。是時諸侯多辯士、如荀卿之徒、著書布天下、不韋乃使其客、人人著所聞、集論以爲八覽、六論、十二紀、凡二十餘萬言、以爲備天下萬物古今之事、號曰呂氏春秋、布咸陽市門、懸千金其上、延諸侯游士賓客、有能增損一字者、予千金（以上隱括史記呂不韋傳）。細覈不韋之書、乃雜集儒道墨名陰陽縱橫農小說各家之說並存而混合之、故漢書藝文志列於雜家。此與十八世紀法國狄岱麓（D. Diderot）領導之學典派（Encyclopaedists 舊譯百科全書派）正同、近人或有以先秦之學典（encyclopaedia 舊譯百科全書）目之者、卽以先秦諸子書多亡佚、猶可賴呂氏書考鏡其淵源、識見其大略也。

呂覽一書、雖謂出於衆手、實以荀卿之門人爲最多、故行文修辭、亦一若乃師、謹飭而修整、博麗而精竅、而取材宏富、裒集衆長、或有度越蘭陵者。至每篇冒頭用抽象之議論、次舉事實以證明之、更引比喻以補證之、遂回復初論、如此組織、始爲演繹 (deduction)、終爲歸納 (induction)、後世論說之文、無間駢散、皆深受影響、淮南子其著焉者也。茲錄一篇、以見其文已有著意排偶之痕跡、非復戰國諸子之駢散紛披矣。

論人

主道約。君守近。太上反諸己。其次求諸人。其索之彌遠者。其推之彌疏。其求之彌強者。其失之彌遠。

何謂反諸己也。適耳目。節嗜欲。釋智謀。去巧故。而游意乎無窮之次。事心乎自然之塗。若此則無以害其天矣。無以害其天。則知精。知精則如神。知神之謂得一。凡彼萬形。得一後成。故知知一。則應物變化。闊大淵深。不可測也。德行昭美。比於日月。不可息也。豪士時至。遠方來賓。不可塞也。意氣宜通。無所束縛。不可牧也。故知知一。則復歸於樸。嗜欲易足。取養節薄。不可得也。離世自樂。中情潔白。不可墨也。威不能懼。嚴不能恐。不可服也。故知知一。則動作當務。與時周旋。不可極也。舉錯以數。取與遵理。不可惑也。言無遺者。集於肌膚。不可革也。讒人困窮。賢者遂興。不可匿也。故知知一。則若天地然。則何事之不勝。何物之不應。譬之若御者。反諸己。則車輕馬利。致遠復食而不倦。昔上世之亡主。以罪爲在人。故日殺僇而不止。以至於亡而不悟。三代之興王。以罪爲在己。故日功而不衰。以至於王。

何謂求諸人。人同類而智愚殊。賢不肖異。皆巧言辯辭。以自防禦。此不肖主之所以亂也。凡論人。通則觀其所禮。貴則觀其所進。富則觀其所養。聽則觀其所行。近則觀其所好。習則觀其所言。窮則觀其所不受。賤則觀其所不爲。喜之以驗其守。樂之以驗其僻。怒之以驗其節。懼之以驗其持。哀之以驗其仁。苦之以驗其志。八觀六驗。此賢主之所以論人也。論人者。又必以六戚四隱。何謂六戚。父母兄弟妻子。何謂四隱。交友故舊邑里門郎。內則用六戚四隱。外則用八觀六驗。人之情僞貪鄙美惡。無所失矣。譬之若逃雨汙。無之而非是。此先聖王之所以知人也。

始皇統一天下前後、崛起寒微、而掌一代之文柄者、要非李斯莫屬。斯楚上蔡人、少從荀卿學帝王之術、荀卿屬文既多偶對、爲後世駢文家所宗、故斯文亦極精整華麗、並首開設喻隸事之風氣。其諫逐客書曰：

臣聞吏議逐客。竊以爲過矣。

昔穆公求士。西取由余於戎。東得百里奚於宛。迎蹇叔於宋。求丕豹公孫支於晉。此五子者。不產於秦。而穆公用之。幷國二十。遂霸西戎。孝公用商鞅之法。移風易俗。民以殷盛。國以富強。百姓樂用。諸侯親服。獲楚魏之師。舉地千里。至今治強。惠王用張儀之計。拔三川之地。西幷巴蜀。北收上郡。南取漢中。包九夷。制鄢郢。東據成皐之險。割膏腴之壤。遂散六國之從。使之西面事秦。功施到今。昭王得范雎。廢穰侯。逐華陽。強公室。杜私門。蠶食諸侯。使秦成帝業。此四君者。皆以客之功。由此觀之。客何負於秦哉。向使四君卻客而不內。疏士而不與。是使國無富利之實。而秦無強大之名也。

今陛下致崑山之玉。有隨和之寶。垂明月之珠。服太阿之劍。乘纖離之馬。建翠鳳之旗。樹靈鼉之鼓。此數寶者。秦不生一焉。而陛下說之。何也。必秦國之所生然後可。則是夜光之璧。不飾朝廷。犀象之器。不爲玩好。鄭衛之女。不充後宮。而駿馬駃騠。不實外廄。江南金錫不爲用。西蜀丹青不爲采。所以飾後宮。充下陳。娛心意。說耳目者。必出於秦然後可。則是宛珠之簪。傅璣之珥。阿縞之衣。錦繡之飾。不進於前。而隨俗雅化。佳冶窈窕。趙女不立於側也。夫擊甕叩缶。彈箏搏髀。而歌呼嗚嗚快耳者。眞秦之聲也。鄭衛桑間。韶虞武象者。異國之樂也。今棄擊甕而就鄭衛。退彈箏而取韶虞。若是者何也。快意當前。適觀而已矣。今取人則不然。不問可否。不論曲直。非秦者去。爲客者逐。然則是所重者在乎色樂珠玉。而所輕者在乎人民也。此非所以跨海內。致諸侯之術也。

臣聞地廣者粟多。國大者人衆。兵強者士勇。是以泰山不讓土壤。故能成其大。河海不擇細流。故能就其深。王者不卻衆庶。故能明其德。是以地無四方。民無異國。四時充美。鬼神降福。此五帝三王之所以無敵也。今乃棄黔首以資敵國。卻賓客以業諸侯。使天下之士退而不敢西向。裹足而不入秦。此所謂藉寇兵而齎盜糧者也。

夫物不產於秦。可寶者多。士不產於秦。而願忠者衆。今逐客以資敵國。損民以益讎。內自虛而外樹怨於諸侯。求國無危。不可得也。

文凡四段、首段言穆公孝公惠王昭王四君皆以客之功、而致富強、以明用客卿之利。次段言秦王之珍寶玩好、皆出異國、獨於用人、則非秦者去、爲客者逐、是豈君臨天下之術。此則兩段相偶之典範也。若夫氣勢之駿厲奔放、文字之綺麗豐縟、上以繼晚周縱橫之遺、下以開漢賦鋪陳之漸者、更不待論矣。約略言之、本文之特點、厥有四焉：一曰開設喻隸事之風也、二曰開兩段相偶之風也、三曰開鋪張揚厲之風也、四曰著公牘文字之先鞭也。凡此皆與駢文有極密切之關係、在駢文發展史上佔有極重要之地位、允宜特筆大書者也。

顧自秦皇統一天下以後、而李斯之文乃驟然大變。原本縱橫縟麗之風、一變而爲典重淵雅之製矣、廟堂章奏然、金石文字尤然、李兆洛謂『秦相他文無不詄麗、頌德立石、一變爲樸渾。』（駢體文鈔）此殆秦皇厲行法治、重質輕文之必然趨勢歟。斯所作金石文字、以史記始皇本紀所載泰山琅邪臺之罘東觀碣石會稽諸篇爲最可靠（案古文苑又有嶧山刻石文）、故劉彥和曰：『秦皇銘岱、文自李斯、法家辭氣、體乏弘潤、然疏而能壯、亦彼時之絕采也。』（文心雕龍封禪篇）茲錄其琅邪臺刻石文如次：

維二十六年。皇帝作始。端平法度。萬國之紀。以明人事。合同父子。聖智仁義。顯白道理。東撫東土。以省士卒。事已大畢。乃臨于海。皇帝之功。勸勞本事。上農除末。黔首是富。普天之下。摶心揖志。器械一量。同書文字。日月所照。舟輿所載。皆終其命。莫不得意。應時動事。是維皇帝。匡飭異俗。陵水經地。憂恤黔首。朝夕不懈。除疑定法。咸知所辟。方伯分職。諸治經易。舉錯必當。莫不如畫。皇帝之明。臨察四方。尊卑貴賤。不踰次行。姦邪不容。皆務貞良。細大盡力。莫敢怠荒。遠邇辟隱。專務肅莊。端直敦忠。事業有常。皇帝之德。存定四極。誅亂除害。興利致福。節事以時。諸產繁殖。黔首安寧。不用兵革。六親相保。終無寇賊。驩欣奉教。盡知法式。六合之內。皇帝之土。西涉流沙。南盡北戶。東有東海。北過大夏。人迹所至。無不臣者。功蓋五帝。澤及牛馬。莫不受德。各安其宇。

此始皇二十八年（案詞稱二十六年者原并天下之始而言也）東巡郡縣、封琅玡臺之所立石也、囊括幷吞之氣、振盪於文字間、大秦帝國強盛之概貌、從是遂見。全文以二句爲一韻、法律森嚴、爲後世金石文字之祖。自餘各篇皆三句一韻、與韻文自然之音節不合、是以後世無傳焉。

大抵李斯之文、原本詩經荀子、故諸金石之辭、上規雅頌、近法賦篇、惟韻式稍作變化耳、此千古廟堂文學之所從出也。故姚姬傳之古文辭類纂碑誌類、李申耆之駢體文鈔銘刻類、於斯文皆褎然而冠之首、具見其微旨之所在矣。

第四章　兩漢駢文之孳乳時期

第一節　緒　說

漢祖龍興，得之馬上，輕儒簡學，詩書未遑，禮樂初創。而乃入關之諭，求賢之詔，大風之詠，鴻鵠之歌，或簡潔而翔華，或雄宕以舉氣，識者稱爲天縱之英作，開一代之鴻文者也。其後文帝好黃老，景帝尙刑名，雖有二賈鼂錯，綜談治要，不能盡用其言也，惟詔令制誥，和厚精粹，猶有可觀者耳。至武帝乃昌言尊孔，表章六經，罷斥百家，儒術於焉興起。加以性喜辭賦，斐然有述作之志，始以蒲輪迎枚生，見主父而歎息，讀子虛賦而善之，擢用嚴助朱買臣吾丘壽王司馬相如徐樂嚴安東方朔枚皋終軍等，於是文學之士，彬彬以進，辭賦著述文章，均能光啓一代，用煥人文，故論西漢文學，以武帝爲極盛時代。漢轍既東，詞人才子，述作益繁，惟多傾向於踵襲前規之作，少發揮蹈厲之風，至蔡邕一出，振刷奇采，碑板獨邁，兩漢四百餘載之文學，至此遂告一段落焉。善乎文心雕龍時序篇之言曰：

爰至有漢，運接燔書，高祖尙武，戲儒簡學，雖禮律草創，詩書未遑，然大風鴻鵠之歌，亦天縱之英作也。施及孝惠，迄於文景，經術頗興，而辭人勿用，賈誼抑而鄒枚沈，亦可知已。逮孝武崇儒，潤色鴻業，禮樂爭輝，辭藻競騖，柏梁展朝讌之詩，金堤製恤民之詠，徵枚乘以蒲輪，申主父以鼎食，擢公孫之對策，歎兒寬之擬奏，買臣負薪而衣錦，相如滌器而被繡，於是史遷壽王之徒，嚴終枚皋之屬、應對固無方、篇章亦不匱、遺風餘采、莫與比盛。越昭及宣、實繼武績、馳騁石渠、暇豫文會、集雕篆之軼材、發綺穀之高喻、於是王褒之倫、底祿待詔。自元暨成、降意圖籍、美玉屑之談、淸金馬之路、子雲銳思於千首、子政讎校於六藝、亦已美矣。爰自漢室、迄至成哀、雖世漸百齡、辭人九變、而大抵所歸、祖述楚辭、靈均餘影、於是乎在。

自哀平陵替、光武中興、深懷圖讖、頗略文華、然杜篤獻誄以免刑、班彪參奏以補令、雖非旁求、亦不遐棄。及明帝疊耀、崇愛儒術、肄禮璧堂、講文虎觀、孟堅珥筆於國史、賈逵給札於瑞頌、東平擅其懿文、沛王振其通論、帝則藩儀、輝光相照矣。自安和以下、迄至順桓、則有班傅三崔、王馬張蔡、磊落鴻儒、才不時乏、而文章之選、存而不論。然中興之後、羣才稍改前轍、華實所附、斟酌經辭、蓋歷政講聚、故漸靡儒風者也。降及靈帝、時好辭製、造羲皇之書、開鴻都之賦、而樂松之徒、招集淺陋、故楊賜號爲驩兜、蔡邕比之俳優、其餘風遺文、蓋蔑如也。

而才略篇更申之曰：

漢室陸賈、首發奇采、賦孟春而選典誥、其辯之富矣。賈誼才穎、陵軼飛兔、議愜而賦淸、豈虛至哉。枚乘之七發、鄒陽之上書、膏潤於筆、氣形於言矣。仲舒專儒、子長純史、而麗縟成文、亦詩人之告哀焉。相如好書、師範屈宋、洞入夸豔、致名辭宗、然覆取精意、理不勝辭、故揚子以爲文麗用寡者長卿、誠哉是言也。王褒構采、以密巧爲致、附聲測貌、泠然可觀。子雲屬意、辭人最深、觀其涯度幽遠、搜選詭麗、而竭才以鑽思、故能理贍而辭堅矣。桓譚著論、富號猗頓、宋宏稱薦、爰比相如、而集靈諸賦、偏淺無才、故知長於諷諭、不及麗文也。敬通雅好辭說、而坎壈盛世、顯志自序、亦蚌病成珠矣。二班兩劉、奕葉繼采、舊說以爲固文優彪、歆學精向、然王命清辯、新序該練、璿璧產於崑岡、亦難得而踰本矣。傅毅崔駰、光采比肩、瑗寔踵武、能世厥風者矣。杜篤賈逵、亦有聲於文、跡其爲才、崔傅之末流也。李尤賦銘、志慕鴻裁、而才力沈膇、垂翼不飛。馬融鴻儒、思洽識高、吐納經範、華實相扶。王逸博識有功、而絢采無力。延壽繼志、瓌穎獨標、其善圖物寫貌、豈枚乘之遺術歟。張衡通贍、蔡邕精雅、文史彬彬、隔世相望、是則竹柏異心而同貞、金玉殊質而皆寶也。劉向之奏議、旨切而調緩、趙壹之辭賦、意繁而體疏、孔融氣盛於爲筆、禰衡思銳於爲文、有偏美焉。潘勖憑經以騁才、故絕羣於錫命、王朗發憤以託志、亦致美於序銘。然自卿淵已前、多俊才而不課學、雄向以後、頗引書以助文、此取與之大際、其分不可亂者也。

兩漢文體、綜其要者、約可分爲二大派。

一、辭賦派　中原文學、至秦漢之間、與荆楚文學相調和、其體裁與格式、已漸由單簡而臻於複雜、由樸茂而臻於風華、賈誼始倡於前、鄒陽枚乘淮南王安嚴忌相繼於後。賈誼不得志於時、嘗以屈原自擬、過湘水、投書弔之、其爲文師法屈宋、不出乎楚騷之範圍。而枚乘七發、雖亦淵源於天問遠遊諸篇、然而一變其面目、陸離詭怪、已開辭賦之源。孝武登極、酷好辭章、侍從左右者、多一時文學之士、如司馬相如嚴助朱買臣東方朔枚皐終軍等、相繼而至、而尤以相如爲之魁。蓋至此時而辭賦之格局成矣。自後王褒開駢偶之端、而體再變、揚雄復相如之舊、而體又變。王褒之後、有崔駰蔡邕等、揚雄之後、有班固張衡等、而馬融王延壽尤獨矯時習、力追西京、此當日變遷之大勢也。而自今日視之、此種辭賦、舍眞美而言裝飾、以羅綺珠貝相誇耀、完全一貴族文學也。其遠源雖似出於楚辭、但除賈誼馮衍二人外、其實際皆與屈宋背道而馳。蓋屈宋憤世嫉俗、以文見志、薜蘿山鬼、幽憤難伸、而司馬相如輩、則純粹爲文學而文學矣。屈宋承風雅之遺、寄託遙深、美人香草、不過點染幽芬而已、及至相如輩、則專以濃裝盛飾爲華美矣。惟六朝之俳賦、以至唐宋以後之律賦、俱導源於此、則爲不容否認之事實也。

二、文章派　漢代文章、有一最大之特色、卽抒情之作絕少、策論之作偏多、猶是承襲戰國縱橫辯士之遺風也。蓋自文景以後、天下安樂、文士無所用其遊說、於是一變其風氣而爲策論。其中傑出者、如陸賈之新語十二篇、楚漢春秋九篇、皆反覆申論秦亡漢興之理。賈誼之新書治安策過秦論、鄒陽之上梁王書、董仲舒之天人三策、公孫弘之賢良策、主父偃之諫伐匈奴書等、皆由戰國之凌厲馳騁、變而爲淵厚爾雅、而司馬相如王褒以至劉向父子之所爲、更辭尚排比、元氣彌綸、雖不能卽謂爲駢文、然不能不謂已寖成駢文之體勢也。惟是西京文章、宏贍有餘、溫潤不足、迨東京之班張崔蔡、一貫相承、益爲宏拓、由疏而密、由樸而華、文章之變、此其轉關。

第二節　辭賦家與駢文之滋長

辭賦之界說　辭賦爲文學之一種、風雅之變體也、濫觴於騷、而極盛於漢、故又稱漢賦、以其別於魏晉以後之俳律文諸賦、故又有古賦之目。曰辭賦、曰漢賦、曰古賦、實一而三、三而一、同物異名、匪有他故、今專稱辭賦者、亦從衆之義耳。

今欲論辭賦、應先確定賦之界說、否則理論無所附麗、而探討之功爲虛費矣。賦之成立絕早、古今詮釋之者亦復不少、雖時有先後、義別精粗、然皆有意立言、足以代表一家之見也。今擇其尤要者、臚陳於左、並竊附己意、以加疏證焉。

卜商毛詩周南關雎序曰：

詩有六義焉、一曰風、二曰賦、三曰比、四曰興、五曰雅、六曰頌。

鄭玄釋之曰：

賦之言鋪、直鋪陳今之政教善惡。

則知賦之古義、實含有政治氣味、而爲臣民所以諫君之具、言須有物、初非苟作。

摯虞文章流別論曰：

賦者、敷陳之稱、古詩之流也。古之作詩者、發乎情、止乎禮義、情之發、因辭以形之、禮義之指、須事以明之、故有賦焉。所以假象盡辭、敷陳其志。

劉勰文心雕龍詮賦篇曰：

詩有六義、其二曰賦、賦、鋪也、鋪采摛文、體物寫志也。

鍾嶸詩品曰：

文已盡而意有餘、興也。因物喻志、比也。直書其事、寓言寫物、賦也。

皆謂敷布聞見、託物以諭志也。

班固兩都賦序曰：

賦者、古詩之流也。王澤竭而詩不作、成康沒而頌聲寢。

又漢書藝文志詩賦略敍曰：

傳曰：『不歌而誦謂之賦。』『登高能賦、可以爲大夫。』言感物造耑、材知深美、可與圖事、故可以爲列大夫也。

春秋之世、列國大夫、聘問鄰國、出使專對、首在修辭、當揖讓之時、以微言相感、所謂微言者、乃隱語、有類今之謎語、委曲入微、發人深省、談笑微中、可以解紛、蓋已推諷諫之修能、衍爲外交之工具。毛詩傳著大夫九能、有賦無詩、明其同類、故不別舉。漢書藝文志區賦爲四種、而詩不過一家、此又以小爲大、劉勰所謂『六藝附庸、蔚成大國』（文心雕龍詮賦篇）者也。賦爲古詩之流、古今文家、皆無間言矣。

綜而論之、賦爲詩之變體、而雅頌之流亞也。詩三百篇皆可被之管弦、協諸音律、故史記孔子世家曰：『詩三百篇、孔子皆弦歌之、以合韶武雅頌之音。』爰逮戰國、因樂器之進步、新樂繁興、詩與樂之關係漸形疏遠、自屈宋諸賦出、而賦體卽與詩異趣、僅供諷誦而已。屈宋以後之作家、雖大都模仿楚辭、但已逐漸趨重於鋪陳事物、堆砌辭句、『專取詩中賦之一義以爲賦、又騷中雅麗之辭以爲辭。』（祝堯語見古賦辨體）於是所謂不歌而誦之賦、由動詞一變而爲名詞、繼詩騷而別成一種文體矣。

由是可知、賦爲介乎詩騷與文章之間之特殊體裁、亦中國文學上之特殊產物、既須對偶、更須協韻、謂之爲韻文可、謂之爲駢文亦無不可也。

辭賦之來源　辭賦之主要來源有二、一是屈原宋玉之楚辭、一是荀卿之賦。自其形式上觀之如此、就其內容上觀之亦復如此。此外尚有取法採意於戰國策之對問與詩經之雅頌者。

漢代之辭賦、自其形式上觀之、有用騷體者、如賈誼之弔屈原賦、司馬相如之大人賦是也。有用賦體者、如司馬相如之子虛賦上林賦是也。亦有一篇之中兼用兩體者、如賈誼之鵩鳥賦是也。

漢代之辭賦、自其內容上觀之、約可分爲四類：

一、頌揚　諷諭

二、抒情　述志

三、寫物

四、說理

第一類頌揚部分可謂雅頌的變格之表現、諷諭部分似乎源出於戰國策、亦略取之於荀卿、文心雕龍詮賦篇所謂『賦也者、受命於詩人、拓宇於楚辭』、庶乎近之。第二類悉皆規撫楚辭、惟數量較少耳。第三類亦是規撫楚辭、數量較多、摹寫方法、亦多能推陳出新。第四類源於荀卿。四類之中、以第一類爲最重要、爲漢代辭賦最光輝之部分。

據上文所述、可約略製成簡表如下：

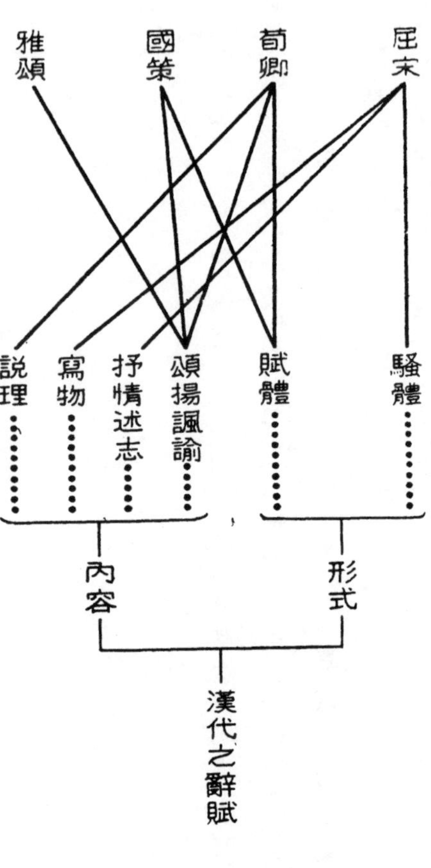

辭賦產生之背景：中國文學發展至於漢代、畫分爲兩大領域、其一爲流行於市井里巷之通俗化的民間文學、如樂府與五言詩是也。其一則爲文人學士嘔心瀝血所經營之古典化的宮廷文學（亦稱貴族文學）、如策論與辭賦是也。賦盛於漢、亦猶詩盛於唐、詞盛於宋、曲盛於元、小說戲劇盛於明、焦里堂王靜安均曾推爲一代之勝、良不謬也。漢代之五言詩及樂府、雖云周備、皆爲當代文學之主流、然持較辭賦、在質量上終不免稍遜一籌、吾人不能不承認辭賦爲承前啓後、推倒衆流之唯一權威者、籠罩中國文壇、幾達五百年之久、其勢力不可謂之不大矣、故研究漢代純文學應以辭賦爲代表。稽其產生之背景、蓋得五端。

一、時代之需求

自屈宋諸子披草萊、斬荊棘、爲辭賦界開一新境、辭賦一體、確然大定。然嗣響者不過唐勒景差二三子、而又偏於楚人、且其作品皆爲士式文學、其勢力猶未普及全國。自嬴秦滅學、逞志干戈、生靈塗炭、辭賦黜焉。且處專制政府淫威之下、一言不遜、刑戮逮身、其離讒放逐之臣、窮塗後門之士、遁轗軻而未遇、志鬱抑而弗伸、欲發憤著書、則身將不保、欲厚顏貢諛、則意有未安、縱横之流、噤口結舌、雕龍之技、無所獲施、辭賦一途、式微極矣。盛極必衰、剝極必復、自然之理也。飢者易爲食、渴者易爲飲、情勢之常也。迨及漢世、文網大開、而辭賦之事、遂如寒蟲啓蟄、風起雲湧、初無待於積極之獎勵。蓋制勝強敵之餘、四海承平之候、歌功頌德、點綴昇平、抹日批風、怡樂天性、是乃文人之長技也。若當干戈擾攘之時、縱有絕大文學天才、亦未必見容於世。藉令楚漢相爭之頃、有司馬相如鄒枚等數百輩、聯臂比肩、投於沛公麾下、亦必一一爲巨棒逐出耳。似此初非過甚之辭、請引一歷史事實以爲佐證。

> 叔孫通降漢王、通儒服、漢王憎之、迺變其服、服短衣楚製、漢王喜。通之降漢、從弟子百餘人、然無所進、剸言諸故羣盜壯士進之、弟子皆曰：『事先生數年、幸得從降漢、今不進臣等、剸言大猾、何也。』通迺謂曰：『漢王方蒙矢石、爭天下、諸生寧能鬥乎、故先言斬將搴旗之士、諸生且待我、我不忘矣。』（漢書叔孫通傳）

則知高祖雄猜、不喜儒生、並不喜文人、故侮狎儒者之事、數見不鮮。又如：

> 沛公不好儒、諸客冠儒冠來者、沛公輒解其冠、溲溺其中、與人言、常大罵、未可以儒生說也。（史記酈生傳）

> 陸生時時前說、稱詩書、高帝罵之曰：『迺公居馬上而得之、安事詩書。』（史記陸賈傳）

故雖卽位之後、於文化方面、少所建設、乃其性所不喜、非盡由於『不暇』班固語見兩都賦序。然漢代辭賦之盛、高祖亦有微勞、蓋其一手統一天下、政治漸上軌道、俾人民得安居樂業、棲心於文藝、雖暫無表章之機會、然含精蓄銳、靜以待時、故一至武宣之世、遂奔騰澎湃而不可止矣。是則高祖雖無明令表揚文士、而辭賦界已受益不淺。又賦家本縱橫之流、西京詞人、自陸賈已降、大都襲戰國之餘習、學百家之雜言。然統一之朝、大抵以縱橫之士爲患、恐其亂國政也、乃裁抑之不遺餘力。故縱橫家不得不棄其宗尙、專事辭章。縱橫復流入賦家、乃風會使之然也。

二、經濟之反映　秦燄既灰、干戈偃息、海宇寧謐、民生饒裕、高帝汗馬之勳、固不可沒、而文景黃老之治、實致富之主因也。史記平準書云：

> 漢興七十餘年、國家無事、非遇水旱之災、民則人給家足、都鄙廩庾皆滿、而府庫餘貨財、京師之錢累巨萬、貫朽而不可校、太倉之粟、陳陳相因、充溢露積於外、至腐敗而不可食、衆庶街巷有馬、阡陌之間成羣、而乘家牝者擯而不得聚會、守閭閻者食粱肉、爲吏者長子孫、居官者以爲姓號。

於是休養生息之餘、人民復留意於身體及精神上之愉樂、以求滿足其慾望。其下焉者、則惟犬馬聲色是務、而其上焉者、乃獨求較高尙之愉樂、音樂圖畫、固良好之消遣品也、而彼等不喜之、蓋以其和平嫻雅、宜於被動、而不適於主動、不足發舒其夸大之感情、乃反而求諸文藝、而文藝之中惟辭賦一道、可應其用。辭賦爲貴族文學之一、以之表示矜夸放逸之思想及物質、如宮殿、苑囿、畋獵、聲色……形形色色、勝任愉快。爲之者既可以自娛、又可以干祿、一舉兩得、名利雙收、故文詠之士、攘臂執管、競言辭賦、而此體之昌、遂極一時之盛。

三、帝王之獎率　漢高祖鞭笞羣雄、削平天下、禮律草創、詩書未遑。文景崇尚虛無、不喜辭賦、賈誼賈山之徒、惟以經術致身通顯。一時辭賦之士、無用文之地、乃散而之四方、而侯國中如吳王濞梁孝王武淮南王安皆雅好辭章、爭相延致、一時游士、從之如歸。此班游士、於陪酒侍宴、獻賦陳辭、得資揮霍外、無所事事、於是日絞腦汁、以期博得其恩主之青睞、而躋身於文學侍從之列、此又何足怪。在古典主義時代之文學家、大都爲一箇君主或貴族之食客、勢必爲其主人作代言人、故一件作品必須博得主人之贊許及歡心、然後在社會上乃有地位。漢初詞人如鄒陽司馬相如伍被枚乘等、皆嘗載筆干人、聲華藉甚、當時文酒流連之盛況、蓋猶承戰國養士之餘風。茲舉一例、足爲代表、如劉歆西京雜記載：

> 梁孝王游於忘憂之館、集諸游士、各使爲賦。枚乘爲柳賦、路喬如爲鶴賦、公孫詭爲文鹿賦、鄒陽爲酒賦、公孫乘爲月賦、羊勝爲屏風賦、韓安國爲几賦、不成、鄒陽代作、各罰酒三升。賜枚乘路喬如絹、人五匹。

此雖小說家言、然其言之鑿鑿、大約可信、而華國文章、未墜於地者、正賴諸侯王之招攬人才、用之得其術也。

逮孝武之世、海內承平、欲藉文風、潤色鴻業、於是文章禮樂、踵事增華。武帝天亶聰明、雅好文學、其手製篇什、如瓠子之歌西極天馬之歌寶鼎天馬之歌、固皆雄渾瓌偉、煥然可述也。茲引一小小軼事以徵其愛尚之篤。

漢武好辭賦、每所行幸及鳥獸異物、輒命相如等賦之、上亦自作詩賦數百篇、成、初不留思。相如造文遲、彌時而後成。每歎其工、謂相如曰：『以吾之速易子之遲可乎。』相如曰：『於臣則可、未知陛下何如耳。』上大笑而不責。漢武故事

又漢書藝文志載武帝所造賦二篇、世雖不存、然於此可見武帝乃帝王中之一大賦手也。故風化所及、朝野景從、曠世逸才、駢肩以進。嚴助以對策得位、相如以獻賦見親。史遷壽王吾丘氏之徒、嚴終枚皋之屬、因應對無方、而篇章亦不匱。遺風餘采、莫與比隆、著作之才、不可殫數、而作品之富、亦爲一代冠矣。

四、科名之汲引　唐以詩取士、詩人遂盛於唐、明清考八股、制藝遂盛於明清、漢代考經、故經師亦盛於漢。漢書儒林傳贊云：『自武帝立五經博士、開弟子員、設科射策、勸以官祿、訖於元始平帝年號、百有餘年、傳業者寖盛、支葉繁滋。一經說至百餘萬言、大師衆至千餘人、蓋祿利之路然也。』辭賦之發達與興隆、利祿汲引之力量、亦居其泰半。武帝時、司馬相如東方朔枚皋諸人、均以辭賦得官。其後如宣帝時之王褒張子僑、成帝時之揚雄、章帝時之崔駰、和帝時之李尤等、亦均以辭賦而入仕途。利祿高懸於上、羣臣鼎沸於下、於是獻賦考賦之事實、亦繼之而起。班固兩都賦序云：

大漢初定、日不暇給。至於武宣之世、乃崇禮官、考文章、內設金馬石渠之署、外興樂府協律之事、以興廢繼絕、潤色鴻業、是以衆庶悅豫、福應尤盛。白麟赤雁芝房寶鼎之歌、薦於郊廟、神雀五鳳甘露黃龍之瑞、以爲年紀。故言語侍從之臣、若司馬相如虞丘壽王東方朔枚皋王褒劉向之屬、朝夕論思、日月獻納、而公卿大臣御史大夫倪寬、太常孔臧、大中大夫董仲舒、宗正劉德、太子太傅蕭望之

等、時時間作、或以抒下情而通諷諭、或以宣上德而盡忠孝、雍容揄揚、著於後嗣、抑亦雅頌之亞也。故孝成之世、論而錄之、蓋奏御者千有餘篇。而後大漢之文章、炳焉與三代同風。

東漢時代、曾一度以賦取士、不論成績高下、概予錄取、授以俸祿、此制一興、則凡呫嗶之徒、相率應制以博祿位、自不得不專務記覽、據事類義、援古證今、藉以供作辭賦之用。惟是通行既久、弊亦隨之、其以不正當手段攫取科名者、時有所聞。張平子之言曰：

夫書畫辭賦、才之小者、匡理國政、未有能焉。陛下即位之初、先訪經術、聽政餘日、觀省篇章、聊以游藝、當代博弈、非以教化取士之本。而諸生競利、作者鼎沸、其高者頗引經訓風諭之言、下則連偶俗語、有類俳優、或竊成文、虛冒名氏。臣每受詔於盛化、差次錄第、其未及者、亦復隨輩皆見拜擢。論貢舉疏見張河間集○案後漢書蔡邕傳亦有此段文字

此種卑鄙惡劣之現象、與明清八股末流之弊、曾有何異、無怪以辭賦擅名一代之張氏、亦不得不深致慨歎矣。

五、小學之影響 尚有一事、促使辭賦擅其勝場者、即漢代小學一科極形發達是也。小學一道、非專以通經而已、欲求文學、尤不可不通小學。古今文學家未有不精通小學者、漢人尤重之、如司馬相如有凡將篇、揚雄有訓纂篇八十九章、班固復續十三章。賦之妙用、重在鋪陳、故賦家必胸多奇字、每一搖筆、則沓至紛來、曲折盡變、然後乃能麗、乃能奇。文心雕龍練字篇云：

至孝武之世、則相如譔篇。及宣成二帝、徵集小學、張敞以正讀傳業、揚雄以奇字訓纂、並貫練雅

頌、總閱音義、鴻筆之徒、莫不洞曉、且多賦京苑、假借形聲。是以前漢小學、率多瑋字、非獨異制、乃共曉難也。

劉師培論文雜記亦云：

昔相如子雲之流、皆以博極字書之故、致爲文日益工。……相如子雲作賦漢廷、指陳事物、殫見洽聞、非惟風雅之遺音、抑亦史篇之變體。

小學爲辭之本、故小學亡而賦不作。

基此五因、而辭賦之制、蔚爲國華、其故可想矣。

辭賦之特質　辭賦既遠承古詩之『賦』義、又近得楚人之『騷』體、故劉彥和曰：『賦也者、受命於詩人、拓宇於楚辭也。』（文心雕龍詮賦篇）其爲體也、辭多排偶、隔句必用韻、猶是詩法、獨句調參差、篇幅恢廣、則已離詩而入於文、此所以祇可誦而不可歌也。論其特質、可大別爲七端。

一、**對問盛行**　才智博雅之士、理充藻逸、氣盛言宜、宣之於口則沛然、筆之於書則殊致。自屈原之卜居漁父肇對問之端、宋玉引而爲對問之體、假借問答、以伸其志。而枚乘繼之、搦爲七發、以事諷諫。司馬相如因之、屢有應用、而主客首引之製、遂爲漢代辭賦之定式、他勿具論、但就子虛賦言之。

子虛、虛言也、爲楚稱、烏有先生者、烏有此事也、爲齊難、亡是公者、亡是人也、欲明天子之義、故虛藉此三人爲辭、以推天子諸侯之苑囿。其卒章歸之於節儉、因以諷諫。（漢書司馬相如傳）

間嘗論之、此類文體、設主客以肇端、託風懷於篇什、故史記司馬相如傳贊曰：『相如雖多虛辭濫說、然其要歸、引之節儉、此與詩之風諫何異。』自是而後、載筆之士、踵而效之、班固兩都賦則西都賓東都主人之語也、張衡西京賦則憑虛公子安處先生之辭也。其後作者蠭起、掘泥揚波、皆虛構二三主人翁以引文致、其中人物、儘可以符號視之。故一言蔽之、亦縱橫家之變形辯論文字耳。

凡斯之類、繁衍寖多、遂成辭賦之定式。

二、工於夸飾　賦重鋪陳、夸飾尚矣。侈陳形勢、出於國策、實縱橫之遺風、詞人之長技。漢代辭賦家、循而未改、文詞所被、非理能詮、是以言勢則揮戈猶能返日、論衆則投鞭可以斷流。劉彥和有言曰：

自宋玉景差、夸飾始盛、相如憑風、詭濫愈甚。故上林之館、奔星與宛虹入軒、從禽之盛、飛廉與鷦鷯俱獲。及揚雄甘泉、酌其餘波、語瓌奇、則假珍於玉樹、言峻極、則顛墜於鬼神。至東都之比目、西京之海若、驗理則理無不驗、窮飾則飾猶未窮矣。又子雲羽獵、鞭宓妃以饟屈原、張衡羽獵、困元冥於朔野。孌彼洛神、既非罔兩、惟此水師、亦非魑魅、而虛用濫形、不其疏乎。此欲夸其威而飾其事、義睽剌也。至如氣貌山海、體勢宮殿、嵯峨揭業、熠燿焜煌之狀、光采煒煒而欲然、聲貌岌岌其將動矣。莫不因夸以成狀、沿飾而得奇也。（文心雕龍夸飾篇）

蓋夸飾之詞、聖人不禁、洪水有滔天之目、倒戈著漂杵之文、並意在稱揚、義成矯飾、孟子所謂『說詩者不以文害辭、不以辭害意』者也。時至相如、此風彌盛、上林一賦、其適例也。揚雄之甘泉羽獵、孟堅之兩都、被其影響、盛飾處詞、可謂至矣。以吾觀之、辭賦以古典派文學作品而微帶浪漫派氣息者、其故在此。浪漫文學之主要元素在於夸大、夸大云者、乃將具體而微之物、或深妙難測之情、擴而充之、使吾人腦海中常留一深刻之印象、此其所長也。

三、辭采華麗　辭賦家最著意於藻采之敷陳、必使博富極麗而後已。揚雄曰：『詩人之賦麗以則、辭人之賦麗以淫。』法言吾子篇 魏文帝曰：『詩賦欲麗。』典論論文 富麗爲辭賦構成必具之條件、由是可見。故兩都兩京甘泉蜀都、金聲玉潤、繡錯綺交、以妃青媲白之詞、助博辯縱橫之用、賦體之正宗也。若乃疊韻雙聲、連字連義、用爲形容者、尤宜於賦。文心雕龍物色篇曰：

是以詩人感物、聯類不窮。流連萬象之際、沈吟視聽之區、寫氣圖貌、既隨物以宛轉、屬采附聲、亦與心而徘徊。故灼灼狀桃花之鮮、依依盡楊柳之貌、杲杲爲出日之容、瀌瀌擬雨雪之狀、喈喈逐黃鳥之聲、喓喓學草蟲之韻。皎日嘒星、一言窮理、參差沃若、兩字窮形。並以少總多、情貌無遺矣。雖復思經千載、將何易奪。及離騷代興、觸類而長、物貌難盡、故重沓舒狀、於是嵯峨之類聚、葳蕤之羣積矣。及長卿之徒、詭勢瓌聲、模山範水、字必魚貫、所謂詩人麗則而約言、辭人麗淫而繁句也。

蓋詩人寫物、喜用疊字。如毛詩衛風碩人：

河水洋洋、北流活活、施罛濊濊、鱣鮪發發、葭菼揭揭、庶姜孽孽。

可謂複而不厭、賾而不亂、至可取法也。其後屈原宋玉之徒、亦善用疊字、極光怪陸離之象。漢人接武、踵事增華、一篇繁出、有類圖譜。故每狀一物之情、爭一字之巧、如舉一花木、則凡關於花木之名詞及形容詞、盡量搜集、實之篇中、其他體物、莫不皆然。若斯之流、司馬相如其尤著者也、茲節錄其上林賦中寫山之一段爲例如左：

於是乎崇山矗矗、巃嵸崔巍、深林巨木、嶄巖參嵯。九嵕巀嶭、南山峨峨。巖陁甗錡、摧崣崛崎。

爲寫山勢之高峻、遂將『巃嵸』『巀嶭』等形容詞堆砌在一處、而不問其是否重複。張衡作兩京賦、十年乃成、揆其用心、亦無非是在徧尋奇字、窮搜典故、故一篇辭賦、實際上即等於一部類書。且彼等只顧辭句之堆砌、而不問其有無意義。摯虞在文章流別論中嘗慨乎言之曰：

古代之賦以情義爲主、以事類爲佐。今之賦以事形爲本、以義正爲助。情義爲主、則言省而文有例矣、事形爲本、則言富而辭無常矣。

可見辭賦完全是辭藻之修飾、而忽略內容之充實、昔人不滿、蓋已久矣。雖然、此種排比鋪張之法、作者殊煞費苦心、並非獺祭可比、且文章之優劣、亦未可一概而論。劉熙載藝概云：

賦與譜錄不同、譜錄惟取誌物、而無情可言、無采可發、則如數他家之寶、無關己事、以賦體觀之、孰爲親切且尊異邪。

此平情之論也。下乘之辭賦最易使人憎厭者、實由作者不能役文、轉爲文所役、聯類之辭、一望皆是、如七寶樓臺、拆成片段、則又何堪卒讀也。

四、麗語紛披　辭賦略內容而重外形、故惟以鋪張爲事、麗辭爲工、司馬相如揚雄輩、皆此道之高手也。試觀相如答友人盛覽之言曰：

合纂組以成文、列錦繡而爲質、一經一緯、一宮一商、此賦之迹也。賦家之心、苞括宇宙、總覽人

物、斯乃得之於內、不可得而傳。西京雜記

卽言辭賦內貴乎網羅宏富、而外則以經緯纂組、宮商諧叶爲極則。其後張衡蔡邕之倫、推波揚瀾、更以華富爲旨、四六對偶之調遂多、六朝俳賦、蓋植基於此焉。

五、想像豐富　想像力在文學家爲不可少之條件、詩人能造幻境、端賴其想像力。質言之、卽設身處地、無中生有之天才也。想像力愈強者、其所造之幻境亦愈眞、想像力爲記憶力之一種、具此力者、其觀察往往較恆人爲深刻。文學家有得於心、則藉文字介紹於衆、使讀者立刻領悟。而別有會心、或僉具同感。在文學作品中而能直訴民衆之情緒、激起深切之共鳴、直造瓌奇新特之境、則想像力之豐富也。楚辭一書、不少牛鬼蛇神之故事、吾人明知其羌無事實、而不厭百回讀者、以其別有新境作吾人精神上之逋逃藪也。楚辭足爲千古之楷式、賴有此也、漢人效之、不亦宜乎。

皇甫謐序左思三都賦曰：『若夫工有常產、物以羣分、而長卿之儔、過以非方之物、寄以域中、虛張異類、託有於無、祖構之士、雷同影附、流蕩忘返、非一時也。』左思自序亦云：『相如賦上林、而引盧橘夏熟、揚雄賦甘泉、而陳玉樹青葱、班固賦西都、而歎以出比目、張衡賦西京、而述以遊海若。假稱珍怪、以爲潤色、若斯之類、匪啻於茲。考之果木、則生非其壤、校之神物、則出非其所。於辭則易爲藻飾、於義則虛而無徵。』此不特未知想像之妙用、且亦失文學之眞價值矣。不知文學與科學不同、科學貴實驗、尤貴眞理、而文學重乎抽象、貴乎玄想。文學作品之職務在引人入勝、設辭蘊藉、啓發美感、使讀者可味其弦外之音。如柳宗元詩『一身去國六千里』、覿者自能領悟其逐臣孤憤之意、跋涉維艱之狀矣。六千里不必其以里計程而適爲六千之整數、不過表示修塗異地已耳。然在文學家則爲好句、在科學家則爲讆說矣。又如李白詩所謂『白髮三千丈』、不問而知其出語之無稽、後世不聞有譏之者、則以美術之文、不求徵實也。

辭賦所以能令人讀之娓娓忘倦者、則於雕琢曼辭之外、猶賴有想像力支柱其間。蓋想像力無異作者之靈魂、若並此不存、則索然無生氣、豈不味同嚼蠟乎。故想像力在名家詩文中實不可少。即以司馬相如之大人賦而言、通篇崢嶸偉岸、突兀爭奇、雖一舉一動無不曲形盡肖、可謂千奇萬怪之描寫矣。想像力在不善用者固不能免大而無當、流而忘返之誚。而善用之者則儀態百端、光芒萬丈、文情相生、挹注不竭、舉千奇百怪、納之毫端、實極化腐朽爲神奇之能事焉。昔人謂運用之妙、存乎一心、徵諸文事、何獨不然。

凡物無絕對之美、亦無絕對之惡、故老子曰：『天下皆知美之爲美、斯惡矣、皆知善之爲善、斯不善矣。』蓋知美與善、必有不美不善者、相形以見。返觀各種文學派別如古典派(classical school)、浪漫派(romantic school)、自然派(naturalistic school)、新浪漫派(new romantic school)等、類皆自有其利弊、則亦各不相掩。他勿具論、辭賦之特點已如上述、而其缺點亦有提及之必要、總而論之、則有二事。

六、著重形式　文藝通例、實質與形式息息相關、蓋形式非他、表現內容之導體耳。美術鉅製、大都因情生文、故欲形式之美麗、當求確稱其情思。凡人於稱賞文章之時、必推求作者之用意、緣文字之要實在於此。故知文字之完備、視其表現情思之確切與否而定、必使作者之心懷與性情活現紙上、屏去浮泛、以求精緻之效焉。眞正文學家之作品、一方面留意於文采、一方面著重於形式、能使人悲、又能使人喜也。

漢人之辭賦、除抒情如賈誼之鵩鳥賦、班固之幽通賦等外、其他多不免忽略精神、而偏重形式。故雖排比鋪張、刺刺不能自休、使人讀過之後、如浮雲過眼、去而不復念也。又如木偶蠟人、五官四體、無一不具、而獨少精神血氣、又何貴乎。嘎特式建築物、望之儼然、卻乏自然之情緒、何以異此。夫光焰萬丈之作品、必其形式與精神互爲一致、然後價値方能永久、側重一途、未爲盡善也。且缺乏性靈而以麗辭塞責、亦屬呆拙行爲。在辭賦中有一事最爲修辭學之病者、厥爲聯邊。文心雕龍練字篇曰:『聯邊者、半字同文者也、狀貌山川、古今咸用、施於常文、則齟齬爲瑕、如不獲免、可至三接、三接之外、其字林乎。』是前人已有識之者矣。

七、缺少變化　自模倣之風盛、而文章之途隘。夫摹擬本爲創造之先聲、揚雄所謂『能讀千賦、則善賦矣。』董其昌亦謂『其先必與古人合、其後須與古人離。』卽此義也。然全恃摹擬、則爲人之意多、爲己之意少、得人之得、而不自得其得、其所作亦斷難望出人頭地矣。漢代文學家、富有保守性、偶得一文格、便輾轉相摹效、如持雞肋、嚼之津津、幾不知尙有全體之美味醰醰者。夫徒肖其形式、猶未足怪、乃有並其命意口胳而畢肖之、則非常可怪也。漢代經學大昌、各守師法、不敢越步而爲新穎之言、不圖此風竟影響於文學界中。凡百科學、後起者勝、而文章一道、似有每下愈況之勢、蓋時代較後、而文章窠臼、皆鮮能出古人之範圍、欲兼取衆長、則失之駁雜、欲獨守一家、則失之專魯。時至今日、又不能硜硜自守、不讀秦漢以下之書、則於各家之文、不免瀏覽、瀏覽旣多、不能不有所模倣、此亦無可如何之事。然以吾觀之、尙因襲而不尙創作、未有如漢代之甚者也。漢代摹擬之風、實自揚雄啓之。

雄好辭賦、先是相如作賦甚麗、雄每作賦、擬以爲式。（漢書揚雄傳）

茲將兩漢摹擬之辭賦、列表如次。

兩漢摹擬辭賦一覽表

戰國	西漢	東漢
離騷	反離騷（揚雄） 廣騷（揚雄）	幽通賦（班固） 顯志賦（馮衍） 思玄賦（張衡）
九章 九辯	畔牢愁（揚雄） 九懷（王褒） 九歌（劉向）	九思（王逸）
大招	子虛賦（司馬相如） 羽獵賦（揚雄） 上林賦（司馬相如） 長楊賦（揚雄）	兩都賦（班固） 二京賦（張衡）
漁父 卜居	答客難（東方朔） 解嘲（揚雄） 解難（揚雄）	答賓戲（班固） 達旨（崔駰） 應閒（張衡） 釋誨（蔡邕）
招魂	七發（枚乘）	七激（傅毅） 七依（崔駰） 七辨（張衡） 七厲（崔瑗）
高唐賦 神女賦	美人賦（司馬相如）	定情賦（張衡） 靜情賦（蔡邕）
	洞簫賦（王褒）	長笛賦（馬融）

以上不過略舉數例而已、然已可見兩漢模仿風氣之一斑矣。左思三都賦序曰：

> 余既思摹二京而賦三都、其山川城邑、則稽之地圖、其鳥獸草木、則驗之方志、風謠歌舞、各附其俗、魁梧長者、莫非其舊。何則、發言爲詩者、詠其所志也、升高能賦者、誦其所見也。美物者貴依其本、讚事者宜本其實、匪本匪實、覽者奚信。

此於文學本旨、實未有得。不知任土作貢、辨物居方、乃地方官或地理學家之事、施諸文苑、非所重也。漢代賦家之文學眼光、大抵若此。故蒐蟲魚於爾雅、極草木於離騷、雖閱千篇、不殊塗轍。其詠都邑之作、則無異一本方志譜、其詠草木、則可作一本植物辭典讀也。搜羅材料爲當時賦家之唯一慣技、卽費無數心血光陰於此、在所不恤。張衡研京以十年、左思鍊都以一紀、初非過甚之辭。辭賦所以不能發揚光大者、其故在此。東漢以來、賦體日就衰微、雖云時代限之、人才不出、而賦體之未盡善、蓋可知也。

抑有進者、其時對於辭賦缺乏正確觀念、徒視爲一種玩具或干祿之利器、致生歧視之心、就中不少卓卓之賦家同室操戈、或中途改業、揚雄卽其一人也。揚雄法言吾子篇曰：

> 或問：『吾子少而好賦。』曰：『然、童子雕蟲篆刻。』俄而曰：『壯夫不爲也。』或曰：『景差唐勒宋玉枚乘之賦也益乎。』曰：『必也淫。』『淫則奈何。』曰：『詩人之賦麗以則、辭人之賦麗以淫。如孔氏之門人用賦也、則賈誼升堂、相如入室矣。如其不用何。』

曹植與楊德祖書曰：

> 辭賦小道、未足以揄揚大義、彰示來世也。昔揚子雲先朝執戟之臣耳、猶稱壯夫不爲也。

則效尤之語也。修答書駁之曰：

今之賦頌、古詩之流、不更孔公、風雅無別耳。修家子雲、老不曉事、強著一書、悔其少作。若此仲山周旦之儔、爲皆有諐耶。君侯忘聖賢之顯迹、述鄙宗之過言、竊以爲未之思也。

其賢於子建遠矣。梁簡文帝蕭綱則曰：

不爲壯夫、揚雄實小言破道、非謂君子、曹家亦小辯破言。

則斥之不遺餘力。漢代賦家中途變節者、則妄自菲薄、而文學修養之功容有未至也。

辭賦之種類 吾人欲知辭賦之大概、不可不析其體類、言文章之派別者、莫先於漢書藝文志、藝文志之詩賦略分辭賦爲四類、每立一目、必窮其源、爰爲依次而條列之。

一、屈原類 除唐勒宋玉外、以莊忌賈誼司馬相如淮南王劉向王褒等屬之、共二十家、凡賦三百六十一篇。

二、陸賈類 以枚皋朱建朱買臣嚴助司馬遷揚雄屬之、共二十一家、凡賦二百七十四篇。

三、孫卿類 以李思李忠張偃賈充等屬之、共二十五家、凡賦一百三十六篇。

四、雜賦類 以客主賦爲首、成相雜辭隱書等屬之、共十二家、凡賦二百三十三篇。

班氏以同時之人、史才卓卓、爲之條別派流、大體不致有誤。然而班氏雖苦心爲分明、惜於區分之意、未加注釋、難饜後人之心、故章學誠校讎通義劉師培論文雜記章太炎國故論衡皆有以贊述之、視班氏圓美多矣。惟在吾人今日之文藝眼光觀之、猶有未盡精詳之憾、蓋時代既已不同、觀點不無差異、凡百文體、莫不皆然、又豈獨辭賦一道而已哉。今參酌瞿兌之中國駢文概論、因其分類而引申之如左：

一、都邑類　如班固之兩都賦、張衡之二京賦等屬之。陽爲描述都邑之繁華、表現大漢帝國之強盛、實則意存諷諫、猶是風騷之遺響也。

二、宮庭類　最能表現漢代之國勢強盛、民生富裕者、莫過於宮廷之建築、高祖之長樂未央、富麗堂皇、固無論矣、武帝之建章上林、更是雄偉壯美、據三輔黃圖所載、其建築之精緻、設備之豪華、動植之珍異、已極盡奢侈遊觀之能事。夫文學固以反映社會爲其功用者也、漢代之辭賦、尤不能外之、故如司馬相如之上林賦、揚雄之甘泉長楊羽獵諸賦、以至王延壽之魯靈光殿賦等、皆極力鋪陳、刻意頌揚。

三、山川類　專以鋪敍一山一川之景物、連類及其物產者、惟六朝人優爲之、漢人辭賦中並不多見、惟以班彪覽海賦班固終南山賦二篇差可屬之耳。

四、行役類　班彪有北征賦、曹大家有東征賦、敍述路途之險、行役之苦、此類文字、可作箇人之遊記讀。

五、景物類　自宋玉風賦以後、有賈誼之旱雲賦、趙壹之迅風賦、刻畫雖未盡致、然已爲六朝詠物俳賦之先驅矣。

六、動物類　賈誼鵩鳥賦、公孫詭文鹿賦、路喬如鶴賦、趙壹窮鳥賦、曹大家大雀賦蟬賦等俱屬之、惟多爲借物詠懷之作、非詠物賦之正宗也。

七、器物類 劉安屏風賦之後、有劉歆之燈、班固之竹扇、傅毅張衡之扇、蔡邕之團扇等諸賦屬之、專以詠物爲主。以上二類後人規撫之者甚多、觀張皋文七十家賦鈔可以知也。

八、藝術類 劉向之雅琴賦圍棋賦、王褒之洞簫賦、馬融之長笛圍棋琴三賦、傅毅之舞雅琴二賦、蔡邕之琴筆二賦等俱屬之。此類辭賦、題目較小、範圍較窄、容易討好、亦容易見功夫、故傳誦不衰。

九、述志類 此乃離騷以後之正傳、班固幽通張衡思玄二篇、最爲宏博深雅、至劉歆葛龔之遂初馮衍之顯志三篇、亦繼響楚聲者也。

一〇、哀傷類 司馬相如之長門賦、開此派之先河、劉向九歎王逸九思班婕妤自悼等、皆有異曲同工之妙。逮庾信之哀江南賦出、遂乃推倒衆流、睥睨百世、稱此派之冠冕矣。

一一、言情類 宋玉高唐神女二賦之後、漢人踵而效之者有司馬相如之美人賦、張衡之定情賦、蔡邕之靜情賦、外此則無嗣響者矣。

一二、雜體賦 班婕妤擣素賦、崔寔大赦賦、王延壽夢賦、趙岐藍賦、曹大家鍼縷賦、蔡邕青衣賦協和婚賦等、並歸此類。以其無類可歸、姑名之曰雜體耳。

以上所列、乃依昭明文選全上古三代秦漢三國六朝文古文苑太平御覽七十家賦鈔等書而成、其中不免遺漏、然而漢代辭賦之種類、大體不出此範圍。

漢書藝文志著錄辭賦共七十八家、一千零四篇、去屈原宋玉唐勒孫卿秦時雜賦五家六十四篇、而漢代辭賦共七十三家、九百四十篇。知志所遺者尚多、如東方朔董仲舒之作、志皆不載、是也。

自來文學之厄、無代蔑有、卽漢代辭賦當亦不能逃此例、往者千有餘首者、今獨存百數十首耳。至其亡佚之原因、則文獻通考經籍考敍目及隋書經籍志已詳述無遺。

> 劉歆總羣書而奏七略、大凡三千九十卷、王莽之亂、焚燒無遺。（文獻通考經籍考）
>
> 董卓之亂、獻帝西遷、圖書縑帛、軍人皆取爲帷囊、所收而西猶七十餘載、兩京大亂、掃地皆盡。……惠懷之亂、京華蕩覆、渠閣文籍、靡有孑遺。……元帝收公私經籍歸於江陵、大凡七萬餘卷、周師入郢、咸自焚之。（隋書經籍志）

則七略中詩賦略所包涵之賦當亦在劫中矣。

然則漢代辭賦之散失、其咎實歸於戰禍、至再至三、而今日所存者多爲零碎不堪之賸物。後人雖極力蒐羅、拾殘補闕、而東鱗西爪、遺漏殊多。凡今片羽吉光之保留、皆爲先賢嘔心鏤腎之成績。昔者野心家一炬燬之而有餘、吾人數世補綴之而不足。是則神聖清高之藝術品、直爲政治之餘唾也、可勝慨哉。

辭賦之發展　秦漢之際、屈宋文體、殆已風行全國、觀於項羽之悲歌垓下（見史記項羽本紀）、劉邦之還唱大風（見史記高祖本紀）、可概見也。其影響所及、尤以辭賦爲最甚、前既言之矣。顧屈宋文體雖盛行於漢代、然其作風、要不能不日卽於變遷、考其轉變之源泉、除一部分得自北方之荀賦外、則皆導自此耳。夫文學轉變之軌跡、吾人嘗獲一原則曰：由錯落而日趨於整齊、由簡單而日趨於繁複。整齊繁複過度之結果、乃另闢一嶄新之文體焉。由古代若干歌謠、轉變而成詩三百篇、則整齊繁複之結果也。由詩三百篇轉變而爲楚辭、則歷過度之整齊繁複、而另闢一新境界也。由屈宋之離騷卜居大招諸篇、轉變而爲漢代之辭賦、辭愈複而調愈整、此趨勢所應爾也。

文學變遷之理論既立、乃可進而與言辭賦之發展。辭賦風靡於兩漢者、達四百餘年之久、其間英才蔚起、名作繁出、劉彥和嘗述其梗概、有云：

秦世不文、頗有雜賦、漢初詞人、順流而作、陸賈扣其端、賈誼振其緒、枚馬同其風、王揚騁其勢、皐朔已下、品物畢圖。繁積於宣時、校閱於成世、進御之賦、千有餘首、討其源流、信興楚而盛漢矣。……觀夫荀結隱語、事數自環、宋發巧談、實始淫麗。枚乘兔園、舉要以會新、相如上林、繁類以成豔、賈誼鵩鳥、致辨於情理、子淵洞簫、窮變於聲貌、孟堅兩都、明絢以雅贍、張衡二京、迅發以宏富、子雲甘泉、構深瑋之風、延壽靈光、含飛動之勢。凡此十家、並辭賦之英傑也。文心雕龍詮賦篇

今卽劉氏之意、引而申之、將辭賦發展之趨勢、分爲形成、全盛、摹擬、轉變四期、扼要述之如左：

一、辭賦之形成期　自高祖起、訖景帝止、凡六十六年、爲辭賦之形成期。漢人因南承屈宋之辭、北席荀卿之賦、故所作多不脫其窠臼、而受前者之影響爲尤大焉、觀夫陸賈賈誼枚乘諸子之作品可知也。陸賈之賦、今已不傳。若賈誼以命世之材、有用時之志、遭讒放逐、遠渡湘江、事有類於靈均、情實同於往昔、故作賦以弔屈原、則離騷招魂之遺也。覩鵩鳥爲不詳、因造賦以自廣、則卜居漁父之流也。縱覽賈生諸賦、雖託辭於物象、終能敷陳其志、此發抒情感之賦、蓋猶去古未遠也。

景帝雖不好辭賦、然其時吳王濞以梟雄之姿、慕風雅之名、招致文士、供其驅使、鄒陽嚴忌枚乘之徒、

辭采斐然、則其提倡之功也（參看漢書鄒陽傳）。吳王敗死、辭賦之士、乃去而就梁。孝王以景帝少弟、負有盛名、廣開東苑、收攬詞人、觀於漢書枚乘傳稱：『梁客皆善屬辭賦』、則當時貴族之影響於辭賦者、從可知矣。惟辭賦既爲貴族所提倡、則作品之貴族化、亦勢所必然、枚乘之七發兔園諸賦、其嚆矢也。

二、辭賦之全盛期　自武帝以迄元帝、凡一百零八年、爲辭賦之全盛期。據漢書藝文志所載之賦凡九百四十篇、作者七十三人、而十之八九皆爲此時期中之產品。武帝好大喜功、酷愛辭賦、於是司馬相如枚皋朱買臣吾丘壽王主父偃徐樂嚴安東方朔終軍等詞臣、並在左右、各有篇章、迺以形成貴族文學、非偶然也。若相如子虛上林大人諸賦、排比事物、雕繪辭藻、曲盡天子狩獵園囿之巨觀、遊仙服食之能事、王世貞譽之爲賦聖（見藝苑卮言）、信不誣也。

宣帝時、修武帝故事、講論六藝羣書、博盡奇異之好、於是九江被公劉向張子僑王褒等、並以能爲楚辭、待詔金馬門（參見漢書王褒傳）。諸人之作、或已不盡傳、惟王褒之聖主得賢臣頌與洞簫賦等篇、於辭賦文體上復闢一新境界焉、前者開頌贊箴銘之先河、後者爲詠物賦形之所本、而修辭巧密、偶語充牣、又爲六朝駢文俳賦之先驅。其影響後世文壇之大、在西京蓋首屈一指焉。

三、辭賦之摹擬期　自西漢成帝起、迄東漢章帝止、凡一百二十一年、爲辭賦之摹擬期。此期中無論辭賦之體製格調、均已定型、後輩作者、莫能踰越長卿子淵範圍、因而摹擬之風大盛、自西京末葉以至東京中葉、未嘗稍衰、此期中作家之傑出者、當屬揚雄班彪馮衍傅毅班固班昭諸人。

揚雄以絕特之材、崛起蜀中、摹離騷而作反離騷廣騷、又仿惜誦以下至懷沙（即屈原之九章）一卷、名曰畔牢愁。

又作甘泉賦以擬大人、羽獵賦以擬上林、長楊賦以擬難蜀父老（參看本傳及文選雄作諸賦）。漢書本傳稱其『以爲賦莫深於離騷、反而廣之、辭莫麗於相如、作四賦、皆斟酌其本、相與仿依而馳騁。』孫月峯稱其『規撫前人諸作、不惟堂構相同、至遣辭琢句、亦無不則其步趨、祖其音節。』均可謂能發揚氏之祕者矣。鄙意揚雄摹擬諸作、非若後世不學無術者之生呑活剝、而能運用其好學深思之工夫、縱橫鏗鏘、恢奇駿逸、集前人之長處、爲西京之殿軍焉。

東漢之初、區宇未定、民苦流離、士悲坎壈、前世堆砌景物之辭賦、乃不適於發抒情感、故當時鬱伊善感之詞人、自然稍變其風格、惟形式猶墨守成規耳。若班彪之北征賦、哀民生之多艱、憫故國之丘墟、悲壯蒼涼、不拘拘於字句之雕琢、後世王粲潘岳鮑照之所本也。若馮衍之轗軻沒世、乃賦顯志之篇、所謂『言光明風化之情、昭章玄妙之思』者、蓋悲時俗之險阨、獨耿介而慕古、上繼屈原賈生之志、下開張衡蔡邕言志述情（張衡有思玄賦蔡邕有述行賦）之端也。若崔篆之見寵新莽、慚愧漢朝、作慰志賦以自悼、風格殆亦同此。此諸人者、殆因歷世亂離、遭遇多故、乃得脫去貴族色彩、還彼發抒情感之賦之本來面目也。

明帝推崇儒術、講文虎觀、傅毅班固等、日侍其側、於是辭賦之貴族化的色彩、轉益濃厚。若班固之兩都賦、列舉宮室城隍、苑囿草木、鳥獸蟲魚之名、連篇累牘、有如類書、以視上林長楊諸賦、益加詳瑣、淸廟明堂之製、此其最佳代表焉。其女弟昭撰東征一賦、規撫北征、而情重訓子、亦云難能可貴矣。

四、辭賦之轉變期　自和帝以迄獻帝亡國、凡一百三十一年、爲辭賦之轉變期。在此期間、外戚宦官爭奪政權、國勢陵夷、加以帝王貴族奢侈成習、橫征暴斂、社會民生、日益窮困、道家思想遂乘時而興焉。

文學家之思想意識、自難免蒙受其影響、而前此專以鋪采摛文爲能事之辭賦、亦漸生變化。在此變化之過程中、有兩種顯明之迹象、即以消極的潔身遠引之態度始、而以積極的憤世革俗之態度終是也。語其最負盛名之作家、厥爲張衡趙壹王延壽蔡邕四人。

張衡之東京西京南都諸賦、於班固兩都賦既已風行之後、復爲此製、積思精研、十年乃成、蓋意存抗衡、故琢磨鍛鍊、視班尤甚、歷來稱之者備至、咸以爲辭賦之極則云。自時厥後、若左思之賦三都、郭璞木華之賦江海、皆尤而效之、而益加詳焉。惟衡之思玄歸田兩賦、情有所感、意歸自然、染有極濃厚之道家色彩、論者謂魏晉哲理文學與田園文學、實由平子開其先聲、其或然歟。

此外、若王延壽之魯靈光殿賦、辭采煥發、音節悲涼、蓋有不勝其黍離麥秀之感者。趙壹負不羈之才、所造辭賦（如窮鳥賦等）、上規風雅、將興觀羣怨之作用、發揮無遺、亦辭賦之別格也。至於蔡邕之辭尚排比、麗句繽紛、其敍事也該而要、其綴采也雅而澤、是爲兩漢辭賦之後勁、惟其在文章方面之成就、遠過於此、致爲人所忽視耳。

辭賦與駢文之關係　漢代辭賦、往往忽略內容之充實、而著重形式之美觀、故惟以鋪張爲事、麗辭爲工、司馬相如揚雄輩、專事羅列事物、堆砌排比、觀乎西京雜記之記載、可以概見。

> 司馬相如爲上林子虛賦、意思蕭散、不復與外事相關、控引天地、錯綜古今、忽然如睡、煥然而興、幾百日而後成。其友人盛覽嘗問以作賦、相如曰：『合纂組以成文、列錦繡而爲質、一經一緯、一宮一商、此賦之迹也。賦家之心、苞括宇宙、總覽人物、斯乃得之於內、不可得而傳。』

所謂纂組成文、錦繡爲質、一經一緯、一宮一商、完全是偏主形式之整飭、而忽略內容之充實。至東漢張衡蔡邕等、更踵事增華、四六對偶之調、充牣乎篇章。下逮建安、曹植摛文、專尙儷偶、陳琳阮瑀諸子、又從而羽翼之、變其本而加恢奇焉。魏晉之際、范寧陸機等、且用此體於議論哀悼矣。其後歷兩晉宋齊、載筆之士、遞相仿效、迺以造成駢儷之文體。及周顒沈約倡聲病之說、於是屬對工巧、音調諧叶、遂集駢文之大成。唐宋之交、復變而爲四六之體、流風所及、直至今世而不衰、通電文告、往往猶守此體、文繁而意少、體愈變而愈下、末流之失、誠不足道、然溯其淵源、則皆導自辭賦也。文心雕龍麗辭篇曰：

至於詩人偶章、大夫聯辭、奇偶適變、不勞經營、自揚馬崔蔡、崇盛麗辭、如宋畫吳冶、刻形鏤法、麗句與深采並流、偶意共逸韻俱發。至魏晉羣才、析句彌密、聯字合趣、剖毫析釐。

而吳訥文章辨體更申之曰：

西漢之賦、其辭工於楚辭、東漢之賦、其辭又工於西漢、以至三國六朝之賦、一代工於一代、辭愈工則情愈短、而味愈淺則體愈下。建安七子獨王仲宣辭賦有古風。至晉陸士衡輩文賦等已用俳體、流至潘岳、首尾絕俳。迨沈休文等四聲八病起、而俳體又入於律矣。徐庾繼出、又復隔句對聯、以爲駢四儷六、簇事對偶、以爲博物洽聞、有辭無情、義亡體失。

孫梅四六叢話敍賦篇曰：

先正有言曰：『使孔門用賦、則賈誼升堂、相如入室矣。』明小言之破道、匪六藝之遺文也。是以子雲悔其少作、比之雕蟲、士衡鄙夫研都、譏以覆瓿。漢宣僅賢於博弈、昌黎深恥其俳優。然而登高掞藻、才堪大夫、不歌而誦、音中羣雅。班固云：『先臣之舊式、國家之遺美、不可闕也。』兩漢以來、斯道爲盛、承學之士、專精於此、賦一物則究此物之情狀、論一都則包一朝之沿革、輟翰傳誦、勒成一子。藩溷安筆硯、夢寐刳腸胃、一日而高紙價、居然而驗士風、不洵可貴歟。左陸以下、漸趨整鍊、齊梁而降、益事妍華、古賦一變而爲駢賦。江鮑虎步於前、金聲玉潤、徐庾鴻騫於後、繡錯綺交、固非古音之洋洋、亦未如律體之靡靡也。

觀其所述、則辭賦與駢文之關係及其對後世駢文之影響如何、可以瞭如指掌矣。總而論之、辭賦之本身價值、在今日似已成過去、然究其流變、則爲二千餘年駢文之孳乳所在、故其在中國文學史上之地位、固猶甚重要也。

第三節　文章家與駢文之發展

漢代文章、要而言之、約可分爲兩期、曰西漢、曰東漢。其實政局之分合、有時並不影響於文學、如東漢初年之文學、與西漢末年頗有類似之處。然單就文章而論、前賢率以西京作者思想多雜糅諸子百家、而表現之方式、大都用單筆、東京作者思想則純粹屬於儒家、而發表之方式、大都用複筆。如賈誼之過秦論、鼂錯之言兵事書等、洋洋灑灑、渾樸自然、其中十之六七皆以單筆句調出之、參差不齊、可以隨意變化。而班固之封燕然山銘序、蔡邕之郭有道碑等、則文霞淪漪、緒颺搖曳、幾乎全用複筆、句調整齊、少有伸縮之餘地矣。孫梅四六叢話總論云：

西漢之初、追蹤三古、而終軍有奇木白麟之對、兒寬攄奉觴上壽之辭、胎息微明、儷形已具。迨乎東漢、更爲整贍、豈識其爲四六而造福敷、踵事而增、自然之勢耳。

其徒阮元四六叢話後敍更申之云：

賈生枚叔、並轡漢初、相如子雲、聯鑣西蜀、中興以後、文雅尤多、孟堅季長之倫、平子敬通之輩、綜兩京文賦諸家、莫不洞穴經史、鑽研六書、耀采騰文、駢音麗字。

劉開與王子卿太守論駢體書亦曰：

夫道炳而有文章、辭立而生奇偶、爰自周末、以迄漢初、風降爲騷、經變成史、建安古詩、實四始之耳孫、左馬雄文、乃諸家之心祖。於是枚乘抽其緒、鄒陽列其綺、相如騁其轡、子雲助其波、氣則孤行、辭多比合、發古情於腴色、附壯采於淸標、駢體肇基、已兆其盛。東京宏麗、漸騁珠璣、南朝輕豔、兼富花月、家珍匹錦、人寶寸金、奮球鍠以競聲、積雲霞而織色、因姸逞媚、嘘香爲芳、名流各盡其長、偶體於焉大備。

駢文孳乳於漢代、幾於衆口一辭。今就漢代文章之與駢文發展有密切關係者、分爲東西兩目而略述之。

西漢之文章　自高祖開國、以迄王莽之誅、二百年間、詞人鬱起、才士雲興、初期以賈誼鼂錯鄒陽枚乘諸子最號傑出、所作文章、或抒下情、或宣上德、渾厚雅健、彬彬乎有三代戰國之遺風。武宣之世、有司馬相如終軍王褒之雍容揄揚、典贍閎麗、一變排宕縱橫之舊習。及其末也、則以揚雄爲代表、揚氏枕經胙史、含英咀華、入於古者實深、發爲篇章、故能淵懿溫醇、字字生香也。

賈誼　誼洛陽人、年十八、以能誦詩書屬文聞名郡中、河南守吳公召置門下。文帝卽位、徵吳爲廷尉、吳乃言誼年少頗通諸子百家書、帝卽召爲博士、一年之間、超遷至大中大夫、請改正朔、易服色、制法度、興禮樂、帝納用其言、欲畀以公卿之位。周勃灌嬰等忌而毀之、出爲長沙王太傅、疏陳政事、頗得治體。十一年、梁懷王墮馬死、自傷爲傅無狀、哭泣歲餘亦死、年僅三十三、世稱賈長沙、亦稱賈太傅、又稱賈生。

誼少從張蒼受春秋左氏學、爲荀卿再傳弟子、其學最精辭章、尤長於禮、荀子之教然也。文亦出自荀卿、精銳爽拔、首闢榛蕪、造邦巨擘、所不待言。著有新書十卷、文凡五十八篇、其中陳政事疏過秦論等篇、雖以散體行文、然亦未嘗忘情於駢體、時有儷句絡乎其間。陳政事疏爲漢人奏議中第一長篇文字、亦後世萬言書之祖。過秦論則歷論秦代措施之誤謬、借以諷漢、其要旨見於『仁義不施、攻守勢異』二句。原文上中下三篇、上篇過始皇、中篇過二世、下篇過子嬰、今選錄其上篇如下：

秦孝公據殽函之固。擁雍州之地。君臣固守。以窺周室。有席卷天下。包舉宇內。囊括四海之意。并吞八荒之心。當是時。商君佐之。內立法度。務耕織。修守戰之備。外連衡而鬥諸侯。於是秦人拱手而取西河之外。

孝公既沒。惠文武昭襄。蒙故業。因遺策。南取漢中。西舉巴蜀。東割膏腴之地。北收要害之郡。諸侯恐懼。會盟而謀弱秦。不愛珍器重寶肥饒之地。以致天下之士。合從締交。相與爲一。當此之時。齊有孟嘗。趙有平原。楚有春申。魏有信陵。此四君者。皆明智而忠信。寬厚而愛人。尊賢重士。約從離橫。兼韓魏燕趙齊楚宋衛中山之衆。於是六國之士。有寧越徐尚蘇秦杜赫之屬爲之謀。齊明周最陳軫昭滑樓緩翟景蘇厲樂毅之徒通其意。吳起孫臏帶佗兒良王廖田忌廉頗趙奢之倫制其兵。嘗以十倍之地。百萬之衆。叩關而攻秦。秦人開關延敵。九國之師。逡巡遁逃而不敢進。秦無亡矢遺鏃之費。而天下諸侯已困矣。於是從散約解。爭割地而賂秦。秦有餘力而制其敝。追亡逐北。伏尸百萬。流血漂櫓。因利乘便。宰割天下。分裂河山。強國請服。弱國入朝。施及孝文王莊襄王。享國日淺。國家無事。

及至始皇。奮六世之餘烈。振長策而馭宇內。吞二周而亡諸侯。履至尊而制六合。執捶拊以鞭笞天下。威振四海。南取百越之地以爲桂林象郡。百越之君。俛首係頸。委命下吏。乃使蒙恬北築長城而守藩籬。卻匈奴七百餘里。胡人不敢南下而牧馬。士不敢彎弓而報怨。於是廢先王之道。焚百家之言。以愚黔首。墮名城。殺豪俊。收天下之兵。聚之咸陽。銷鋒鑄鐻。以爲金人十二。以弱天下之民。然後踐華爲城。因河爲池。據億丈之城。臨不測之淵以爲固。良將勁弩。守要害之處。信臣精卒。陳利兵而誰何。天下已定。秦王之心。自以爲關中之固。金城千里。子孫帝王萬世之業也。

始皇既沒。餘威震於殊俗。然而陳涉。甕牖繩樞之子。甿隸之人。而遷徙之徒也。才能不及中人。非有仲尼墨翟之賢。陶朱猗頓之富。躡足行伍之間。而倔起阡陌之中。率罷散之卒。將數百之衆。轉而攻秦。斬木爲兵。揭竿爲旗。天下雲集而響應。贏糧而景從。山東豪俊。遂並起而亡秦族矣。

且夫天下非小弱也。雍州之地。殽函之固。自若也。陳涉之位。非尊於齊楚燕趙韓魏宋衛中山之君也。鉏耰棘矜。非銛於鉤戟長鎩也。謫戍之衆。非抗於九國之師也。深謀遠慮。行軍用兵之道。非及曩時之士也。然而成敗異變。功業相反也。試使山東之國。與陳涉度長絜大。比權量力。則不可同年而語矣。然秦以區區之地。致萬乘之權。招八州而朝同列。百有餘年矣。然後以六合爲家。殽函爲宮。一夫作難而七廟墮。身死人手。爲天下笑者何也。仁義不施。而攻守之勢異也。

此文排比鋪張、饒有辭賦色彩、西漢文字、莫大乎是、非賈生其誰哉。何義門評之曰：『自首至尾、光燄動盪、如鯨魚暴鱗於皎日之中、燭天耀海。』諒哉斯言。

鼂錯　錯潁川人、初學申商刑名、文帝時、爲太常掌故、奉命受尚書於伏生、累遷太子家令、以辯才得太子歡、號曰智囊、景帝時遷御史大夫、以倡議削諸侯封地、吳楚等七國因之反、以誅錯爲名、帝用袁盎言、斬錯於東市。錯爲漢代大政論家之一、所作文章、整嚴能辯、疏直激切、有類賈生、要皆秦時博士議論之遺法也。錄其論貴粟疏：

聖王在上而民不凍飢者。非能耕而食之。織而衣之也。爲開其資源之道也。故堯禹有九年之水。湯有七年之旱。而國無捐瘠者。以畜積多而備先具也。今海內爲一。土地人民之衆。不避湯禹。加以亡天災數年之水旱。而畜積未及者。何也。地有遺利。民有餘力。生穀之土未盡墾。山澤之利未盡出也。游食之民未盡歸農也。民貧則姦邪生。貧生於不足。不足生於不農。不農則不地著。不地著則離鄉輕家。民如鳥獸。雖有高城深池。嚴法重刑。猶不能禁也。夫寒之於衣。不待輕煖。飢之於食。不待甘旨。飢寒至身。不顧廉恥。人情一日不再食則飢。終歲不製衣則寒。夫腹飢不得食。膚寒不得衣。雖慈母不能保其子。君安能以有其民哉。明主知其然也。故務民於農桑。薄賦斂。廣畜積。以實倉廩。備水旱。故民可得而有也。

民者。在上所以牧之。趨利如水走下。四方亡擇也。夫珠玉金銀。飢不可食。寒不可衣。然而衆貴之者。以上用之故也。其爲物。輕微易藏。在於把握。可以周海內而亡飢寒之患。此令臣輕背其主而民易去其鄉。盜賊有所勸。亡逃者得輕資也。粟米布帛生於地。長於時。聚於力。非可一日成也。數石之重。中人弗勝。不爲姦邪所利。一日弗得而飢寒至。是故明君貴五穀而賤金玉。

今農夫五口之家。其服役者不下二人。其能耕者不過百畮。百畮之收。不過百石。春耕夏耘。秋穫冬藏。伐薪樵。治官府。給徭役。春不得避風塵。夏不得避暑熱。秋不得避陰雨。冬不得避寒凍。四時之閒。亡日休息。又私自送往迎來。弔死問疾。養孤長幼在其中。勤苦如此。尙復被水旱之災。急政暴虐。賦斂不時。朝令而暮當具。有者半賈而賣。亡者取倍稱之息。於是有賣田宅。鬻子孫。以償債者矣。而商賈大者積貯倍息。小者坐列販賣。操其奇贏。日遊都市。乘上之急。所賣必倍。故其男不耕耘。女不蠶織。衣必文采。食必粱肉。亡農夫之苦。有仟佰之得。因其富厚。交通王侯。力過吏勢。以利相傾。千里游敖。冠蓋相望。乘堅策肥。履絲曳縞。此商人所以兼幷農人。農人所以流亡者也。今法律賤商人。商人已富貴矣。尊農夫。農夫已貧賤矣。故俗之所貴。主之所賤也。吏之所卑。法之所尊也。上下相反。好惡乖迕。而欲國富法立。不可得也。

方今之務。莫若使民務農而已矣。欲民務農。在於貴粟。貴粟之道。在於使民以粟爲賞罰。今募天下入粟縣官。得以拜爵。得以除罪。如此富人有爵。農民有錢。粟有所渫。夫能入粟以受爵。皆有餘者也。取於有餘。以供上用。則貧民之賦可損。所謂損有餘。補不足。令出而民利者也。順於民心。所補者三。一曰主用足。二曰民賦少。三曰勸農功。今令民有車騎馬一匹者復卒三人。車騎者。天下武備也。故爲復卒。神農之教曰。有石城十仞。湯池百步。帶甲百萬。而亡粟。弗能守也。以是觀之。粟者。王者大用。政之本務。令民入粟受爵。至五大夫以上。迺復一人耳。此其與騎馬之功。相去遠矣。爵者。上之所擅。出於口而亡窮。粟者。民之所種。生於地而不乏。夫得高爵與免罪。人之所甚欲也。使天下人入粟於邊。以受爵免罪。不過三歲。塞下之粟必多矣。

此篇大意、祇在入粟於邊、以富強其國、故必使民務農、務農在貴粟、貴粟在以粟爲賞罰、一意相承、似開後世賣鬻之漸、然錯爲足邊儲計、因發此論、固非泛談也。

鄒陽　陽臨淄人、有智略、慷慨不苟合、景帝時、與嚴忌枚乘等俱事吳王濞、皆以文辯知名、濞有異志、陽上書勸阻、不聽、乃與嚴枚等去而之梁、事孝王、尋爲羊勝所譖、下獄將殺之、陽恐死而爲世詬病、乃於獄中上書自陳、書奏、孝王立出之、復爲上客、卽終老於梁焉。漢書藝文志著錄其文章凡七篇、但除上書吳王及獄中上梁王書並見昭明文選外、餘均不可考。卽以此二篇遺文而論、辭意宛轉、文氣磊落、猶是戰國遺響也。

獄中上梁王書

臣聞忠無不報。信不見疑。臣常以爲然。徒虛語耳。昔荆軻慕燕丹之義。白虹貫日。太子畏之。衛先生爲秦畫長平之事。大白食昴。昭王疑之。夫精誠變天地。而信不喻兩主。豈不哀哉。今臣盡忠竭誠。畢議願知。左右不明。卒從吏訊。爲世所疑。是使荆軻衛先生復起。而燕秦不寤也。願大王熟察之。昔玉人獻寶。楚王誅之。李斯竭忠。胡亥極刑。是以箕子陽狂。接輿避世。恐遭此患也。願大王察玉人李斯之意。而後楚王胡亥之聽。毋使臣爲箕子接輿所笑。臣聞比干剖心。子胥鴟夷。臣始不信。迺今知之。願大王熟察。少加憐焉。

語曰。白頭如新。傾蓋如故。何則。知與不知也。故樊於期逃秦之燕。藉荆軻首以奉丹事。王奢去齊之魏。臨城自剄。以卻齊而存魏。夫王奢樊於期非新於齊秦。而故於燕魏也。所以去二國。死兩君者。行合於志。而慕義無窮也。是以蘇秦不信於天下。爲燕尾生。白圭戰亡六城。爲魏取中山。何則。誠有以相知也。蘇秦相燕。人惡之於燕王。燕王按劍而怒。食以駃騠。白圭顯於中山。人惡之於魏文侯。文侯賜以夜光之璧。何則。兩主二臣。剖心析肝相信。豈移於浮辭哉。

故女無美惡。入宮見妒。士無賢不肖。入朝見嫉。昔司馬喜臏腳於宋。卒相中山。范睢拉脅折齒於魏。卒爲應侯。此二人者。皆信必然之畫。捐朋黨之私。挾孤獨之交。故不能自免於嫉妒之人也。是以申徒狄蹈雍之河。徐衍負石入海。不容身於世。義不苟取比周於朝。以移主上之心。故百里奚乞食於路。繆公委之以政。甯戚飯牛車下。桓公任之以國。此二人者。豈素宦於朝。借譽於左右。然後二主用之哉。感於心。合於意。堅如膠漆。昆弟不能離。豈惑於衆口哉。故偏聽生姦。獨任成亂。昔魯聽季孫之說。逐孔子。宋信子冉之計。囚墨翟。夫以孔墨之辯。不能自免於讒諛。而二國以危。何則。

衆口鑠金。積毀銷骨也。秦用戎人由余。而伯中國。齊用越人子臧。而彊威宣。此二國豈係於俗。牽於世。繫奇偏之辭哉。公聽並觀。垂明當世。故意合則胡越爲昆弟。由余子臧是矣。不合則骨肉爲讎敵。朱象管蔡是矣。今人主誠能用齊秦之明。後宋魯之聽。則五伯不足侔。三王易爲比也。

是以聖王覺寤。捐子之之心。而不說田常之賢。封比干之後。修孕婦之墓。故功業覆於天下。何則。欲善無厭也。夫晉文親其仇。而彊伯諸侯。齊桓用其仇。而一匡天下。何則。慈仁殷勤。誠加於心。不可以虛辭借也。至夫秦用商鞅之法。東弱韓魏。立彊天下。而卒車裂之。越用大夫種之謀。禽勁吳而伯中國。遂誅其身。是以孫叔敖三去相而不悔。於陵子仲辭三公爲人灌園。今人主誠能去驕傲之心。懷可報之意。披心腹。見情素。墮肝膽。施德厚。終與之窮達。無愛於士。則桀之犬可使吠堯。跖之客可使刺由。何況因萬乘之權。假聖王之資乎。然則荆卿湛七族。要離燔妻子。豈足爲大王道哉。

臣聞明月之珠。夜光之璧。以闇投人於道。衆莫不按劍相眄者。何則。無因而至前也。蟠木根柢。輪囷離奇。而爲萬乘器者。何則。以左右先爲之容也。故無因而至前。雖出隋珠和璧。祇足結怨。而不見德。故有人先游。則枯木朽株。樹功而不忘。今夫天下布衣窮居之士。身在貧羸。雖蒙堯舜之術。挾伊管之辯。懷龍逢比干之意。而素無根柢之容。雖竭精神。欲開忠於當世之君。則人主必襲按劍相眄之迹矣。是使布衣之士。不得爲枯木朽株之資也。是以聖王制世御俗。獨化於陶鈞之上。而不牽乎卑亂之語。不奪乎衆多之口。故秦皇帝任中庶子蒙嘉之言。以信荆軻。而匕首竊發。周文王獵涇渭。載呂尚歸。以王天下。秦信左右而亡。周用烏集而王。何則。以其能越拘攣之語。馳域外之議。

獨觀乎昭曠之道也。今人主沈諂諛之辭。牽帷牆之制。使不羈之士。與牛驥同皁。此鮑焦所以憤於世也。臣聞盛飾入朝者。不以私汙義。底厲名號者。不以利傷行。故里名勝母。曾子不入。邑號朝歌。墨子迴車。今欲使天下恢廓之士。籠於威重之權。脅於位勢之貴。回面汚行。以事諂諛之人。而求親近於左右。則士有伏死堀穴巖藪之中耳。安有盡忠信而趨闕下者哉。

在此書中、可資注意者三事：㈠此書意多重複、蓋情至窘迫、嗚咽涕洟、故反覆引喻、不能自已耳。其間段落雖多、其實不過五大段文字、每一援引一結束、即以『是以』字『故』字接下、斷而不斷、一氣呵成。㈡此書設喻甚多、隸事尤其繁富、與李斯之諫逐客書合讀、而後駢體之經脈、釐然可尋。㈢此書詞多偶麗、駢句成排、且多爲相同字數之偶對、蓋駢文最初步之現象也。

枚乘　乘字叔、淮陰人、少爲吳王濞郎中、景帝時、吳王以怨望謀叛、乘上書進諫、不納、卒以覆敗。七國既平、乘由是知名、景帝召拜爲弘農都尉、乘久爲大國上賓、與英俊並游、不樂吏職、引疾去官、遂游大梁、爲孝王賓客、梁客多善辭賦、而乘爲尤高。孝王薨、乘歸淮陰。武帝自爲太子、已聞其名、及卽位、遂以安車蒲輪徵、乘年已老、竟於道中病卒。其子皋、亦以文雄、才思甚捷、與司馬相如相反、故當時有『枚速馬遲』之稱。

乘所作辭賦、藻繢滿眼、偶語盈篇、導揚馬之先河、啓班張之家法、以視賈生之辭意樸質、猶具古風者、迥不侔矣。至於文章、亦不外是、其最著者、爲文選所載之七發上書諫吳王上書重諫吳王三篇。七發爲辭賦之別裁、蓋枚叔之創體也、後之文士、繼作者甚衆、如傅毅七激、張衡七辯、崔駰七依、馬融七廣、曹植七啓、王粲七釋、張協七命、陸機七徵、左思七諷、傅玄七謨、何遜七召、梁簡文帝七勵等皆是。文選李善注云：『七發者、說七事以起發太子也、猶楚辭七諫之流。』全文凡八首、第一首是序、敍楚太子有疾、吳客往問之、爲陳致病之由、在縱耳目之欲、恣支體之安。中六首是所諫之事、先陳音樂之妙、次陳飲食之美、次陳車馬之盛、次陳巡遊之樂、次陳田獵之壯、次陳觀濤之奇、但太子均以病辭。末一首始陳正道、於是太子據几而起、霍然病已。通篇麗辭雲簇、縟旨星羅、藻繪之妙、雄視一代矣。何義門評曰：『數千言之賦、讀者厭倦、裁而爲七、移行換步、處處足以回易耳目、此枚叔所以爲文章宗也。』譚復堂亦曰：『聖人辯士之辭皆具、貌似策士、純用六義比興、千古奇作。』良然。

若乃諫吳王書二首、則與鄒陽二書甚切近、均立意淸新、寓整於散、令人讀之而不自覺、惟鄒以事諷、枚則以理喻耳。

諫吳王書

臣聞得全者全昌。失全者全亡。舜無立錐之地。以有天下。禹無十戶之聚。以王諸侯。湯武之士。不過百里。上不絕三光之明。下不傷百姓之心者。有王術也。故父子之道。天性也。忠臣不避重誅以直諫。則事無遺策。功流萬世。臣乘願披腹心而效愚忠。惟大王少加意念惻怛之心於臣乘言。

夫以一縷之任。係千鈞之重。上懸之無極之高。下垂之不測之淵。雖甚愚之人。猶知哀其將絕也。馬方駭。鼓而驚之。係方絕。又重鎭之。係絕於天。不可復結。墜入深淵。難以復出。其出不出。間不容髮。能聽忠臣之言。百舉必脫。必若所欲爲。危於累卵。難於上天。變所欲爲。易於反掌。安於泰山。今欲極天命之上壽。弊無窮之極樂。究萬乘之勢。不出反掌之易。居泰山之安。而欲乘累卵之危。走上天之難。此愚臣之所大惑也。

人性有畏其景而惡其跡者。卻背而走。跡愈多。景愈疾。不如就陰而止。景滅跡絕。欲人勿聞。莫若勿言。欲人勿知。莫若勿爲。欲湯之滄。一人炊之。百人揚之。無益也。不如絕薪止火而已。不絕之於彼。而救之於此。譬猶抱薪而救火也。養由基。楚之善射者也。去楊葉百步。百發百中。楊葉之大。加百中焉。可謂善射矣。然其所止。迺百步之內耳。比於臣乘。未知操弓持矢也。福生有基。禍生有胎。納其基。絕其胎。禍何自來。

泰山之霤穿石。單極之綆斷幹。水非石之鑽。索非木之鋸。漸靡使之然也。夫銖銖而稱之。至石必差。寸寸而度之。至丈必過。石稱丈量。徑而寡失。夫十圍之木。始生如蘖。足可搔而絕。手可擢而拔。據其未生。先其未形也。磨礱底厲。不見其損。有時而盡。種樹畜養。不見其益。有時而大。積德累行。不知其善。有時而用。棄義背理。不知其惡。有時而亡。臣願大王熟計而身行之。此百世不易之道也。

語語危悚、引喻甚多、大約有三層、始言所爲之危、次言欲危莫如勿爲、後言當愼之於始、自不危也。譚復堂評曰：『欲言難言、愈離奇、愈沈痛、國策之體、離騷之神、後來無繼。』要非過譽。

司馬相如 相如字長卿、蜀郡成都人、少時好讀書、學擊劍、父母愛之、名犬子、及長、慕藺相如之爲人、更名相如。景帝時、爲武騎常侍、景帝好黃老、不喜辭賦、會梁孝王來朝、從遊之士、有鄒陽枚乘嚴忌之徒、相如見而悅之、因病免、客遊梁。梁孝王薨、相如歸蜀、家貧、無以自業、素與臨邛令王吉相善、遂往依之、時臨邛富人卓王孫與吉往返頗密、聞有貴客來、亟思一會、因置酒召之、酒酣、吉前請奏琴以自娛、王孫有女文君、新寡、好音、相如乃以琴心挑之、既罷、相如更令侍人重賜文君侍者、通殷勤、文君遂夜亡奔相如、相與馳歸成都。武帝建元初、以其鄉人狗監楊得意薦、召爲郎、後以通西南夷有功、拜孝文園令、又以病免、卒於家。

長卿雄才蓋代、逸氣橫雲、賦體諸篇、辭藻瑰麗、氣韻排宕、爲兩京詞人之冠、固無論矣。而其爲世所傳誦之文章、則有封禪文上書諫獵喻巴蜀檄難蜀父老四篇、莫不排偶齊整、刻意鋪張、故昭明文選駢體文鈔俱著錄之、吳江吳育謂其駢體『有書之昭明、詩之諷諫、禮之博物、左之華腴、故其文典、其旨和、盛世之文也。』（駢體文鈔序）推崇之辭、可謂至矣。

難蜀父老

漢興七十有八載。德茂存乎六世。威武紛紜。湛恩汪濊。羣生澍濡。洋溢乎方外。於是乃命使西征。隨流而攘。風之所被。罔不披靡。因朝冉從駹。定筰存邛。略斯榆。舉苞蒲。結軌還轅。東鄉將報。至於蜀都。耆老大夫搢紳先生之徒。二十有七人。儼然造焉。辭畢。因進曰。

蓋聞天子之於夷狄也。其義羈縻勿絕而已。今罷三郡之士。通夜郎之塗。三年於茲。而功不竟。士卒勞倦。萬民不贍。今又接之以西夷。百姓力屈。恐不能卒業。此亦使者之累也。竊爲左右患之。且夫邛筰西僰之與中國並也。歷年茲多。不可記已。仁者不以德來。彊者不以力幷。意者其殆不可乎。今割齊民以附夷狄。敝所恃以事無用。鄙人固陋。不識所謂。

使者曰。烏謂此乎。必若所云。則是蜀不變服。而巴不化俗也。僕尚惡聞若說。然斯事體大。固非觀者之所覯也。余之行急。其詳不可得聞已。請爲大夫粗陳其略。

蓋世必有非常之人。然後有非常之事。有非常之事。然後有非常之功。夫非常者。固常人之所異也。故曰非常之原。黎民懼焉。及臻厥成。天下晏如也。昔者鴻水浡出。汎濫衍溢。民人登降移徙。陭隔而不安。夏后氏戚之。乃堙鴻塞源。決江疏河。灑沈澹菑。東歸之於海。而天下永寧。當斯之勤。豈惟民哉。心煩於慮。而身親其勞。躬胝無胈。膚不生毛。故休烈顯乎無窮。聲稱浹乎于茲。

且夫賢君之踐位也。豈特委瑣握躪。拘文牽俗。修誦習傳。當世取說云爾哉。必將崇論閎議。創業垂統。爲萬世規。故馳騖乎兼容并包。而勤思乎參天貳地。且詩不云乎。普天之下。莫非王土。率土之濱。莫非王臣。是以六合之內。八方之外。浸潯衍溢。懷生之物。有不浸潤於澤者。賢君恥之。

今封疆之內。冠帶之倫。咸獲嘉祉。靡有闕遺矣。而夷狄殊俗之國。遼絕異黨之地。舟車不通。人迹罕至。政教未加。流風猶微。內之則犯義侵禮於邊境。外之則邪行橫作。放弒其上。君臣易位。尊卑失序。父老不辜。幼孤爲奴。係纍號泣。內鄉而怨曰。蓋聞中國有至仁焉。德洋而恩普。物靡不得其所。今獨曷爲遺己。舉踵思慕。若枯旱之望雨。盭夫爲之垂涕。況乎上聖。又焉能已。故北出師以討彊胡。南馳使以誚勁越。四面風德。二方之君。鱗集仰流。願得受號者以億計。故乃關沫若。徼牂牁。鏤靈山。梁孫原。創道德之塗。垂仁義之統。將博恩廣施。遠撫長駕。使疏逖不閉。曶爽闇昧。得耀乎光明。以偃甲兵於此。而息誅伐於彼。遐邇一體。中外褆福。不亦康乎。

夫拯民於沈溺。奉至尊之休德。反衰世之陵遲。繼周氏之絕業。斯乃天子之急務也。百姓雖勞。又惡可以已哉。且夫王者固未有不始於憂勤。而終於佚樂者也。然則受命之符。合在於此矣。方將增泰山之封。加梁父之事。鳴和鸞。揚樂頌。上咸五。下登三。觀者未覩旨。聽者未聞音。猶鷦明已翔乎寥廓。而羅者猶視乎藪澤。悲夫。

於是諸大夫芒然喪其所懷來。而失厥所以進。喟然並稱曰。允哉漢德。此鄙人之所願聞也。百姓雖怠。請以身先之。敞罔靡徙。因遷延而辭退。

此駢文之原始形態也、姑舉之以當豹斑、其中聲律雖不諧協、然亦足徵古人爲文、本不拘拘於聲律也。

終軍　軍字子雲、濟南人、少好學、以辯博能屬文聞於郡中、年十八、選爲博士弟子、至長安、上書言事、武帝異其文、拜爲謁者給事中、從上幸雍祠五時、獲白麟、一角而五蹄、時又得奇木、其枝旁出、輒復合於木上、上異此二物、博謀羣臣、軍上對、甚有文采、而麗辭之形、亦已粗具焉。其詞曰：

臣聞詩頌君德。樂舞后功。異經而同指。明盛德之所隆也。南越竄屏葭葦。與鳥魚羣。正朔不及其俗。有司臨境。而東甌內附。閩王伏辜。南越賴救。北胡隨畜薦居。禽獸行。虎狼心。上古未能攝。大將軍秉鉞。單于奔幕。票騎抗旌。昆邪右衽。是澤南洽而威北暢也。若罰不阿近。舉不遺遠。設官俟賢。縣賞待功。能者進以保祿。罷者退而勞力。刑於宇內矣。履眾美而不足。懷聖明而不專。建三宮之文質。章厥職之所宜。封禪之君無聞焉。

夫天命初定。萬事草創。及臻六合同風。九州共貫。必待明聖。潤色祖業。傳於無窮。故周至成王。然後制定。而休徵之應見。陛下盛日月之光垂。聖思於勒成。專神明之敬。奉燔瘞於郊宮。獻享之精交神。積和之氣塞明。而異獸來獲。宜矣。

昔武王中流未濟。白魚入於王舟。俯取以燎。羣公咸曰休哉。今郊祀未見於神祇。而獲獸以饋。此天之所以示饗。而上通之符合也。宜因昭時令日。改定告元。苴白茅於江淮。發嘉號於營丘。以應緝熙。使著事者有紀焉。蓋六鶂退飛。逆也。白魚登舟。順也。夫明闇之徵。上亂飛鳥。下動淵魚。各以類推。今野獸並角。明同本也。眾枝內附。示無外也。若此之應。殆將有解編髮。削左衽。襲冠帶。要衣裳。而蒙化者焉。斯拱而竢之耳。

王褒 褒字子淵、蜀郡資中人、宣帝頗作歌詩、欲興協律之事、於是能為楚辭之九江被公與高材劉向張子僑華龍柳褒、知音善琴之渤海趙定梁國龔德、皆見徵召、褒亦以益州刺史王襄之奏有軼才、待詔金馬門、應制作聖主得賢臣頌稱旨、所幸宮館、輒為歌頌、頃之、擢為諫議大夫、會方士言益州有金馬碧雞之神、遣褒往祀焉、道卒。所作文章甚多、為世所傳誦者、除聖主得賢臣頌外、尚有碧雞頌甘泉宮頌四子講德論等篇。

聖主得賢臣頌

夫荷旃被毳者。難與道純緜之麗密。羹藜唅糗者。不足與論太牢之滋味。今臣僻在西蜀。生於窮巷之中。長於蓬茨之下。無有游觀廣覽之知。顧有至愚極陋之累。不足以塞厚望。應明旨。雖然。敢不略陳愚心而抒情素。記曰。恭維春秋法五始之要。在乎審己正統而已。

夫賢者。國家之器用也。所任賢。則趨舍省而功施普。器用利。則用力少而就效衆。故工人之用鈍器也。勞筋苦骨。終日矻矻。及至巧冶鑄干將之璞。淸水淬其鋒。越砥斂其鍔。水斷蛟龍。陸剸犀革。忽若彗氾畫塗。如此則使離婁督繩。公輸削墨。雖崇臺五層。延袤百丈而不溷者。工用相得也。庸人之御駑馬。亦傷脗弊策而不進於行。胸喘膚汗。人極馬倦。及至駕齧膝。驂乘旦。王良執靶。韓哀附輿。縱騁馳騖。忽如影靡。過都越國。蹶如歷塊。追奔電。逐遺風。周流八極。萬里一息。何其遼哉。人馬相得也。故服絺綌之涼者。不苦盛暑之鬱燠。襲狐貉之煖者。不憂至寒之悽愴。何則。有其具者易其備。賢人君子。亦聖王之所以易海內也。其以嘔喩受之。開寬裕之路。以延天下之英俊也。

夫竭智附賢者。必建仁策。索人求士者。必樹伯迹。昔周公躬吐握之勞。故有圄空之隆。齊桓設庭燎之禮。故有匡合之功。由此觀之。君人者勤於求賢。而逸於得人。人臣亦然。昔賢者之未遭遇也。圖事揆策。則君不用其謀。陳見悃誠。則上不然其信。進仕不得施效。斥逐又非其愆。是故伊尹勤於鼎俎。太公困於鼓刀。百里自鬻。甯戚飯牛。離此患也。及其遇明君遭聖主也。運籌合上意。諫諍則見聽。進退得關其忠。任職得行其術。去卑辱奧渫而升本朝。離蔬釋蹻而享膏粱。剖符錫壤而光祖考。傳之子孫以資說士。故世必有聖智之君。而後有賢明之臣。虎嘯而谷風冽。龍興而致雲氣。蟋蟀俟秋吟。蜉蝣出以陰。易曰。飛龍在天。利見大人。詩曰。思皇多士。生此王國。故世平主聖。俊乂將自至。若堯舜禹湯文武之君。獲稷契臯陶伊尹呂望之臣。明明在朝。穆穆列布。聚精會神。相得益章。雖伯牙操遞鍾。蓬門子彎烏號。猶未足以喻其意也。

故聖主必待賢臣而弘功業。俊士亦俟明主以顯其德。上下俱欲懽然交欣。千載一會。論說無疑。翼乎如鴻毛遇順風。沛乎若巨魚縱大壑。其得意如此。則胡禁不止。曷令不行。化溢四表。橫被無窮。遐夷貢獻。萬祥畢溱。是以聖王不偏窺望。而視已明。不殫傾耳。而聽已聰。恩從祥風翺。德與和氣游。太平之責塞。優游之望得。遵游自然之勢。恬淡無爲之場。何必偃仰詘信若彭祖。呴噓呼吸如喬松。眇然絕俗離世哉。詩曰。濟濟多士。文王以寧。蓋信乎其以寧也。

吾人細加推勘、輒覺其句法已錯落有致、非復前此單調之偶對、而出之以變化、在音律上亦得到適當調節、而有抑揚抗墜之妙、駢文散文之分歧、以是篇爲開端。自此而往、文章家之雙行意念、逐漸增加、駢詞麗句已不是偶然之獲得、而均出於匠心之經營矣。

揚雄 雄字子雲、蜀郡成都人、少好學、不爲章句訓詁、爲人簡易佚蕩、口吃不能劇談、而博學深思、獨以文章名世。其著作極多、雖泰半出於摹擬、然以淹貫羣書、魄力甚大、足爲西京文學之殿軍、在駢文史上尤爲一承上啓下之人物、觀解嘲連珠十二州箴百官箴趙充國頌新元后誄劇秦美新諸篇、可以知也。

連珠

臣聞天下有三樂。有三憂焉。陰陽和調。四時不忒。年穀豐遂。無有夭折。災害不生。兵戎不作。天下之樂也。聖明在上。祿不遺賢。罰不偏罪。君子小人。各處其位。衆臣之樂也。吏不苟暴。役賦不重。財力不傷。安土樂業。民之樂也。亂則反焉。故曰三憂。

此體昉於韓非之內外儲說、淮南之說山、然以連珠爲體、則自雄始、後之文家如班固潘勖陸機沈約庾信之倫、皆有仿作、其詒與後世文壇之影響、實不在小。

劇秦美新

諸吏。中散大夫臣雄稽首再拜。上封事皇帝陛下。臣雄經術淺薄。行能無異。數蒙渥恩。拔擢倫比。與羣賢並。愧無以稱職。臣伏惟陛下以至聖之德。龍興登庸。欽明尚古。作民父母。爲天下主。執粹清之道。鏡照四海。聽聆風俗。博覽廣包。參天貳地。兼並神明。配五帝。冠三王。開闢以來。未之聞也。臣誠樂昭著新德。光之罔極。往時司馬相如作封禪一篇。以彰漢氏之休。臣嘗有顚眴病。恐一旦先犬馬塡溝壑。所懷不章。長恨黃泉。敢竭肝膽。寫腹心。作劇秦美新一篇。雖未究萬分之一。亦臣之極思也。

臣雄稽首再拜以聞曰。權輿天地未袪。睢睢盱盱。或玄而萌。或黃而芽。玄黃剖判。上下相嘔。爰初生民。帝王始存。在乎混混茫茫之時。䁒聞汗漫而不昭察。世莫得而云也。厥有云者。上罔顯於羲皇。中莫盛於唐虞。邇靡著於成周。仲尼不遭用。春秋因斯發言。神明所祚。兆民所託。罔不云道德仁義禮智。獨秦崛起西戎。邠荒岐雍之疆。因襄文宣靈之僭跡。立基孝公。茂惠文。奮昭莊。至政破縱擅衡。并吞六國。遂稱乎始皇。盛從鞅儀韋斯之邪政。馳騖起翦恬賁之用兵。剗滅古文。刮語燒書。弛禮崩樂。塗民耳目。遂欲流唐漂虞。滌殷蕩周。然除仲尼之篇籍。自勒功業。改制度軌量。咸稽之於秦紀。是以耆儒碩老。抱其書而遠遜。禮官博士。卷其舌而不談。來儀之鳥。肉角之獸。狙獷而不臻。甘露嘉醴景曜浸潭之瑞潛。大茀經實巨狄鬼信之妖發。神歇靈繹。海水羣飛。二世而亡。何其劇與。帝王之道。兢兢乎不可離已。夫能貞而明之者窮祥瑞。回而昧之者極妖愆。上覽古在昔。有憑應而尚缺。焉壞徹而能全。故若古者稱堯舜。威侮者陷桀紂。況盡汛掃前聖數千載功業。專用己之私而能享祐者哉。

會漢祖龍騰豐沛。奮迅宛葉。自武關與項羽戮力咸陽。創業蜀漢。發跡三秦。尅項山東。而帝天下。擿秦政慘酷尤煩者。應時而蠲。如儒林刑辟歷紀圖典之用稍增焉。秦餘制度。項氏爵號。雖違古而猶襲之。是以帝典闕而不補。王綱弛而未張。道極數殫。闇忽不還。

逮至大新受命。上帝還資。后土顧懷。元符靈契。黃瑞涌出。滭浡沕潏。川流海渟。雲動風偃。霧集雨散。誕彌八圻。上陳天庭。震聲日景。炎光飛響。盈塞天淵之間。必有不可辭讓云爾。於是乃奉若天命。窮寵極崇。與天剖神符。地合靈契。創億兆。規萬世。奇偉倜儻譎詭。天祭地事。其異物殊怪。存乎五威將帥。班乎天下者。四十有八章。登假皇穹。鋪衍下土。非新室其疇離之。卓哉煌煌。眞天子之表也。

若夫白鳩丹烏。素魚斷蛇。方斯蔑矣。受命甚易。格來甚勤。昔帝纘皇。王纘帝。隨前踵古。或無爲而治。或損益而亡。豈知新室委心積意。儲思垂務。旁作穆穆。明旦不寐。勤勤懇懇者。非秦之爲與。夫不勤勤。則前人不當。不懇懇。則覺德不愷。是以發祕府。覽書林。遙集乎文雅之囿。翱翔乎禮樂之場。胤殷周之失業。紹唐虞之絕風。懿律嘉量。金科玉條。神卦靈兆。古文畢發。炳煥照耀。靡不宣臻。式輶軒旂旗以示之。揚和鸞肆夏以節之。施黼黻袞冕以昭之。正嫁娶送終以尊之。親九族淑賢以穆之。夫改定神祇。上儀也。欽修百祀。咸秩也。明堂雍臺。壯觀也。九廟長壽。極孝也。制成六經。洪業也。北懷單于。廣德也。若復五爵。度三壤。經井田。免人役。方甫刑。匡馬法。恢崇祇庸爍德懿和之風。廣彼搢紳講習言諫箴誦之塗。振鷺之聲充庭。鴻鸞之黨漸階。俾前聖之緒。布濩流衍而不韞韣。郁郁乎煥哉。天人之事盛矣。鬼神之望允塞。羣公先正。罔不夷儀。姦宄寇賊。罔不振威。紹少典之苗。著黃虞之裔。帝典闕者已補。王綱弛者已張。炳炳麟麟。豈不懿哉。厥被風濡化者。京師沈潛。甸內匝洽。侯衛厲揭。要荒濯沐。而迹前典。巡四民。迄四嶽。增封泰山。禪梁父。斯受命者之典業也。

蓋受命日不暇給。或不受命。然猶有事矣。況堂堂有新。正丁厥時。崇嶽渟海通瀆之神。咸受壇場。望受命之臻焉。海外遐方。信延頸企踵。回面內嚮。喁喁如也。帝者雖勤。惡可以已乎。宜命賢哲作帝典一篇。舊三爲一襲以示來人。摛之罔極。令萬世常戴巍巍。履栗栗。臭馨香。含甘實。鏡純粹之至精。聆淸和之正聲。則百工伊凝。庶績咸喜。荷天衢。提地釐。斯天下之上。則已庶可試哉。

案王莽簒漢自立、國號新、揚雄上封事、論秦之劇、稱新之美、以悅莽意、求免於禍、其文仿司馬相如封禪文而作也。全篇多歌頌功德之詞、後世勸進九錫、皆以此爲權輿焉。至其結構與造句、已完全脫去散文之格局、而與駢文相同、其『耆儒碩老、抱其書而遠遜、禮官博士、卷其舌而不談』一聯、置諸齊梁作品中、無復能辨矣。

西漢文章家除上舉八人外、尙有董仲舒劉安東方朔兒寬徐樂嚴安司馬遷匡衡桓寬谷永劉向父子等、然或以經術稱、或以史才著、或以子學成家、或以校讎名世、且其行文亦大體不出揚馬之藩籬、故從略焉。

東漢之文章 漢轍既東、詞人騰踔、文章淹雅、無慚於古、而舂容整贍、且視西京爲尤甚焉。蓋自東京以後、乃有壹意從事寫作、並專以文章得名之人、故范蔚宗修後漢書、特意創立文苑傳、凡載筆之倫、摛文之士、皆爲立傳、以重其事。概略言之、西京之文、恢奇駿逸、散多於駢、蓋猶承周秦縱橫之遺。東京之文、則已漸開六朝駢偶之風、由疏而密、由樸而華、文章之變、此其轉關。而東京之有馮衍、猶西京之有賈誼、東京之有班張崔蔡、猶西京之有揚馬枚鄒也。陳均唐駢體文鈔敍云：『自楚澤佩其香荃、漢京珍其鞶帨、於是賈枚竦節、揚馬連鑣、班密張妍、沿波入細、崔雄蔡逸、選穎得奇、文藻之途遂開、偶麗之軌益闢。』其言是矣。今各爲條論、具列於左。

馮衍 衍字敬通、杜陵人、幼有奇才、九歲能誦詩、至二十而博通羣書、不肯仕新莽、莽遣廉丹討山東誡、丹辟衍爲掾、衍勸以屯兵觀變、不爲所納、及丹戰死、衍亡命河東、與鮑永從更始帝、官至狼孟長、後歸光武、帝怨衍不時至、黜之、旋起爲曲陽令、遷司隸從事、未幾廢於家、妻爲北地任氏女、以悍妒聞、兒女常自操井臼、老年爲所逐、坎坷以終。後漢書謂其著述宏富、有賦誄銘說等五十篇、惜多亡佚、張溥輯其文爲馮曲陽集五卷行世、然已不及原稿之半矣。今錄顯志賦自論一首、俾知其凡。

馮子以爲夫人之德。不碌碌如玉。落落如石。風興雲蒸。一龍一蛇。與道翱翔。與時變化。夫豈守一節哉。用之則行。舍之則藏。進退無主。屈伸無常。故曰有法無法。因時爲業。有度無度。與物趣舍。常務道德之實。而不求當世之名。闊略杪小之禮。蕩佚人間之事。正身直行。恬然肆志。顧常好俶儻之策。時莫能聽用其謀。喟然長歎。自傷不遭。久棲遲於小官。不得舒其所懷。抑心折節。意悽情悲。夫伐冰之家。不利雞豚之息。委積之臣。不操市井之利。況歷位食祿二十餘年。而財產益狹。居處益貧。惟夫君子之仕。行其道也。慮時務者不能興其德。爲身求者不能成其功。去而歸家。復羈旅於州郡。身愈據職。家彌窮困。卒離飢寒之災。有喪元子之禍。先將軍葬渭陵。哀帝之崩也。營之以爲園。於是以新豐之東。鴻門之上。壽安之中。地勢高敞。四通廣大。南望酈山。北屬涇渭。東瞰河華。龍門之陽。三晉之路。西顧豐鎬。周秦之邱。宮觀之墟。通視千里。覽見舊都。遂定塋焉。退而幽居。蓋忠臣過故墟而歔欷。孝子入舊室而哀歎。每念祖考著盛德於前。垂鴻烈於後。遭時之禍。墳墓蕪穢。春秋蒸嘗。昭穆無列。年衰歲暮。悼無成功。將西田牧肥饒之野。殖生產。修孝道。營宗廟。廣祭祀。然後闔門。講習道德。觀覽乎孔老之論。庶幾乎松喬之福。上隴阪。陟高岡。游精宇宙。流目八紘。歷觀九州山川之體。追覽上古得失之風。愍道陵遲。傷德分崩。夫覩其終必原其始。故存其人而詠其道。疆理九野。經營五山。眇然有思陵雲之意。乃作賦自厲。命其篇曰顯志。顯志者。言光明風化之情。昭章玄妙之思也。

觀其詞尚排比、音采贍麗、自西京而轉後漢之關也。

班固 固字孟堅、扶風安陵人、九歲能文、及長、博貫載籍、明帝時爲校書郎、除蘭臺令史、續父彪所著漢書、後遷玄武司馬、整理諸儒五經言論、爲白虎通義。永元初年、從大將軍竇憲出征匈奴、大獲勝利、憲後與宦官爭權、坐罪被誅、固因免官、爲洛陽令种兢捕繫、死獄中。

孟堅天才橫溢、成就多端、所作辭賦、壯麗渾雄、氣象萬千、與司馬相如揚雄張衡並稱漢代四傑、其文學地位之重要、前已詳述之矣。而在史學方面、其所撰漢書、與司馬遷之史記、並稱中國史學之雙璧、求之泰西、則惟希臘之希羅多德(Herodotus)與蘇錫德第(Thucydides)差可比肩耳。司馬氏之文體近散、班氏之文體近駢、習散文者必規撫史記、習駢文者則必求津途於漢書也。曾國藩有言曰：

自漢以來、爲文者莫善於司馬遷、遷之文、其積句也皆奇、而義必相輔、氣不孤伸、彼有偶焉者存焉。其他善者、班固則毗於用偶、韓愈則毗於用奇、蔡邕范蔚宗以下、如潘陸沈任等比者、皆師班氏者也、茅坤所稱八家、皆師韓氏者也。（送周荇農南歸序）

陳天倪亦曰：

漢書爲整文、上承典謨訓誥之遺、下立黃初典午之則、其流爲六朝駢儷、與史記對峙。

識者以爲篤論。大抵孟堅爲文、受當時風氣之影響至深、故散中帶駢而駢文之成分居多、雖不能卽謂爲駢文、然不能不謂已將形成駢文之體格也。李申耆評其典引有云：『裁密思靡、遂爲駢體科律。』裁密思靡實孟堅文章之特色、驗諸高祖泗水亭碑銘十八侯銘封燕然山銘序竇車騎北伐頌答賓戲連珠弈旨等、蓋歷歷不爽、固不僅典引一篇已也。

封燕然山銘井序

惟永元元年秋七月。有漢元舅曰車騎將軍竇憲。寅亮聖皇。登翼王室。納於大麓。維清緝熙。乃與執金吾耿秉。述職巡禦。治兵於朔方。鷹揚之校。螭虎之士。爰該六師。暨南單于東胡烏桓西戎氐羌。侯王君長之羣。驍騎十萬。元戎輕武。長轂四分。雷輜蔽路。萬有三千餘乘。勒以八陣。涖以威神。玄甲燿日。朱旗絳天。

遂凌高闕。下雞鹿。經磧鹵。絕大漠。斬溫禺以釁鼓。血尸逐以染鍔。然後四校橫徂。星流彗掃。蕭條萬里。野無遺寇。於是域滅區殫。反旆而旋。考傳驗圖。窮覽其山川。遂踰涿邪。跨安侯。乘燕然。躡冒頓之區落。焚老上之龍庭。將上以攄高文之宿憤。光祖宗之玄靈。下以安固後嗣。恢拓境宇。振大漢之天聲。茲可謂一勞而久逸。暫費而永寧也。乃遂封山刊石。昭銘盛德。其辭曰。

鑠王師兮征荒裔。剿凶虐兮截海外。夐其邈兮亙地界。封神丘兮建隆嵑。熙帝載兮振萬世。

連　珠

臣聞聽決價而資玉者。無楚和之名。因近習而取士者。無伯王之功。故璵璠之爲寶。非駔儈之術也。伊呂之佐。非左右之舊。

臣聞鸞鳳養六翮以凌雲。帝王棄英雄以濟民。易曰。鴻漸于陸。其羽可以爲儀。

崔駰　駰字亭伯、涿郡安平人、年十三、卽通詩易春秋、博學有才、雅善屬文、少遊太學、與班固傅毅齊名、章帝見其文、大爲歎賞、顧竇憲曰：『公愛班固而忽崔駰、此葉公之好龍也。』憲因辟爲掾、憲擅權驕橫、駰數諫不聽、因出爲長岑長、自以遠去、不能得意、遂不之官而歸。著有崔亭伯集十卷、凡二十一篇。其文最著者爲達旨、蓋仿揚雄解嘲而作、溫潤典雅、足光其代、譚復堂謂『平世文人、其言夷懌、雖曰亦步亦趨、中間跌宕開闔、乃滔滔自運。』蓋深得乎其中三昧者也。他如七依則擬枚乘之七發、官箴則擬子雲之百官箴、完全蹈襲前人、而於氣象、則能推陳出新、故仍不失爲一代作手。

張衡　衡字平子、南陽西鄂人、爲漢代人格高尚、學識淵博、反對迷信、提倡科學之思想家、在文學史上亦居有重要地位。和帝承元中舉孝廉、連辟公府、不就、安帝永初中、公車特徵、拜郎中、再遷太史令、出爲河間相、旋徵拜尚書、時天下承平日久、自王侯以下、莫不踰侈、衡乃擬班固兩都作二京賦、因以諷諫、十年乃成、傳誦於世、著有張河間集十四卷、凡三十二篇。其文章之犖犖著者爲東巡誥七諫綬笥銘應間等、雖尙不脫枚乘揚雄班固之窠臼、然裁對精密、漸趨整鍊、博贍溫潤、兼而有之、非惟西京諸子無此等作、即六朝文士亦不易追其逸步也。

蔡邕　邕字伯喈、陳留圉人、少博學、師事太傅胡廣、好辭章數術天文、妙操音律、又善鼓琴、閑居玩古、不交當世、建寧間、召拜郎中、校書東觀、遷議郎、邕因經籍文字多謬、熹平四年、與楊賜馬日磾等奏定六經文字、自書冊鐫碑、立於太學門外、碑立、其觀視及摹寫者、車乘日千餘輛、塡塞街陌。光和元年、因災異上書得禍、髡鉗徙遠方、遇赦得還、亡命江海、後董卓專政、稱疾不應徵、迫之始至、三日之間、周歷三臺、復拜左中郎將。及卓被誅、邕在司徒王允坐、殊不意、言之而歎、有動於色、允勃然大怒、即收付廷尉治罪、邕乞黥首刖足、續成漢史、不許、士大夫多矜救之、不能得、太尉馬日磾馳往謂允曰：『伯喈曠世逸才、多識漢事、當續成後史、爲一代大典、且忠孝素著、而所坐無名、誅之、無乃失人望乎。』允曰：『昔武帝不殺司馬遷、使作謗書、流於後世、方今國祚中衰、神器不固、不可令佞臣執筆、在幼主左右、既無益聖德、復使吾黨蒙其訕議。』日磾退而告人曰：『王公其不長世乎、善人國之紀也、制作國之典也、滅紀廢典、其能久乎。』邕遂死獄中、允悔欲止而不及、時年六十一、搢紳諸儒、莫不流涕、所作各體文章凡一百四篇傳於世。

伯喈博學多通、尤精辭章之學、覃思典籍、窮究六經、才麗氣爽、文勝於質、年未三十、曾作釋誨篇與述行賦、辭含忠怨、上承屈宋之遺風、句多偶排、下啓六朝之先唱、固東觀詞章之後勁、兩漢駢文之巨擘也。故當時兗州陳留間人士、多圖畫其形像而頌之曰：『文同三閭、孝齊參騫。』其景仰思慕、有如此者。茲略錄數首、以見其凡。

上始加玄服與羣臣上壽表

伏惟陛下。應天淑靈。丁期中興。誕在幼齡。聖姿碩義。威儀孔備。俯仰龍光。顏如日星。言稽典謨。動蹈規矩。緝熙光明。思齊周成。早智夙就。參美顯宗。令月吉日。始加玄服。進御幘結。以章天休。臣妾萬國。遐邇大小。歡喜逸豫。式歌且舞。臣等不勝踊躍鳧藻。謹奉牛一頭。酒九鍾。稽首再拜。上千萬壽。陛下享茲介福。永守皇極。通遵太和。靖綏六合。宜民宜人。受祿於天。書曰。一人有慶。兆民賴之。其寧惟永。詩曰。顒顒卬卬。如圭如璋。令聞不忘。萬壽無疆。

薦皇甫規表

臣聞唐虞以師師咸熙。周文以濟濟爲寧。區區之楚。猶用賢臣爲寶。衞多君子。季札知其不危。由此言之。忠臣賢士。國家之元龜。社稷之貞固也。昔孝文慍匈奴之生事。思李牧於前代。孝宣忿奸邪之不散。舉張敞於亡命。況在於當時。謙虛爲罪。而可遺棄。

臣伏見護羌校尉皇甫規。少明經術。道爲儒宗。修身力行。忠亮闡著。出處抱義。皦然不汙。藏器林藪之中。以辭徵召之寵。先帝嘉之。羣公歸德。盜發東嶽。莫能嬰討。卽起家參拜爲泰山太守。屠斬桀黠。綏撫煢弱。青兗之郊。迄用康乂。

自是以來。方外有事。戎狄猾夏。進簡前勳。連見委任。伏節舉麾。威靈神行。演化凶悍。使爲愨愿。

愛財省穡。每有餘貲。養士御衆。悅以亡死。論其武勢。則漢室之干城。課其文德。則皇家之腹心。誠宜試用。以廣振鷺西雍之美。

臣以頑愚。忝汚顯烈。輒流汗墨。不堪之責。不勝區區。執心所見。越職瞽言。罪當死。唯陛下當留神有察。臣邕頓首頓首。

郭有道林宗碑

先生諱泰。字林宗。太原界休人也。其先出自有周。王季之穆。有虢叔者。實有懿德。文王咨焉。建國命氏。或謂之郭。卽其後也。先生誕膺天衷。聰睿明哲。孝友溫恭。仁篤慈惠。夫其器量弘深。資度廣大。浩浩焉。汪汪焉。奧乎不可測已。若乃砥節勵行。直道正辭。貞固足以幹事。隱括足以矯時。遂考覽六經。探綜圖緯。周流華夏。游集帝學。收文武之將墜。拯微言之未絕。

於是纓緌之徒。紳佩之士。望形表而影附。聆嘉聲而響和者。猶百川之歸巨海。鱗介之宗龜龍也。爾乃潛隱衡門。收朋勤誨。童蒙賴焉。用祛其蔽。

州郡聞德。虛己備禮。莫之能致。羣公休之。遂辟司徒掾。又舉有道。皆以疾辭。將蹈洪涯之遐迹。紹巢由之絕軌。翔區外以舒翼。超天衢以高峙。

稟命不融。享年四十有二。以建寧二年正月乙亥卒。凡我四方同好之人。永懷哀悼。靡所寘念。乃相與惟先生之德。以圖不朽之事。僉以爲先民既沒。而德音猶存者。亦賴之於紀述也。今其如何而闕斯禮。於是樹碑表墓。昭銘景行。俾芳烈奮乎百世。令聞顯於無窮。其辭曰。

於休先生。明德通玄。純懿淑靈。受之自天。崇壯幽濬。如山如淵。禮樂是悅。詩書是敦。匪惟摭華。乃尋厥根。宮牆重仞。允得其門。懿乎其純。確乎其操。洋洋搢紳。言觀其高。棲遲泌邱。善誘能教。赫赫三事。幾行其招。委辭召貢。保此清妙。降年不永。民斯悲悼。爰勒茲銘。摛其光耀。嗟爾來世。是則是效。

揆厥所作、咸屬偶文、用字必宗故訓、摛辭迥脫恆谿、或掇麗句以成章、或用駢音以叶韻。觀夫雍容揄揚之頌、明堂清廟之篇、其與駢文發展之關係、及其所貽與後世文學之影響爲何如乎、茲臚舉三事以對。

一、具駢四儷六之體貌　漢代詞人、純以偶氣行文者、蓋自伯喈始、伯喈文章、無論形體像貌、幾與齊梁之作無殊、即以郭有道林宗碑爲例、除姓名籍貫以及承轉結語仍用單行之文辭敍述以外、句句皆是成排之駢文、以視馬班諸子、更爲進步、惟音調猶未盡諧耳。駢體文鈔錄其文達二十九篇之多、僅次於駢文宗師庾子山、其見重於申耆者如此。

二、樹駢體碑銘之宏規　中郎集中始多駢體碑銘（李兆洛錄其碑文十五篇爲歷代之冠）、任昉文章緣起謂碑文始於漢惠帝四皓碑、今已不傳。摯虞文章流別論云：

夫古之銘至約、今之銘至煩、亦有由也、質文時異、則既論之矣。且上古之銘、銘於宗廟之碑、蔡邕爲楊公作碑、其文典正、末世之美者也。

劉勰文心雕龍誄碑篇云：

自後漢以來、碑碣雲起、才鋒所斷、莫高蔡邕、觀楊賜之碑、骨鯁訓典、陳郭二文、詞無擇言、周胡衆碑、莫非清允、其敍事也該而要、其綴采也雅而澤、清詞轉而不窮、巧義出而卓立、察其爲才、自然而至、孔融所創、有慕伯喈、張陳兩文、辨給足采、亦其亞也。

近人吳闓生亦云：

兒時讀韓文、喜其驚挺瑰奇、以爲退之偉才、故獨闢蹊徑如是、後來者所當步趨、而莫外也。及覩蔡中郎集、乃知碑刻之體、挺自中郎、退之特踵其法爲之、未嘗立異、顧其才高、遂乃出奇無窮耳。後得洪文惠所輯漢碑刻、益詫爲平生所未見、反覆研誦、彌月不能去手、乃知漢人碑頌、其高文至多、崇閎儁偉、非中郎一家所能概、而退之不能出其範圍。中郎雖負盛名、亦因當時風氣而爲之、非其特挺者、而金石之文固導源於此也。（見陳柱中國散文史所引）

三、立臺閣文體之典型　中郎章表文字、雍容典雅、喬皇凝重、遂爲千秋效法、臺閣文風、從是遂扇矣。譚復堂嘗評之曰：『中郎之文、如平原大河、氣脈緜遠、神理出於詩書、經術之士、爲範百世、異時淫麗浸染、我思大雅之卓爾矣。』又云：『純懿閎遠、中郎絕塵、韓曾之流、從何學步。』其所以推崇之者、夫豈溢美哉。

右列五家、誠不足以概東漢文家之全、自餘作者、則班彪之王命論、安徐重固、遂成東京文體。傅毅之七激、音調高亮、直可平視孟堅、魏文所謂伯仲之間（見典論論文）者是也。荀悅之漢紀申鑒、揚光飛文、吐餘生風、方之蘭臺、未遑多讓。他若杜篤王允之倫、崔瑗馬融之輩、皆足以方軌並驅、聿光其代、彬蔚之美、無煩縷述矣。

第五章　魏晉駢文之蕃衍時期

第一節　導　論

漢魏六朝、文學遞變之時代也、前乎此者爲周秦、駢文絡乎散文之間、韻文絡乎非韻文之間、蓋流露於不覺、非有意爲之也。大漢初定、賈誼鼂錯董仲舒諸家、其文章面目、猶未離古。武帝時、司馬相如創爲辭賦、競尚閎麗、其後王褒揚雄班固蔡邕從而效之、而文格一變、駢文與散文、韻文與非韻文、始漸行分離。劉鼎既革、曹氏基命、鄴下諸子、崇尚文辭、遂成風俗、寖假而尚排偶、務藻采、諧聲律、散文歇寂、駢文代與、蕃衍滋長、一枝獨秀、風靡中國文壇、歷時五百年有奇、其盛況誠如近人胡適之所云：

> 辭賦化與駢儷化的傾向到了魏晉以下更明顯了、更急進了。六朝的文學、可說是一切文體都受了辭賦的籠罩、都駢儷化了。議論文也成了辭賦體、記敍文（除了少數史家）也用了駢儷文、抒情詩也用駢偶、記事與發議論的詩也用駢偶、甚至於描寫風景也用駢偶。故這箇時代、可說是一切韻文與散文的駢偶化的時代。（白話文學史）

此種文體、雖不免爲若干古文家所譏、然隨時代而升降、風會所趨、亦不期然而然也。古之時、文以載道、行有餘力、則以學文、蓋以行爲文之本、文爲道之表見者耳。孟荀以道鳴、楊墨管晏老莊申韓諸家以術鳴、然其術之所長者、未嘗不包於道之中。兩漢以後、醇儒雖少、而文景之時、諸家奏議、指陳時政、大旨主乎經世、卽相如之辭賦、雖多虛辭濫說、而意存諷諫、非誕妄貢諛者比。魏晉而降、競以辭勝、夸過其理、與文以載道之旨日寖疏遠、然采不滯骨、鍊不傷神、峭奇淡宕、淸麗芊緜、各極其勝、美術之文、自有其崇高之地位與永恆之價値在焉、固不可輕撫浮詞、妄加詆訶、以自儕於季緒也。晉書文苑傳序於此一時期文章之美、有極扼要之論述、其詞曰：

夫文以化成、惟聖之高義、行而不遠、前史之格言、是以溫洛禎圖、綠字符其丕業、苑山靈篆、金簡成其帝載。既而書契之道聿興、鍾石之文逾廣、移風俗於王化、崇孝敬於人倫、經緯乾坤、彌綸中外、故知文之時義大哉遠矣。洎姬歷云季、歌頌滋繁、荀宋之流、導源自遠、總金羈而齊騖、揚玉軑而並馳、言泉會於九流、文律諧於六變。自時以降、軌躅相趨、西都賈馬、耀靈蛇於掌握、東漢班張、發雕龍於綈槧、俱標稱首、咸稱雄伯。逮乎當塗基命、文宗鬱起、三神叶其高韻、七子分其麗則、翰林總其菁華、典論詳其藻絢、彬蔚之美、競爽當年。獨彼陳王、思風遒舉、備乎典奧、懸諸日月。及金行纂極、文雅斯盛、張載擅銘山之美、陸機挺焚研之奇、藩夏連輝、頡頏名輩、並綜採繁縟、杼軸清英、窮廣內之青編、緝平臺之麗曲、嘉聲茂迹、陳諸別傳。至於吉甫太沖、江右之才傑、曹毗庾闡、中興之時秀、信乃金相玉潤、野會川沖、埒美前修、垂裕來葉。

魏晉文學之時代背景與社會環境 凡物之變也、必有其原因、惟文學亦然。文學發展與變遷之趨勢、政治與社會爲其主動之原因、中國文學發展到魏晉、無論是形式體貌、文學精神、以至作家之創作態度、皆發生重大的變化。一般作者、一面厭棄現實之社會與人生、而表現消極之頹廢思想、一面反對『學以致用」與「文以載道」、而傾向形式的唯美主義。易詞言之、卽是由實用主義變爲浪漫作風、由功利主義變爲抒寫性靈之創作。其最堪稱道者、在使文學作品脫離任何束縛與指導力量、而努力向藝術至上之途邁進、認定文學必須「緣情綺靡、體物瀏亮」、建立純文學之理論、畫定純文學之封域、不復爲「致用」「載道」之附庸而各自獨立。此種劇烈的轉變、並非憑空而起、時代背景與社會環境、則其影響尤大者也。

一、儒家學說之衰微　自漢武帝採董仲舒之議、罷黜百家、獨尊儒術以後、儒家學說思想遂籠罩全國、左右學術界幾達四百年之久。儒家學說思想、莫外於六經、故兩漢魁儒畸士、多致力於經術、辨析章句、專重訓詁、舉畢生之歲月、而委之於一經、至有皓首而未能通者、穿鑿其義、支離其詞、說一堯典篇目、累十餘萬言不能休、明經之儒、不必懷匡濟之術、孝廉之士、不必有忠直之行、繁文縟禮之是崇、徒趨末而不求其本、憂時有識之士、瑰奇異能之徒、蓋已賤禮文之拘執、鄙訓詁之煩碎矣。抑有進者、自董仲舒匡衡以後、陰陽五行之說、讖緯符命之論、與儒學相參相雜、遂使當代之儒家、於無形之中帶著濃厚的方士氣味、而聖人之至德要道、經傳之微言眞指、竟從是而瀉焉。是知夏侯玄荀粲諸子、斥六經爲聖人糟粕者、非無的放矢也。爰逮當塗、反動隨之而起、自然主義逐漸擡頭、王弼注易、竄以老莊之旨、而學者喜其淸新、何晏傅粉、習爲荒誕之行、而搢紳恬不之怪、幾不知儒學爲何物矣。南史儒林傳序稱：「魏正始以後、更尙玄虛、公卿士庶、罕通經業。」顧亭林日知錄云：「東漢之末、節義衰而文章盛。」（卷十三兩漢風俗）惟其經術節義衰、而後文章始盛、惟其經術節義衰、而後文章始由「載道」轉於「唯美」、由「諷諫」轉於「緣情」。

二、印度佛敎之東漸　魏晉文學、無論在形式方面、抑或在內容方面、均深受印度佛敎之影響。我國人之知有佛教、遠在漢初、如武帝從匈奴得金人、蓋即佛像。特見於正史信而可徵者、則爲東漢明帝永平十年、天竺（印度之古稱亦作身毒）沙門攝摩騰竺法蘭齎經典至洛陽、是爲佛教東傳之始。時譯出經典、不過數種、今惟四十二章經尚存、其體似老子道德經、當時士大夫信者尚少、故無大影響。至桓帝時、安世高支婁迦讖來華、譯出經典二百餘種、桓帝信之、民間亦漸有信仰者。三國時、康居國沙門康僧會來至建康、吳大帝孫權尊信之、爲之建塔立寺、江南佛教、由此而盛。晉時有佛圖澄來自西域、專事譯經、其弟子道安、尤爲傑出、道安之弟子慧遠、開道場於廬山、提倡淨土宗、爲南地佛教之中心。同時有鳩摩羅什自龜茲至長安、秦帝姚興尊爲國師、譯出一切經論、有九十餘部、弟子數千人、勢力煊赫、盛極一時、爲北地佛教之中心。宋文帝尊信沙門慧琳、使與顏延之同參朝政、時稱黑衣宰相。齊武帝時、有法獻法暢二僧、才華卓茂、帝賜肩輿、以示寵異、令參政事、號黑衣二傑。梁武帝尤篤好佛教、躬率羣臣道俗二萬人、發菩提心云。

當時佛教勢力隆盛、教化普被於社會、幾將中國思想全部征服、凡風俗、建築、美術各方面、無一不受其影響、不僅文學一端已也。儒家既僅有空名、道教屢與佛教抗爭、亦卒歸失敗、其所以能如此隆盛者、固由帝王之提倡、士大夫之景從、亦其教理精深、或出我國固有儒道二家之上、無怪海內才智之士、悉相率而入於佛教之範圍也。

今就佛教對魏晉文學方面之影響、分形式內容二者、述其大略。

文學之聲韻對偶、似與佛教無關、不知正由梵語翻譯華文之影響、華文以形爲主、諧聲（形聲）僅爲六書之一、初無所謂字母、梵語以三十四聲母、十六韻母、共五十字母、孳生一切文字、其字音又分別陰陽、故印度之雅語、必合韻律。其文恆以四字成句、聲韻調和、異常優美、於是切韻之學、遂與佛經同入中國、曹魏孫炎撰爾雅音義、因其法而創反切。反切者、緩讀則爲兩字、急讀則成一音、此由語言自然之伸縮、古籍多見之、如左傳『著於丁寧』、『丁寧』急讀爲『鉦』、『寺人勃鞮』、『勃鞮』急讀爲『披』。然古來無反切之名稱、亦無此方法、則由翻譯佛典而來也。梵語之格式、此名與他名之關係、皆以尾聲變化表白之、其類有八、所謂八囀聲也。八囀聲者：

【一】**體聲**　亦云汎說聲。此表能作者、或一事一物之本體、句中主格、則用此聲。如：

問曰：『何誰無所得。』

答曰：『謂已得般若波羅密多。』

【二】**業聲**　亦云所說聲。此表所作、卽動作之所止、句中賓格、則用此聲。如：

問曰：『何所無所得。』

答曰：『謂所取相、能取相。』

【三】**具聲**　亦云能說聲。此表動作之所由、有『由此』『以此』之義、屬於具格、則用此聲。如：

問曰：『用何無所得。』

答曰：『謂用般若波羅密多。』

【四】**所爲聲**　亦云與聲。此表動作之所爲、有『爲此』『於此』之義、屬於與格、則用此聲。如：

問曰：『爲何無所得。』
答曰：『謂爲救脫一切有情云云。』

【五】所從聲　乃表動作之所從來、有『從此』『因此』之義、屬於奪格、則用此聲。如：
問曰：『何由無所得。』
答曰：『謂由遇佛出世云云。』

【六】屬聲　此表能繫屬者、有『繫屬於此』『此之』之義、屬於物主格、則用此聲。物主格者、乃舉物主以示所屬之格也。如：
問曰：『何之無所得。』
答曰：『謂一切法之無所得。』

【七】依聲　此表動作之所依所對、有『依此』『於此』之義、屬於於格、則用此聲。如：
問曰：『於何無所得。』
答曰：『謂於勝解行地云云。』

【八】呼聲　此但爲呼召某物、獨舉其名、與餘無涉、故在句中爲獨立格。如：
問曰：『幾何無所得。』
答曰：『十一種云云。』

以上八囀、各有一言聲二言聲多言聲三種之別、是爲二十四聲。又有男聲女聲中聲三性、則有七十二聲之變化。梵語聲韻之繁複如此、未必一一悉合華文、然因參用此方法、以分別各地方言之聲音、卽不能謂爲與江左四聲絕無關係、蓋某字讀平聲爲某義、讀上去入聲則又各變一義、皆用聲以別義也。且古人聲音重濁、祇有『長言』『短言』、而無四聲、『長言』卽後來之平聲、『短言』卽後來之入聲。北方平聲分陰平陽平、有去聲而無入聲、至六朝受梵語之影響、就江左之語音、而分爲四聲、沈約等乃應用之於詩文、別成體格（余別有說、當於下章詳之）。是則謂六朝文學形式上受佛教之影響者、殆信而有徵也。

至於文學思想方面之受佛教影響、則取當時著名學者之文讀之、顯然可見。蓋我國固有思想、先秦時雖有儒墨名法道德陰陽六家、然陰陽家無所謂思想、名法二家皆出於道、故論思想之獨立者、祇有儒道墨三家。儒家以人合天、置重倫理之實踐、於性與天道、不甚詳談。墨家則刻苦自勵、捨己救人、更重實行。故惟有道家說及宇宙之本源、人生之目的、而有人法天、天法道、道法自然之極高思想。若佛教則剖析色心、會歸眞如、徹三界成立之源、窮衆生生死之本、其陳義之高、絕非他教所可幾及、故佛教東來之後、儒家幾無能以抗之者、惟有道家稍與爭一日之長、而終不能制勝、於我國思想界、乃大放異采、豈止文學受其影響而已哉。近人梁任公論中國學術思想變遷之大勢有曰：

佛學、外學也、非吾國固有之學也。答之曰：不然。凡學術苟能發揮之、光大之、實行之者、則此學卽爲其人之所自有。……如北歐諸國、未嘗有固有之文明、惟取諸希臘羅馬猶太。……又如日本、未嘗有固有之文明、惟取諸我國、取諸歐西。……中國、大國也、而有數千年相傳固有之學、壁壘巖

> 整、故他界之思想、入之不易。……雖然、吾中國不受外學則已、苟旣受之、則必能盡吸所長、以自營養、而且變其質、神其用、別造一種之新文明。（中國學術思想變遷之大勢）

梁氏之言、蓋指我國學者吸收佛教、至隋唐時能造成天台華嚴兩宗之中國佛教而言、其言不專指文學、然卽就魏晉文學論、雖謂之受外來影響、而造成新文學、亦未嘗不可也。

三、老莊思想之彌漫　自東漢季世、王室式微、內而外戚宦官之爭權、外而黨禍黃巾之構難、董卓之稱兵、曹氏之黷武、三國局面、因以形成。其後魏晉兩代之相繼篡奪、賈后八王之禍起蕭牆、繼而夷狄交侵、懷愍蒙塵。東晉以還、復有王敦桓玄之亂、劉裕乘機攫取政權、晉室因之而亡。於此干戈相尋、變亂蠭起、中州板蕩、綱紀廢弛之局面下、文人學士、動輒得咎、人命微賤、曾草芥雞犬之不若、孔融禰衡楊修丁儀何晏之儔、嵇康張華石崇陸機陸雲潘岳劉琨郭璞之侶、相繼慘遭殺戮、文人運數之窮、蓋未有甚於此者也。於是聰明魁傑之士、其上焉者、則韜光遁世、寄情煙霞、以求養性全眞之道。其中焉者、則抵掌搖脣、揮舞麈尾、談玄說理、託爲放逸。其下焉者、則蔑棄禮法、菲薄儒術、破落周孔之綱、放浪形骸之外、甚至醉狂赤裸、不以爲非、吏部偸酒、不以爲奇、王弼何晏、貽譏於管寧、嵇康劉伶、騰笑於搢紳。緣是老莊思想盛行、淸談風氣彌漫、伊古以來、得未曾有。干寶晉紀總論有云：

> 學者以莊老爲宗、而黜六經、談者以虛薄爲辯、而賤名檢、行身者以放濁爲通、而狹節信、進仕者以苟得爲貴、而鄙居正、當官者以望空爲高、而笑勤恪。

此則兩晉社會風氣之槪況也。近人蔡元培氏且謂當時知識分子鑒於政壇風波之險惡、多相率而入於儒道佛所雜糅之精神領域、以求解脫實際政治之煩惱。其言曰：

> 魏晉文人之思想、非截然舍儒而合於道佛也、彼蓋滅裂而雜糅之。彼以道家之無爲主義爲本、而於佛家則僅取其厭世思想、於儒家則留其階級思想及有命論。有階級思想、則道佛兩家之人類平等觀、儒佛兩家之利他主義、皆以不相容而去之。有有命論及無爲主義、則儒家之積善、佛家之濟度、又以爲不相容而去之、於是其所餘之觀念、自尊也、厭世也、有命而無可爲也、遂集合而爲苟生之唯我論矣。（中國倫理學史）

由於苟生唯我論之觀念普遍流行、寖假而玄談之風氣生焉、寖假而浪漫文學之思潮生焉。於是哲理文學、遊仙文學、與夫山水文學、田園文學、乃至貴族文學、普羅文學(proletariat literature)、莫不蓬勃滋長、蔚然稱盛、駢文在此澎湃之潮流中、安得不與當日思想取同一步調乎。

四、帝王好尚之影響　上有好者、下必有甚焉、此固夫人而知之者也。孔子論德教之化民有云：『君子之德風、小人之德草、草上之風必偃。』（見論語顏淵篇）持方此一時代之文學、尤稱切當。如曹操以蓋世之雄、獎勵文學、拔擢儁才、不遺餘力、建安十五年、令舉『盜嫂受金而未遇無知者。』二十二年、又令舉『負汚辱之名、見笑之行、或不仁不孝、而有治國用兵之術者。』（均見三國志魏志武帝紀）其影響於文學者、則爲棄道緣情。其子丕植又以公子之尊、愛才若命。丕與朝歌令吳質書云：『昔日游處、行則連輿、止則接席、何曾須臾相失。每至觴酌流行、絲竹並奏、酒酣耳熱、仰而賦詩、當此之時、忽然不自知樂也。』可見當時文會之盛。故一時碩彥如魯國孔融、廣陵陳琳、山陽王粲、北海徐幹、陳留阮瑀、汝南應瑒、東平劉楨及吳質楊修丁儀之徒、皆雲集鄴下、彬蔚之美、聿光其代矣。文心雕龍時序篇云：

自獻帝播遷、文學蓬轉、建安之末、區宇方輯。魏武以相王之尊、雅愛詩章、文帝以副君之重、妙善辭賦、陳思以公子之豪、下筆琳瑯、並體貌英逸、故俊才雲蒸。仲宣委質於漢南、孔璋歸命於河北、偉長從宦於青土、公幹徇質於海隅、德璉綜其斐然之思、元瑜展其翩翩之樂、文蔚休伯之儔、于叔德祖之侶、傲雅觴豆之前、雍容衽席之上、灑筆以成酣歌、和墨以藉談笑。觀其時文、雅好慷慨、良由世積亂離、風衰俗怨、並志深而筆長、故梗概而多氣也。至明帝纂戎、制詩度曲、徵篇章之士、置崇文之觀、何劉羣才、迭相照耀。少主相仍、唯高貴英雅、顧盼合章、動言成論。於時正始餘風、篇體輕澹、而嵇阮應繆、並馳文路矣。

鍾嶸詩品序亦云：

降及建安、曹公父子、篤好斯文、平原兄弟、鬱爲文棟、劉楨王粲、爲其羽翼、次有攀龍託鳳、自致於屬車者、蓋將百計、彬彬之盛、大備於時矣。

可見建安時代之文學特盛、曹公父子提倡之功、不可沒也。

五、文學概念之轉移　兩漢之世、專欲爲文人者、惟辭賦家耳、若著文章者、則以奏疏爲最工、此則以政教爲本、而非專欲爲文者也。且一般文人對於文學尚未有明確之觀念、謂文學祇是載道或致用之工具已耳、並不了解文學本身之價值、故兩漢之世、尚未至於爲文學而文學時代。迄乎曹魏、則文學之風始大盛、論文之作亦相繼而出、著其先鞭者、其魏文帝曹丕乎。丕之言曰：

蓋文章經國之大業、不朽之盛事、年壽有時而盡、榮樂止乎其身、二者必至之常期、未若文章之無窮。是以古之作者、寄身於翰墨、見意於篇籍、不假良史之辭、不託飛馳之勢、而聲名自傳於後。故西伯幽而演易、周旦顯而制禮、不以隱約而弗務、不以康樂而加思。夫然、則古人賤尺璧而重寸陰、懼乎時之過已。而人多不強力、貧賤則懾於飢寒、富貴則流於逸樂、遂營目前之務、而遺千載之功。日月逝於上、體貌衰於下、忽然與萬物遷化、斯志士之大痛也。典論論文

生有七尺之形、死惟一棺之土、惟立德立名、可以不朽、其次莫如著篇籍。疫癘數起、士人彫落、余獨何人、能全其壽、故論撰所著典論詩賦、蓋百餘篇、集諸儒於肅成門外、講論大義。與王朗書見三國志魏志文帝紀裴松之注引魏書

觀丕之言、一再期於不朽、謂詩賦之長、足以垂令名於千載、此固與古人立言之意已異、其重視文辭、良可見矣。至其弟植對於文章之價值、則持不同之見解、植與楊德祖書云：

辭賦小道、固未足以揄揚大義、彰示來世也。昔揚子雲先朝執戟之臣耳、猶稱壯夫不爲也。吾雖德薄、位爲藩侯、猶庶幾勠力上國、流惠下民、建永世之業、留金石之功、豈徒以翰墨爲勳績、辭賦爲君子哉。

此論薄視文辭、謂不足爲、其見與子桓異、儻由鬱伊憤懣、而妒恨辭賦歟。楊修答書、於植之言、多所辨正：

今之賦頌、古詩之流、不更孔公、風雅無別耳。

深悉古今詩體之遞嬗，不爲經生所劫持。又云：

修家子雲，老不曉事，強著一書，悔其少作，若此仲山周旦之儔，爲皆有諐耶。君侯忘聖賢之顯迹，述鄙宗之過言，竊以爲未之思也。若乃不忘經國之大業，流千載之英聲，銘功景鐘，書名竹帛，斯自雅量，素所畜也，豈與文章相妨害哉。

凡此文章不朽論，蓋已擺脫儒家實用之觀念，突破倫理學術之藩籬，而傾向於藝術至上之純文學價值。至晉葛洪更提出劃時代之言論，謂文學直可凌駕乎道德之上，今備錄之。

或曰：『著述雖繁，適可以騁辭耀藻，無補救於得失，未若德行不言之訓，故顏閔爲上，而游夏乃次。四科之格，學本而行末，然則綴文固爲餘事，而吾子不褒重其源，而獨貴其流，可乎。』

抱朴子答曰：『德行爲有事，優劣易見，文章微妙，其體難識。夫易見者粗也，難識者精也，夫惟粗也，故銓衡有定焉，夫惟精也，故品藻難一焉，吾故捨易見之粗，而論難識之精，不亦可乎。』

或曰：『德行者本也，文章者末也，故四科之序，文不居上。然則著紙者糟粕之餘事，可傳者祭畢之芻狗，卑高之格，是可識矣。文之體略，可得聞乎。』

抱朴子答曰：『筌可以棄，而魚未獲，則不得無筌，文可以廢，而道未行，則不得無文。若夫翰迹韻略之宏促，屬辭比事之疏密，源流至到之修短，蘊藉汲引之深淺。其懸絕也，雖天外毫內，不足以喻其遼邈。其相傾也，雖三光熠耀，不足以方其巨細。龍淵鉛鋌，未足譬其銳鈍，鴻羽積金，未足比其輕重。淸濁參差，所稟有主，朗昧不同科，強弱各殊氣。而俗士惟見能染毫畫紙者，便概之一例，斯伯牙所以永思鍾子、郢人所以格斤不運也。……且文章之與德行、猶十尺之與一丈、謂之餘事、未之前聞。……且夫本不必皆珍、末不必悉薄、譬若錦繡之因素地、珠玉之居蚌石、雲雨生於膚寸、江河始於咫尺爾。則文章雖爲德行之弟、未可呼爲餘事也。抱朴子尚博篇

前者猶等視道德文章、此更謂道德爲粗、文章爲精矣。

由曹丕之提倡、文章已與事功抗衡、由葛洪之評贊、文章又駕道德之上。浸淫至於梁朝、遂有簡文帝蕭綱之文學高於一切說、其答張纘謝示集書云：

竊常論之、日月參辰、火龍黼黻、尚且著於玄象、章乎人事、而況文辭可止、詠歌可輟乎。不爲壯夫、揚雄實小言破道、非謂君子、曹植亦小辯破言、論之科刑、罪在不赦。

又昭明太子集序云：

竊以文之爲義、大矣遠矣、故孔稱性道、堯曰欽明、武有來商之功、虞有格苗之德。故易曰：『觀乎天文、以察時變、觀乎人文、以化成天下。』是以含精吐景、六衢九光之度、方珠喻龍、南樞北陵之采、此之謂天文。文籍生、書契作、詠歌起、賦頌興、成孝敬於人倫、移風俗於王政、道緜乎八極、理浹乎九垓、贊動神明、雍熙鍾石、此之謂人文。若夫體天經而總文緯、揭日月而諧律呂者、其在茲乎。

六朝之所以文盛、此種文學高於一切之觀念、亦其重要因素也。

六、文體本身之蛻變　文心雕龍通變篇云：『楚漢侈而豔、魏晉淺而綺。』蓋以魏時才林、顧慕淳風、

晉世文苑、規鏡魏釆、雖質文不同、風味迥殊、然魏晉之代、詞人雲興、名作間出、實能摛兩漢辭藻、導六朝先路、此殆文體本身之蛻變有以致之。劉申叔漢魏六朝文學變遷論云：

> 建安文學、革易前型、遷蛻之由、可得而說。兩漢之世、戶習七經、雖及子家、必緣經術、魏武治國、頗雜刑名、文體因之、漸趨淸峻、一也。建武以還、士民秉禮、迨及建安、漸尚通侻、侻則侈陳哀樂、通則漸藻玄思、二也。獻帝之初、諸方棊峙、乘時之士、頗慕縱橫、騁詞之風、肇端於此、三也。又漢之靈帝、頗好俳詞(見楊賜蔡邕傳)、下習其風、益尚華靡、雖迄魏初、其風未革、四也。(中古文學史)

劉氏所論、雖僅限於建安一代、而魏晉二百餘年之文章、大體不越此範圍、而建安則駢散分鑣之起點耳。自茲厥後、商周以前之淳質典雅、已不復見、即楚漢以來之雄闊侈麗、亦漸歸消失矣。

魏晉文章之特徵

西漢人文章多用單行之語、鮮雜駢儷之辭。東京以後、頗更其俗、往往以單文運偶語、成爲奇偶相生之勢。至建安之世、七子撰述、悉以排偶運單行、即非有韻之文、亦用駢儷之體。同時文詞與語言久已脫節、復日益美化、文詞遂非人人所能爲、文人亦漸成專門事業、此則古今文家所公認之事實也。劉申叔論文雜記謂由漢至魏、文章變遷、計有四端、其中有論及駢偶之語、今悉錄之、以窺全豹。

> 由漢至魏、文章遷變、計有四端。
>
> 西漢之時、箴銘賦頌、源出於文、論辯書疏、源出於語。觀鄒(鄒陽)枚(枚乘枚臯)揚(子雲)馬(司馬相如)之流、咸工作賦、沈思翰藻、不歌而誦。旁及箴銘騷七、咸屬有韻之文。若賈生作論(過秦論之類是)、史遷報書、劉向匡衡之獻疏、雖記事記言、昭書簡冊、不欲操觚率爾、或加潤飾之功、然大抵皆單行之語、不雜駢儷之詞。或出語雄

奇如史遷賈生之文是出於韓非子者也、或行文平實如鼂錯劉向之文是出於呂氏春秋者也、咸能抑揚頓挫、以期語意之簡明。東京以降、論辯諸作、往往以單行之語運排偶之詞載於後漢書之文莫不如是即專家之文集亦莫不然、而奇偶相生、致文體迥殊於西漢東漢之儒凡能自成一家言者如論衡潛夫論申鑒中論之類亦能取法於諸子不雜排偶之詞論衡語意尤淺其文在兩漢中殆別成一體者也。建安之世、七子繼興、偶有撰著、悉以排偶易單行如加魏公九錫文之類其最著者也、即非有韻之文如書啓之類是也、亦用偶文之體、而華靡之作、遂開四六之先、而文體復殊於東漢、其遷變者一也。

西漢之書、言詞簡直、故句法貴短、或以二字成一言如史記各列傳中是也、而形容事物、不爽錙銖且能用俗語方言以形容其實事。東漢之文、句法較長、即研鍊之詞、亦以四字成一語未有用兩字即成一句者。魏代之文、則合二語成一意或上句用四字下句用六字或上句用六字下句用四字或上句下句皆用四字而上聯咸與下聯成對偶誠以非此不能盡其意也已開四六之體。由簡趨繁此文章進化之公例也、昭然不爽、其遷變者二也。

西漢之時、雖屬韻文如騷賦之類、而對偶之法未嚴西漢之文或此段與彼段互爲對偶之詞以成排比之體或一句之中以上半句對下半句皆得謂之偶文非拘拘於用同一之句法也亦非拘拘於用一定之聲律也。東漢之文、漸尚對偶所謂字句之間互相對偶也。若魏代之體、則又以聲色相矜、以藻繪相飾、靡曼纖冶、致失本眞魏晉之文雖多華靡然尚有清氣至六朝以降則又偏重詞華矣、其遷變者三也。

西漢文人、若揚馬之流、咸能洞明字學故相如作凡將篇而子雲亦作方言、故選詞遣字、亦能古訓是式所用古文奇字甚多非明六書假借之用者不能通其詞也、非淺學所能窺故必待後儒之訓釋也。東漢文人、既與儒林分列文苑儒林范書已分二傳、故文詞古奧、遠遜西京此由學士未必工作文而文人亦非眞識字。魏代之文、則又語意易明、無俟後儒之解釋此由文章之中奇字古文用者甚少。其遷變者四也。

要而論之、文雖小道、實與時代而遷變、故東京之文、殊於西京、魏代之文、復殊東漢、文章之體、在前人不能強同。若夫去古已遠、猶欲擇古人一家之文以自矜效法、吾未見其可也。

此篇略述兩漢三國文章變遷、至爲明晰、與文心雕龍時序篇相表裏、誠學者所宜參考也。今卽以此爲基礎、就此一時期文章之特徵、權分五端述之。

一、雙行意念之普及　自東漢以還、雙行意念之表現於文詞者、蓋已屢見不鮮、然尚未普及於世也。爰逮魏晉、此種意念始深植每一作家之腦海中、牢不可破、詩家然、賦家亦然、文章家則尤然也。今就古文家所心醉之詩文中略舉數例、以明吾說。

菱芡覆綠水、芙蓉發丹榮。曹丕於玄武陂作詩

君若清路塵、妾爲濁水泥。曹植七哀詩

時俗薄朱顏、誰爲發皓齒。曹植雜詩

從軍度函谷、驅馬過西京。曹植贈丁儀王粲詩

微風起閨闥、落日照階庭。徐幹情詩

苟全性命於亂世、不求聞達於諸侯。諸葛亮前出師表

受任於敗軍之際、奉命於危難之間。同上

漢賊不兩立、王業不偏安。諸葛亮後出師表

外無期功彊近之親、內無應門五尺之僮。李密陳情表

或取諸懷抱、晤言一室之內、或因寄所託、放浪形骸之外。王羲之蘭亭集序

雲無心以出岫、鳥倦飛而知還。陶潛歸去來辭

意念之雙行、裁對之工整、於斯概見、而乃謂之古詩、謂之散文、吾弗敢信也。

二、排比句法之成熟　魏晉時代、詞人才子、雲蒸泉湧、其爲文也、大抵編字不隻、捶句皆雙、修短取均、奇偶相配、故應以一言蔽之者、輒足爲二言、應以兩句成文者、必分爲四句。而排比屬對、亦力求其工切與流利、較前期作品進步甚多。駢文至此、業已成熟、觀曹子建諸作、可以知其消息也。

臣聞士之生世。入則事父。出則事君。事父尚於榮親。事君貴於興國。故慈父不能愛無益之子。仁君不能畜無用之臣。夫論德而授官者。成功之君也。量能而受爵者。畢命之臣也。故君無虛授。臣無虛受。虛授謂之謬舉。虛受謂之尸祿。詩之素餐。所由作也。（求自試表）

臣聞天地協氣而萬物生。君臣合德而庶政成。五帝之世非皆智。三季之末非皆愚。用與不用。知與不知也。既時有舉賢之名。而無得賢之實。必各援其類而進矣。諺曰。相門有相。將門有將。夫相者。文德昭者也。將者。武功烈者也。文德昭。則可以匡國朝。致雍熙。稷契夔龍是矣。武功烈。則可以征不庭。威四夷。南仲方叔是矣。（陳審舉表）

臣自抱釁歸藩。刻肌刻骨。追思罪戾。晝分而食。夜分而寢。誠以天網不可重罹。聖恩難以再恃。竊感相鼠之篇。無禮遄死之義。形影相弔。五情愧赧。以罪棄生。則違古賢夕改之勸。忍活苟全。則犯詩人胡顏之譏。伏惟陛下德象天地。恩隆父母。施暢春風。澤如時雨。是以不別荊棘者。慶雲之惠也。七子均養者。鳲鳩之仁也。舍罪責功者。明君之舉也。矜愚愛能者。慈父之恩也。是以愚臣徘徊於恩澤。而不敢自棄者也。（上責躬詩表）

由上舉各例、可以見魏初作品已漸向排比運用之變化方面邁進矣。雖然、駢文構成之要素、固不止排比一端、然自駢文之義界觀之、知一般人多以排比與否、作爲駢散文畫分之標準、是則排比運用之變化多方、卽認爲係駢文之成熟、亦無不可。亦猶梁陳之間、徐孝穆庾子山出而「四六聯對」之靈活運用、卽亦可認爲係四六文之成熟也。

三、駢四儷六之方盛　文心雕龍章句篇云：『若夫筆句無常、而字有條數、四字密有不促、六字格而非緩、或變之以三五、蓋應機之權節也。』言駢文係以四字句與六字句爲基本句法也。駢文之以四六字句相間爲用所謂「四六聯對」者、直至徐庾二子出而臻成熟、而告完備、然追溯其源、則要以陸機之演連珠爲首唱焉、試舉一二首爲式。

臣聞遯世之士。非受匏瓜之性。幽居之女。非無懷春之情。是以名勝欲。故偶影之操矜。窮愈達。故凌霄之節厲。

臣聞虐暑熏天。不減堅冰之寒。涸陰凝地。無累陵火之熱。是以吞縱之強。不能反蹈海之志。漂鹵之威。不能降西山之節。

由以上二例、可以見四六句法實已肇端於此、惟手法猶嫌拙劣、遂使句法板滯、無變化之妙趣耳。

四、聲律色采之並美　古人作文、不斤斤於平仄、建安以後之文章、雖不盡平仄調和、而各有其自然音節。沈約宋書謝靈運傳論云：

至於先士茂製、諷高歷賞、子建函京之作、仲宣灞岸之篇、子荊零雨之章、正長朔風之句、並直舉胸情、非傍詩史、正以音律調韻、取高前式、自靈均以來、多歷年代、雖文體稍精、而此祕未覩。至於高言妙句、音韻天成、皆暗與理合、匪由思至。

言南北朝以前之辭章家、雖不明平仄、而不知不覺之間、自然與之暗合、此則天然之音節、非人力所製成。鍾嶸詩品序則謂：

古曰詩頌、皆被之金竹、故非調五音、無以諧會、若『置酒高堂上』、『明月照高樓』、爲韻之首。故三祖（指魏之武帝文帝明帝而言）之詞、文或不工、而韻入歌唱、此重音韻之義也。

可知建安時代詩文皆可合樂、故有音節可言、謂與人力無關、非的論也。

至於色采之敷陳、則尤爲魏晉文人之能事、陸機文賦云：

理扶質以立幹、文垂條而結繁。……其爲物也多姿、其爲體也屢遷、其會意也尙巧、其遣言也貴妍、暨音聲之迭代、若五色之相宣。

其意蓋謂文章內容固屬重要、而修辭之工巧、音律之諧美、色采之穠麗、皆所宜重、不可忽略。

五、用典隸事之繁富　用典隸事、起源甚古、屈宋騷賦、已著先鞭、然多屬意到筆隨之作、非有成竹在胸也。自陸機出而刻意經營、漸趨繁富、故李申耆云：『隸事之富、始於士衡。』（評顏延之三月三日曲水詩序語見駢體文鈔）觀其豪士賦序、五等諸侯論、演連珠、與趙王倫薦戴淵啓、弔魏武帝文諸篇、隸事之繁、匪惟漢代所無、抑亦晉文中有數之作。至造語之精、敷采之麗、裁對之工、措辭之短長相間、竟爲四六開先、更不待言矣。特錄一首、俾知其凡。

與趙王倫薦戴淵啓

蓋聞繁弱登御。然後高墉之功顯。孤竹在肆。然後降神之曲成。伏見處士戴淵砥節立行。有井渫之潔。安窮樂志。無風塵之慕。誠東南之遺寶。朝廷之貴璞也。若得寄跡康衢。必能結軌驥騄。耀質廊廟。必能垂光璵璠。夫枯岸之民。果於輸珠。潤山之客。烈於貢玉。蓋明暗呈形。則庸識所甄也。

第二節　曹魏時代文風之鼎盛

自東漢散文化之駢文、一變而爲純粹之駢文、曹魏時代實爲其轉變關鍵。建安年間、魏武以一世之雄、於萬馬倥傯之中、篤愛文學、設天網以該天下之儁才、頓八紘以掩舉國之碩彥、益以二公子之能文、於是行連輿、止接席、而豪放悲壯之氣、婉轉纏綿之聲、殆悉發於鄴下矣。此所謂有魏一代、乃中國中古文學之總樞紐——上承兩漢之風、下啓六朝之氣、其信然乎、是亦足以徵其關係之重且大矣。

建安文學、除曹氏父子外、論者咸推七子。孔融聖人之苗裔、文章淹雅、麗辭紛綸、結兩漢之局、而開六朝之派、蓋融有以先之也。徐幹著中論、不以華采爲高、而自然朗儁。王粲登樓諸賦、朗麗哀志、直仿楚騷遺調。陳琳章表殊健、腴而得峭、駿而能婉。阮瑀書記翩翩、疏宕儁爽、曲而能肆。應瑒綜其斐然之思、劉楨騁其壯麗之氣。七子而外、有若楊修潘勖之流、吳質李康之輩、亦皆英才秀發、彬蔚可觀、琦辭瑰語、耳目一新矣。正始年間、何晏王弼二子、潛心經典、娛志老莊、所作率以立意爲宗、非以能文爲本。文士如應瑒繆襲繁欽等、莫不妙麗婉曲、靡密閑暢。竹林七賢中則以阮籍嵇康二人爲高、所作詩文、絕去雕飾、而氣格清迥、意度閒遠。曹魏文人、約盡於此。劉勰文心雕龍於各家才調論述綦詳、迻錄其詞如下：

魏文之才、洋洋清綺、舊談抑之、謂去植千里、然子建思捷而才儁、詩麗而表逸。子桓慮詳而力緩、故不競於先鳴。而樂府清越、典論辯要、迭用短長、亦無懵焉。但俗情抑揚、雷同一響、遂令文帝以位尊減才、思王以勢窘益價、未爲篤論也。仲宣溢才、捷而能密、文多兼善、辭少瑕累、摘其詩賦、則七子之冠冕乎。琳瑀以符檄擅聲、徐幹以賦論標美。劉楨情高以會采、應瑒學優以得文。路粹楊修、頗懷筆記之工、丁儀邯鄲、亦含論述之美、有足算焉。劉劭趙都、能攀於前修、何晏景福、克光於後進。休璉風情、則百壹標其志、吉甫文理、則臨丹成其采。嵇康師心以遣論、阮籍使氣以命詩、殊聲而合響、異翮而同飛。（才略篇）

至於魏代文人之作風、劉申叔氏嘗歸納爲兩派、而於各家文章之源流、亦多所論列、其言曰：

魏代自太和以迄正始、文士輩出、其文約分兩派。一爲王弼何晏之文、清峻簡約、文質兼備、雖闡發道家之緒、實與名法家言爲近者也。此派之文、蓋成於傅嘏、而王何集其大成、夏侯玄鍾會之流、亦屬此派。溯其遠源、則孔融王粲實開其基。一爲嵇康阮籍之文、文章壯麗、總采騁辭、雖闡發道家之緒、實與縱橫家言爲近者也。此派之文、盛於竹林諸賢。溯其遠源、則阮瑀陳琳已開其始、惟阮陳不善持論、孔王雖善持論、而不能藻以玄思、故世之論魏晉文學者、昧厥遠源之所出。（中古文學史）

此確爲有見之論、近人陳柱從之、惟更作系統之說明曰：

魏代之文、約分兩派。一曰悲壯派、此派自魏武開之、陳思繼之、益以富麗、凡王粲陳琳吳質之屬隨之、而皆望塵不及者也、凡六朝陸機徐庾等尙氣勢者、均自此出。二曰淸麗派、此派自魏文倡之、凡阮籍繁欽之徒隨之、凡六朝之潛氣內轉、尙氣韻一派、均從此出。（中國散文史）

案魏代爲駢散文分鑣之初期、亦駢文蕃衍之時代、並無眞散文可言、故二氏所論、其指駢文、應無疑義。今略述諸子造詣及其作品、間亦繫以名家之品評、以見曹魏一代文章之特色焉。

曹氏父子　曹氏建立帝基以後、父子三人均以斐然之文采、寫駢儷之文章。宋書謝靈運傳論云：『至於建安、曹氏基命、三祖陳王、咸蓄盛藻、甫乃以情緯文、以文被質。自漢至魏、四百餘年、辭人才子、文體三變、相如工爲形似之言、二班長於情理之說、子建仲宣以氣質爲體、並標能擅美、獨映當時、是以一世之士、各相慕習。』可見當時在曹氏父子悉心倡導、加意護持之下、有一種新穎之作風。

魏武帝曹操文詞雅健、詩歌沈雄、四言詩尤所擅場、短歌行之作、慷慨悲涼、含寄不淺、信足繼三百篇奇響。碣石篇意境樸茂、雖歌以詠志、適足以見壯心之不已焉。而薤露蒿里苦寒卻東西門諸什、或述漢末亂離之象、或寫征人遠行之苦、情景並妙、此鍾嶸所以稱曹公古直、甚有悲涼之句歟。其文章亦雄偉悲壯、虎步一代、祭橋太尉文、詞朗而氣疏、請追增郭嘉封邑表、采富而骨重。他若請爵荀彧表、請增封荀彧表、表論田疇功、讓縣自明本志令、謝策命魏公書、上言破袁表等、皆音節渾妙、文詞典潤、蓋猶帶東漢餘習者也。錄一篇以爲式。

請追增郭嘉封邑表

臣聞褒忠示寵。未必當身。念功惟績。恩隆後嗣。是以楚宗孫叔。顯封厥子。岑彭既沒。爵及支庶。誠賢君殷勤於清良。聖祖敦篤於明勳也。故軍祭酒洧陽亭侯潁川郭嘉。立身著行。稱茂鄉邦。與臣參事。盡節爲國。忠良淵淑。體通性達。每有大議。發言盈庭。執中處理。動無遺策。自在軍旅。十有餘年。行同騎乘。坐共幄席。東禽呂布。西取眭固。斬袁譚之首。平朔土之衆。踰越險塞。盪定烏丸。震威遼東。以梟袁尙。雖假天威。易爲指麾。至於臨敵。發揚誓命。凶逆克殄。勳實由嘉。臣今日所以免戾。嘉與其功。方將表顯。使賞足以報效。薄命夭隕。不終美志。上爲陛下悼惜良臣。下自毒恨喪失奇佐。昔霍去病蚤死。孝武爲之咨嗟。祭遵不究功業。世祖望柩悲慟。仁恩降下。念發五內。今嘉隕命。誠足憐傷。宜追增嘉封。並前千戶。褒亡爲存。厚往勸來也。

文帝曹丕以儲君之貴、雅好詩文、以著述爲務、其氣雖不若乃父之壯、其情雖不若乃弟之豪、而天資文藻、下筆成章、強識博聞、兼該才藝。其樂府諸章、清越遒亮、逸氣橫生、亦足以自成一體。燕歌行一首、洋洋清綺、爲後世七言歌行之祖、未可以位尊抑之也。古詩若芙蓉池作、意境悠遠、甚垂大觀、雜詩亦清曲有味。

至於文章、則修飭安閑、清麗綽約、與乃父之奮筆疾書作風大別矣。其最著者曰典論論文、此篇爲吾國文學批評之嚆矢、錄其詞如下：

文人相輕。自古而然。傅毅之於班固。伯仲之閒耳。而固小之。與弟超書曰。武仲以能屬文爲蘭臺令史。下筆不能自休。夫人善於自見。而文非一體。鮮能備善。是以各以所長。相輕所短。里語曰。家有敝帚。享之千金。斯不自見之患也。今之文人。魯國孔融文舉。廣陵陳琳孔璋。山陽王粲仲宣。北海徐幹偉長。陳留阮瑀元瑜。汝南應瑒德璉。東平劉楨公幹。斯七子者。於學無所遺。於辭無所假。咸自以騁驥騄於千里。仰齊足而並馳。以此相服。亦良難矣。蓋君子審己以度人。故能免於斯累。而作論文。

王粲長於辭賦。徐幹時有齊氣。然粲之匹也。如粲之初征登樓槐賦征思。幹之玄猿漏卮圓扇橘賦。雖張蔡不過也。然於他文。未能稱是。琳瑀之章表書記。今之儁也。應瑒和而不壯。劉楨壯而不密。孔融體氣高妙。有過人者。然不能持論。理不勝辭。以至乎雜以嘲戲。及其所善。揚班儔也。

常人貴遠賤近。向聲背實。又患闇於自見。謂己爲賢。夫文本同而末異。蓋奏議宜雅。書論宜理。銘誄尚實。詩賦欲麗。此四科不同。故能之者偏也。唯通才能備其體。

文以氣爲主。氣之清濁有體。不可力強而致。譬諸音樂。曲度雖均。節奏同檢。至於引氣不齊。巧拙有素。雖在父兄。不能以移子弟。

蓋文章。經國之大業。不朽之盛事。年壽有時而盡。榮樂止乎其身。二者必至之常期。未若文章之無窮。是以古之作者。寄身於翰墨。見意於篇籍。不假良史之辭。不託飛馳之勢。而聲名自傳於後。故西伯幽而演易。周旦顯而制禮。不以隱約而弗務。不以康樂而加思。夫然。則古人賤尺璧而重寸陰。懼乎時之過己。而人多不強力。貧賤則懾於飢寒。富貴則流於逸樂。遂營目前之務。而遺千載之功。日月逝於上。體貌衰於下。忽然與萬物遷化。斯志士之大痛也。融等已逝。唯幹著論。成一家言。

首段指出古今文人相輕之通病及論文應持之態度、次論同時七子文章之長短、次論文體各有所宜、次論才性各有所偏、最後提出文學之眞正價值。影響後來頗大、魏晉以降、其所以能成爲文學時代、固有其歷史與社會之必然性、而子桓由功用之鐵蹄下、提出文學本身之價值、使文學易於進展、此種功績、實未容忽視。

子桓他文之善者甚多、如自敍之文氣疏暢、以鄭稱爲武德侯傅令之典則雅飭、與王朗書之高迴絕塵、與吳質二書之俯仰緜邈、意味深長、與鍾大理書之雅潤流麗、姿態嫣然、皆傳誦於世之作也。錄其與吳質書中之一首、以供觀覽。

五月十八日。丕白。季重無恙。塗路雖局。官守有限。願言之懷。良不可任。足下所治僻左。書問致簡。益用增勞。每念昔日南皮之游。誠不可忘。旣妙思六經。逍遙百氏。彈棊間設。終以六博。高談娛心。哀箏順耳。馳騁北場。旅食南館。浮甘瓜於清泉。沈朱李於寒水。白日旣匿。繼以朗月。同乘並載。以遊後園。輿輪徐動。參從無聲。清風夜起。悲笳微吟。樂往哀來。愴然傷懷。余顧而言。斯樂難常。足下之徒。咸以爲然。今果分別。各在一方。元瑜長逝。化爲異物。每一念至。何時可言。方今蕤賓紀時。景風扇物。天氣和暖。衆果具繁。時駕而游。北遵河曲。從者鳴笳以啓路。文學託乘於後車。節同時異。物是人非。我勞如何。今遣騎到鄴。故使枉道相過。行矣自愛。丕白。

孫執升評曰：『撫今感舊、覩景思人、對此茫茫、百端交集、盈虛之慨、正因遊覽之勝而愈深也、讀者徒賞其佳麗、猶未極才人之致。』良然。

陳思王曹植才華蓋代、逸氣橫雲、所作詩文、風骨稜稜、七子之徒、咸非其敵、此其所以有『繡虎』（見世說新語賞譽篇）『八斗』（南史謝靈運傳靈運曰天下才共一石曹子建獨得八斗我得一斗自古及今共用一斗）之譽也。鍾嶸更為之低首曰：

魏陳思王植、其源出於國風、骨氣奇高、詞采華茂、情兼雅怨、體被文質、粲溢今古、卓爾不羣。嗟乎、陳思之於文章也、譬人倫之有周孔、鱗羽之有龍鳳、音樂之有琴笙、女工之有黼黻、俾爾懷鉛吮墨者、抱篇章而景慕、映餘輝以自燭。故孔氏之門如用詩、則公幹升堂、思王入室、景陽潘陸自可坐於廊廡之間矣。（詩品）

蓋子建詩文、源出經典、卓識千古、然其生性則放蕩不羈、故其才雖靈、其思雖敏、終不免見怒於父、遭忌於兄、七步成詩、亦足見陳思之敏、與其所處環境之苦也、文人之不幸、誰有如是者哉、然是者亦即陳思偉大作品之環境焉、今讀其文、則其人已恍然呈現於吾人之目前矣。

子建少時、即擅作詩賦、適鄴銅爵臺新成、太祖悉將諸子登臺、使各為賦、子建援筆立成、淸轉華妙、秀麗圓匀、太祖甚異之。生平作賦四十七篇、率多短章、極饒情趣。較長者惟洛神七啓二篇、皆見錄於昭明文選。尤以洛神為高、二千年來、傳誦不衰、殆已成家喻戶曉之作矣。

洛神賦

黃初三年。余朝京師。還濟洛川。古人有言。斯水之神。名曰宓妃。感宋玉對楚王神女之事。遂作斯賦。其辭曰。

余從京域。言歸東藩。背伊闕。越轘轅。經通谷。陵景山。日既西傾。車殆馬煩。爾迺稅駕乎蘅皋。秣駟乎芝田。容與乎楊林。流眄乎洛川。

於是精移神駭。忽焉思散。俯則未察。仰以殊觀。覩一麗人。于巖之畔。迺援御者而告之曰。爾有覿於彼者乎。彼何人斯。若此之豔也。御者對曰。臣聞河洛之神。名曰宓妃。然則君王所見。無迺是乎。其狀若何。臣願聞之。

余告之曰。其形也。翩若驚鴻。婉若游龍。榮曜秋菊。華茂春松。髣髴兮若輕雲之蔽月。飄颻兮若流風之迴雪。遠而望之。皎若太陽升朝霞。迫而察之。灼若芙蕖出淥波。穠纖得中。修短合度。肩若削成。腰如約素。延頸秀項。皓質呈露。芳澤無加。鉛華弗御。雲髻峨峨。修眉聯娟。丹脣外朗。皓齒內鮮。明眸善睞。靨輔承權。瓌姿豔逸。儀靜體閑。柔情綽態。媚於語言。奇服曠世。骨像應圖。披羅衣之璀粲兮。珥瑤碧之華琚。戴金翠之首飾。綴明珠以耀軀。踐遠游之文履。曳霧綃之輕裾。微幽蘭之芳藹兮。步踟躕於山隅。

於是忽焉縱體。以遨以嬉。左倚采旄。右蔭桂旗。攘皓腕於神滸兮。采湍瀨之玄芝。余情悅其淑美兮。心振蕩而不怡。無良媒以接歡兮。託微波而通辭。願誠素之先達兮。解玉佩以要之。嗟佳人之信脩兮。羌習禮而明詩。抗瓊珶以和予兮。指潛淵而爲期。執眷眷之款實兮。懼斯靈之我欺。感交甫之棄言兮。悵猶豫而狐疑。收和顏而靜志兮。申禮防以自持。

於是洛靈感焉。徙倚彷徨。神光離合。乍陰乍陽。竦輕軀以鶴立。若將飛而未翔。踐椒塗之郁烈。步蘅薄而流芳。超長吟以永慕兮。聲哀厲而彌長。

爾迺衆靈雜遝。命儔嘯侶。或戲清流。或翔神渚。或采明珠。或拾翠羽。從南湘之二妃。攜漢濱之游女。歎匏瓜之無匹兮。詠牽牛之獨處。揚輕袿之綺靡兮。翳脩袖以延佇。體迅飛鳧。飄忽若神。凌波微步。羅襪生塵。動無常則。若危若安。進止難期。若往若還。轉眄流精。光潤玉顏。含辭未吐。氣若幽蘭。華容婀娜。令我忘餐。

於是屏翳收風。川后靜波。馮夷鳴鼓。女媧清歌。騰文魚以警乘。鳴玉鸞以偕逝。六龍儼其齊首。載雲車之容裔。鯨鯢踊而夾轂。水禽翔而爲衛。

於是越北沚。過南岡。紆素領。迴清陽。動朱脣以徐言。陳交接之大綱。恨人神之道殊兮。怨盛年之莫當。抗羅袂以掩涕兮。淚流襟之浪浪。悼良會之永絕兮。哀一逝而異鄉。無微情以效愛兮。獻江南之明璫。雖潛處於太陰。長寄心於君王。忽不悟其所舍。悵神宵而蔽光。

於是背下陵高。足往神留。遺情想像。顧望懷愁。冀靈體之復形。御輕舟而上溯。浮長川而忘反。思緜緜而增慕。夜耿耿而不寐。霑繁霜而至曙。命僕夫而就駕。吾將歸乎東路。攬騑轡以抗策。悵盤桓而不能去。

文選李善注引記云：

魏東阿王漢末求甄逸女、既不遂。太祖回、與五官中郎將、植殊不平、晝思夜想、廢寢與食。黃初中、入朝、帝示植甄后玉鏤金帶枕、植見之、不覺泣下、時已爲郭后讒死。帝意亦尋悟、因令太子留宴飲、仍以枕賚植。植還、度轘轅、少許時、將息洛水上、思甄后、忽見女來、自云：『我本託心君王、其心不遂、此枕是我在家時從嫁、前與五官中郎將、今與君王、遂用薦枕席、懽情交集、豈常辭能具。爲郭后以糠塞口、今被髮、羞將此形貌重覩君王爾。』言訖、遂不復見所在。遣人獻珠於王、王答以玉珮、悲喜不能自勝、遂作感甄賦。後明帝見之、改爲洛神賦。

子建此作、頑豔哀感、纏綿悱惻、美人香草、上繼屈宋比興之思、儷字駢音、下牖江鮑綺豔之習、若非曠世逸才、寧能與於此乎。 至七啓八首、蓋訢慕枚叔七發而作也、造語之精、敷采之麗、裁對之工、匪惟漢代所無、抑亦魏文之冠、六朝儷體、此其先唱焉。茲以其文太長、不具錄、僅舉其中最圓美之一段如左：

鏡機子曰。世有聖宰。翼帝霸世。同量乾坤。等曜日月。玄化參神。與靈合契。惠澤播於黎苗。威靈震乎無外。超隆平於殷周。踵羲皇而齊泰。顯朝惟清。王道遐均。民望如草。我澤如春。河濱無洗耳之士。喬岳無巢居之民。是以俊乂來仕。觀國之光。舉不遺才。進各異方。讚典禮於辟雍。講文德於明堂。正流俗之華說。綜孔氏之舊章。散樂移風。國富民康。神應休臻。屢獲嘉祥。故甘露紛而晨降。景星宵而舒光。觀游龍於神淵。聆鳴鳳於高岡。此霸道之至隆。而雍熙之盛際。然主上猶以沈思之末廣。懼聲教之未厲。采英奇於仄陋。宣皇明於巖穴。此甯子商歌之秋。而呂望所以投綸而逝也。吾子爲太和之民。不欲仕陶唐之世乎。

於是玄微子攘袂而興曰、韡哉言乎。近者吾子所述華淫。欲以厲我。祇攪予心。至聞天下穆清。明君涖國。覽盈虛之正義。知頑素之迷惑。令予廓爾。身輕若飛。願反初服。從子而歸。

至於文章方面、若制命宗聖侯孔羡奉家祀碑、承露盤銘、黃初六年下國中令、慶文帝受禪表各篇、閎約茂懿、侔色揣稱、皆廟堂鉅製也。求自試、求通親親、陳審舉、上責躬詩諸表、則憂危憤懣、蒼涼沈痛、有楚騷之遺響焉。他若文帝平陽懿公主王仲宣三誄、哀思無限、淒韻欲流、固已秀掩中郎、潤逼子雲者矣。與楊德祖吳季重二書、雖憤悱之詞、充牣楮墨、而風華掩映、聲光並美、亦未嘗不高標獨秀、挺出鄧林、洵儷體之金繩、書疏之玉律也。今略舉數首、以概其餘。

制命宗聖侯孔羨奉家祀碑

維黃初元年。大魏受命。胤軒轅之高蹤。紹虞氏之遐統。應歷數以改物。揚仁風以作教。於是輯五瑞。班宗彝。鈞衡石。同度量。秩羣祀於無文。順天時以布化。既乃緝熙聖緒。紹顯上世。追存三代之禮。兼紹宣尼之後。以魯縣百戶。命孔子二十一世孫議郎孔羨爲宗聖侯。以奉孔子之祀。制詔三公曰。

昔仲尼負大聖之才。懷帝王之器。當衰周之末。而無受命之運。在魯衛之朝。教化洙泗之上。栖栖焉。皇皇焉。欲屈己以存道。貶身以救世。於是王公終莫能用之。乃退考五代之禮。修素王之事。因魯史而制春秋。就太師而正雅頌。俾千載之後。莫不宗其文以述作。仰其聖以謀咨。可謂命世大聖。億載之師表者也。遭天下大亂。百祀墮壞。舊居之廟。毀而不修。褒成之後。絕而莫繼。闕里不聞講誦之聲。四時不睹蒸嘗之位。斯豈所謂崇禮報功。盛德必百世祀者哉。嗟乎。朕甚憫焉。其以議郎孔羨爲宗聖侯。邑百戶。奉孔子之祀。令魯郡修起舊廟。置百戶卒吏以守衞之。又於其外廣爲屋宇。以居學者。

於是魯之父老。諸生游士。睹廟堂之始復。觀俎豆之初設。嘉聖靈於髣髴。想禎祥之來集。乃慨然而嘆曰。大道衰廢。禮樂絕滅。三十餘年。皇上懷仁聖之懿德。兼二儀之化育。廣大包於無方。淵深淪於不測。故自受命以來。天人咸和。神氣氤氳。嘉瑞踵武。休徵屢臻。殊俗解編髮而慕義。遐夷越險阻而來賓。雖大皞遊龍以君世。虞氏儀鳳以臨民。伯禹命玄宮而爲夏后。西伯由岐社而爲周文。尚何足稱於大魏哉。若乃紹繼微絕。興修廢官。疇咨稽古。崇配乾坤。況神明之所福。作宇宙之所觀。欣欣之色。豈徒魯邦而已哉。

爾乃感殷人路寢之義。嘉先民泮宮之事。以爲高宗僖公。蓋嗣世之王。諸侯之國耳。猶著德於三代。騰聲於千載。況今聖皇肇造區夏。創業垂統。受命之日。曾未下輿。而褒美大聖。隆化如此。能無頌乎。乃作頌曰。

煌煌大魏。受命溥將。繼體黃唐。包夏含商。降釐下土。廓清三光。羣祀咸秩。靡事不綱。嘉彼元聖。

有赫其靈。遭世霧亂。莫顯其榮。褒成既絕。寢廟斯傾。闕里蕭條。靡韶靡謩。我皇悼之。尋其世武。
乃建宗聖。以紹厥後。修復舊堂。豐其甍宇。莘莘學徒。爰居爰處。王教既新。羣小遄沮。魯道以興。
永作憲矩。洪聲豈遐。神祇來和。休徵雜遝。瑞我邦家。內光區域。外被荒遐。殊方慕義。搏拊揚歌。
於赫四聖。運世應期。仲尼既沒。文亦在茲。彬彬我后。越而五之。垂於億載。如山之基。

與吳季重書

植白。季重足下。前日雖因常調。得爲密坐。雖燕飲彌日。其於別遠會稀。猶不盡其勞積也。若夫觴酌凌波於前。簫笳發音於後。足下鷹揚其體。鳳觀虎視。謂蕭曹不足儔。衛霍不足侔也。左顧右眄。謂若無人。豈非吾子壯志哉。過屠門而大嚼。雖不得肉。貴且快意。當斯之時。願舉太山以爲肉。傾東海以爲酒。伐雲夢之竹以爲笛。斬泗濱之梓以爲箏。食若塡巨壑。飲若灌漏巵。其樂固難量。豈非大丈夫之樂哉。然日不我與。曜靈急節。面有逸景之速。別有參商之闊。思欲抑六龍之首。頓羲和之轡。折若木之華。閉濛汜之谷。天路高邈。良久無緣。懷戀反側。如何如何。

得所來訊。文采委曲。曄若春榮。瀏若淸風。申詠反覆。曠若復面。其諸賢所著文章。想還所治。復申詠之也。可令憙事小吏。諷而誦之。夫文章之難。非獨今也。古之君子。猶亦病諸。家有千里。驥而不珍焉。人懷盈尺。和氏無貴矣。

夫君子而知音樂。古之達論。謂之通而蔽。墨翟不好伎。何爲過朝歌而迴車乎。足下好伎。值墨翟迴車之縣。想足下助我張目也。又聞足下在彼。自有佳政。夫求而不得者有之矣。未有不求而得者也。且改轍易行。非良樂之御。易民而治。非楚鄭之政。願足下勉之而已矣。適對嘉賓。口授不悉。往來數相聞。曹植白。

總之、曹氏兄弟文章、雖以規撫東京之作居多、但已重視寫作之技巧、講求形式之美化、舉凡辭采對仗用典音節鍊字諸端之與駢文息息相關者、皆視前修爲加甚、爲妥貼、前已分論其大略。今綜論之、則魏文柔和綺麗、軟語溫存、比之爲淑媛甚當。至若陳思則翩翩然風流標映、豪氣獨往、此其所以有周孔之於人倫、龍鳳之於鱗羽之美譽也。

建安七子　建安末、曹公父子、篤好斯文、而子桓兄弟又與二三諸彥、朝夕遊讌、窮極歡娛、於是文學彬彬盛矣。當是時、中原鼎沸、干戈雲擾、故七子之徒、率皆慷慨以任氣、磊落以使才、觀其篇章、非雄直駿快之作、即朗麗哀志之詞、建安風骨、從是遂奠。惟是七子造詣、各有所偏、亦猶春花秋月、各逞其美、固難以等第其高下、品藻其甲乙、魏文帝曹丕蓋已先我言之矣。所可述者、體裁風格而已。曹丕與朝歌令吳質書云：

觀古今文人、類不護細行、鮮能以名節自立。而偉長獨懷文抱質、恬淡寡欲、有箕山之志、可謂彬彬君子者矣。著中論二十餘篇、成一家之言、辭義典雅、足傳於後、此子爲不朽矣。德璉常斐然有述作之意、其才學足以著書、美志不遂、良可痛惜。間者歷覽諸子之文、對之抆淚、既痛逝者、行自念也。孔璋章表殊健、微爲繁富。公幹有逸氣、但未遒耳、其五言詩之善者、妙絕時人。元瑜書記翩翩、致足樂也。仲宣獨自善於辭賦、惜其體弱、不足起其文、至於所善、古人無以遠過。昔伯牙絕絃於鍾期、仲尼覆醢於子路、痛知音之難遇、傷門人之莫逮。諸子但爲未及古人、自一時之雋也。今之存者、已不逮矣。

曹植與楊德祖書亦曰：

今世作者、可略而言也。昔仲宣獨步於漢南、孔璋鷹揚於河朔、偉長擅名於青土、公幹振藻於海隅、德璉發跡於此魏、足下高視於上京。當此之時、人人自謂握靈蛇之珠、家家自謂抱荊山之玉。吾王於是設天網以該之、頓八紘以掩之、今悉集茲國矣。然此數子、猶復不能飛軒絕跡、一舉千里。以孔璋之才、不閑於辭賦、而多自謂能與司馬長卿同風、譬畫虎不成、反爲狗也。前書嘲之、反作論盛道僕讚其文。夫鍾期不失聽、於今稱之。吾亦不能妄歎者、畏後世之嗤余也。

觀此二篇及典論論文引見前所論、則七子之作風可知矣。七子者、卽典論所列孔融陳琳王粲徐幹阮瑀應瑒劉楨、後人號爲建安七子者也。

孔融　融字文舉、孔子二十世孫、少有俊才、獻帝時爲北海相、立學校、表儒術、尋拜大中大夫、性寬容少忌、喜誘掖後進、及退閑職、賓客日盈其門、常歎曰：『座上客常滿、尊中酒不空、吾無憂矣。』聞人之善若出諸己、言有可採、必演而成之、面告其短、而退稱所長、薦賢達士、多所獎進、知而未言、以爲己過、故海內英俊、皆信服之、爲曹操所忌、被誅。漢魏六朝一百三家集有孔少府集一卷。

陳琳 琳字孔璋、廣陵人、初爲何進主簿、及進敗、遂避難冀州、袁紹使典文章、嘗爲紹移書曹操、數其罪狀、時操正患頭風、臥讀其文、翕然起曰：『此愈我病。』袁氏敗、歸太祖、典記室、軍國書檄、多出其手。百三家集有陳記室集一卷。

王粲 粲字仲宣、山陽高平人、獻帝西遷、粲從長安、左中郎將蔡邕見而奇之、時邕學顯著、貴重朝廷、常車騎塡巷、賓客盈座、聞粲在門、倒屣迎之、粲至、年旣幼弱、容狀短小、一座盡驚、邕曰：『此王公孫也、有異才、吾不如也。』粲善屬文、擧筆便成、無所改定、時人以爲宿構。百三家集有王侍中集一卷。

徐幹 幹字偉長、北海人、性聰慧、執筆成章、輕官忽祿、不耽世榮、曹操屢加旌命、皆以疾辭、後爲司空軍謀祭酒掾屬、五官將文學。著有中論及文賦數十篇。

阮瑀 瑀字元瑜、陳留人、少受學於蔡邕、建安中、都護曹洪欲使掌書記、瑀不爲屈、曹操辟爲司空軍謀祭酒、與陳琳同典記室、軍國書檄、亦多瑀所作。百三家集有阮元瑜集一卷。

應瑒 瑒字德璉、汝南人、曹操辟爲丞相掾、後轉五官將文學。百三家集有應德璉集一卷。

劉楨 楨字公幹、東平人、建安間、曹操辟爲丞相掾屬、嘗從操子丕䜩飲、酒酣、丕命夫人甄氏出拜、座中人咸伏、楨獨平視、操聞其事、治以不敬罪、刑竟、署爲吏。百三家集有劉公幹集一卷。

若純以文章論、七子之中、要當以孔融爲最高、如薦謝該上書、論盛孝章書、氣勢雄邁、逸宕絕倫、薦禰衡表一首、深美閎約、風骨遒上、譚復堂稱其『詄麗奇儁、絕後空前』者、其誠然乎。次若王粲之登樓賦、隱喩時事、觸景生情、義兼比興、猶是騷人本旨。爲劉荆州與袁譚書則深切淸雄、兩有可觀、魏文所謂『惜其體弱、不足起其文』者、非的評也。次若陳琳之爲袁紹檄豫州、檄吳將校部曲等、皆磊磊軒軒、才情橫溢、史稱能愈魏武之頭風者、卽此等作耳、至答東阿王箋、爲曹洪與魏文帝書諸篇、尤能綜採繁縟、吐屬淸華。他若阮瑀之爲曹公作書與孫權、奏記朱儁、應瑒之正情賦、報龐惠恭書等、皆風骨峻爽、辭旨雅粹、並建安期中錚錚之作也。今略引一二首、以爲鼎臠之嘗焉。

薦禰衡表　　孔融

臣聞洪水橫流。帝思俾乂。旁求四方。以招賢俊。昔世宗繼統。將弘祖業。疇咨熙載。羣士響臻。陛下叡聖。纂承基緒。遭遇厄運。勞謙日昃。維嶽降神。異人並出。竊見處士平原禰衡。年二十四。字正平。淑質貞亮。英才卓躒。初涉藝文。升堂覩奧。目所一見。輒誦於口。耳所暫聞。不忘於心。性與道合。思若有神。弘羊潛計。安世默識。以衡準之。誠不足怪。忠果正直。志懷霜雪。見善若驚。疾惡如讎。任座抗行。史魚厲節。殆無以過也。

鷙鳥累百。不如一鶚。使衡立朝。必有可觀。飛辯騁辭。溢氣坌涌。解疑釋結。臨敵有餘。昔賈誼求試屬國。詭係單于。終軍欲以長纓。牽致勁越。弱冠慷慨。前代美之。近日路粹嚴象。亦用異才。擢拜臺郎。衡宜與爲比。

如得龍躍天衢。振翼雲漢。揚聲紫微。垂光虹蜺。足以昭近署之多士。增四門之穆穆。鈞天廣樂。必有奇麗之觀。帝室皇居。必蓄非常之寶。若衡等輩。不可多得。激楚陽阿。至妙之容。掌技者之所貪。

飛兔騕褭。絕足奔放。良樂之所急也。臣等區區。敢不以聞。陛下篤愼取士。必須效試。乞令衡以褐衣召見。必無可觀采。臣等受面欺之罪。

登樓賦　王粲

登茲樓以四望兮。聊暇日以銷憂。覽斯宇之所處兮。實顯敞而寡仇。挾淸漳之通浦兮。倚曲沮之長洲。背墳衍之廣陸兮。臨皋隰之沃流。北彌陶牧。西接昭丘。華實蔽野。黍稷盈疇。雖信美而非吾土兮。曾何足以少留。

遭紛濁而遷逝兮。漫踰紀以迄今。情眷眷而懷歸兮。孰憂思之可任。憑軒檻以遙望兮。向北風而開襟。平原遠而極目兮。蔽荊山之高岑。路逶迤而修迥兮。川既漾而濟深。悲舊鄉之壅隔兮。涕橫墜而弗禁。昔尼父之在陳兮。有歸與之歎音。鍾儀幽而楚奏兮。莊舃顯而越吟。人情同於懷土兮。豈窮達而異心。

唯日月之逾邁兮。俟河淸其未極。冀王道之一平兮。假高衢而騁力。懼匏瓜之徒懸兮。畏井渫之莫食。步棲遲以徙倚兮。白日忽其將匿。風蕭瑟而並興兮。天慘慘而無色。獸狂顧以求羣兮。鳥相鳴而舉翼。原野闃其無人兮。征夫行而未息。心悽愴以感發兮。意忉怛而憯惻。循階除而下降兮。氣交憤於胸臆。夜參半而不寐兮。悵盤桓以反側。

報龐惠恭書

應　瑒

夫蕭艾之歌。發於中宿。子衿之思。起於嗣音。況實三載。能不有懷。雖萱草樹背。皋蘇在側。悒憒不逞。祇以增毒。朝隱之官。賓不往來。喬木之下。曠無休息。抱勞而已。足下剖符南面。振威千里。行人子羽。朝夕相繼。曾不枉咫尺之路。問蓬室之舊。過意賜書。辭不半紙。慰藉輕於繒縞。譏望重於邱山。是角弓之詩。所以爲刺也。俍鷺羽於宛邱。騁駿足於株林。發明月之輝光。照姣人之窈窕。斯亦所以眩耳目之觀聽。亡聲命於知友者也。

要而論之、有魏一代、乃中古文學之樞紐、主文柄者厥爲曹氏父子、而播揚之者厥爲建安七子、諺云、花卉雖美、仍須綠葉扶持、其此之謂乎。

潘勖　勖字元茂、陳留中牟人、建安中、與衛覬王象並以文章顯、歷官至尚書左丞、卒。其文章傳於世者不多、今所見者、除擬連珠寥寥數十字外、惟册魏公九錫文一篇耳、此篇歷述曹操崛起羣雄之中、功業彪炳、臚陳事實、用彰於世、結體雍容、設辭典雅、蓋爲臺閣文字導其先路者、自魏晉以迄唐宋、皆襲用之、即今日褒揚令頌詞之屬、溯其遠源、亦皆濫觴於此焉、影響後世、至深且鉅、所宜大筆特書者也。今全錄之。

册魏公九錫文

制詔使持節丞相領冀州牧武平侯。朕以不德。少遭閔凶。越在西土。遷於唐衞。當此之時。若綴旒然。宗廟乏祀。社稷無位。羣凶覬覦。分裂諸夏。一人尺土。朕無獲焉。即我高祖之命。將墜於地。朕用夙興夜寐。震悼于厥心。曰惟祖惟父。股肱先正。其孰恤朕躬。乃誘天衷。誕育丞相。保乂我皇家。宏濟于艱難。朕實賴之。今將授君典禮。其敬聽朕命。

昔者董卓初興國難。羣后失位。以謀王室。君則攝進。首起戎行。此君之忠於本朝也。後及黃巾。反易天常。侵我三州。延於平民。君又討之。翦除其迹。以寧東夏。此又君之功也。韓暹楊奉。專用威命。又賴君勳。剋黜其難。遂建許都。造其京畿。設官兆祀。不失舊物。天地鬼神。於是獲乂。此又君之功也。袁術僭逆。肆於淮南。懾憚君靈。用丕顯謀。蘄陽之役。橋蕤授首。稜威南厲。術以殞潰。此又君之功也。迴戈東指。呂布就戮。乘軒將返。張揚沮斃。眭固伏罪。張繡稽服。此又君之功也。袁紹逆常。謀危社稷。憑恃其衆。稱兵內侮。當此之時。王師寡弱。天下寒心。莫有固志。君執大節。精貫白日。奮其武怒。運諸神策。致屆官渡。大殲醜類。俾我國家。拯於危墜。此又君之功也。濟師洪河。拓定四州。袁譚高幹。咸梟其首。海盜奔迸。黑山順軌。此又君之功也。烏丸三種。崇亂二世。袁尚因之。逼據塞北。束馬縣車。一征而滅。此又君之功也。劉表背誕。不供貢職。王師首路。威風先逝。百城八郡。交臂屈膝。此又君之功也。馬超成宜。同惡相濟。濱據河潼。求逞所欲。殄之渭南。獻馘萬計。遂定邊城。撫和戎狄。此又君之功也。鮮卑丁令。重譯而至。箄于白屋。請吏帥職。此又君之功也。君有定天下之功。重以明德。班敍海內。宣美風俗。旁施勤敎。恤愼刑獄。吏無苛政。民不佪慝。

敦崇帝族。援繼絕世。舊德前功。罔不咸秩。雖伊尹格于皇天。周公光于四海。方之蔑如也。

朕聞先王並建明德。胙之以土。分之以民。崇其寵章。備其禮物。所以蕃衛王室。左右厥世也。其在周成。管蔡不靖。懲難念功。乃使邵康公錫齊太公履。東至於海。西至於河。南至於穆陵。北至於無棣。五侯九伯。實得征之。世胙太師。以表東海。爰及襄王。亦有楚人不供王職。又命晉文登爲侯伯。錫以二輅虎賁鈇鉞秬鬯弓矢。大啓南陽。世作盟主。故周室之不壞。繄二國是賴。今君稱丕顯德。明保朕躬。奉答天命。導揚宏烈。綏爰九域。罔不率俾。功高乎伊周。而賞卑乎齊晉。朕甚恧焉。

朕以眇身。託於兆民之上。永思厥艱。若涉淵水。非君攸濟。朕無任焉。今以冀州之河東河內魏郡趙國中山鉅鹿常山安平甘陵平原凡十郡。封君爲魏公。使使持節御史大夫慮。授君印綬冊書。金虎符第一至第五。竹使符第一至第十。錫君玄土。苴以白茅。爰契爾龜。用建冢社。

昔在周室。畢公毛公。入爲卿佐。周召師保。出爲二伯。外內之任。君實宜之。其以丞相領冀州牧如故。今更下傳璽。肅將朕命。以允華夏。其上故傳武平侯印綬。今又加君九錫。其敬聽後命。

以君經緯禮律。爲民軌儀。使安職業。無或遷志。是用錫君大輅戎輅各一。玄牡二駟。君勸分務本。嗇民昏作。粟帛滯積。大業惟興。是用錫君袞冕之服。赤舄副焉。君敦尚謙讓。俾民興行。少長有禮。上下咸和。是用錫君軒懸之樂。六佾之舞。君翼宣風化。爰發四方。遠人回面。華夏充實。是用錫君朱戶以居。君研其明哲。思帝所難。官才任賢。羣善必舉。是用錫君納陛以登。君秉國之均。正色處中。纖毫之惡。靡不抑退。是用錫君虎賁之士三百人。君糾虔天刑。章厥有罪。犯關干紀。莫不誅殛。

是用錫君鈇鉞各一。君龍驤虎視。旁眺八維。揜討逆節。折衝四海。是用錫君彤弓一。彤矢百。玈弓十。玈矢千。君以溫恭爲基。孝友爲德。明允篤誠。感乎朕思。是用錫君秬鬯一卣。珪瓚副焉。魏國置丞相以下。羣卿百僚。皆如漢初諸王之制。君往欽哉。敬服朕命。簡恤爾衆。時亮庶功。用終爾顯德。對揚我高祖之休命。

何義門評曰：『大手筆、惟退之平淮西碑能與之角耳。』譚復堂曰：『所言不夸飾、淵乎茂乎、精神肌理、與典誥相通、自是子雲以後有數瑋篇。』又曰：『神完氣足、樸茂淵懿、揚班儔也。』均推崇備至、洵非溢美之虛言也。

李康　康字蕭遠、中山人、性介立、不能和俗、嘗撰遊山九吟、明帝見而異之、遂起家爲尋陽長、有美績、後以病卒。文選著錄其運命論一篇、餘則未之見也。本篇大意在明『治亂、運也、窮達、命也、貴賤、時也。』文氣壯利、不可停滯、故駢詞疊調雖衆、而不覺其繁重、以其文長不宜翦截、遂全錄之。

運命論

夫治亂。運也。窮達。命也。貴賤。時也。故運之將隆。必生聖明之君。聖明之君。必有忠賢之臣。其所以相遇也。不求而自合。其所以相親也。不介而自親。唱之而必和。謀之而必從。道德玄同。曲折合符。得失不能疑其志。讒搆不能離其交。然後得成功也。其所以得然者。豈徒人事哉。授之者天也。告之者神也。成之者運也。

夫黃河淸而聖人生。里社鳴而聖人出。羣龍見而聖人用。故伊尹。有莘氏之媵臣也。而阿衡於商。太公。渭濱之賤老也。而尙父於周。百里奚在虞而虞亡。在秦而秦霸。非不才於虞而才於秦也。張良受黃石之符。誦三略之說。以遊於羣雄。其言也。如以水投石。莫之受也。及其遭漢祖。其言也。如以石投水。莫之逆也。非張良之拙說於陳項而巧言於沛公也。然則張良之言一也。不識其所以合離。合離之由。神明之道也。故彼四賢者。名載於籙圖。事應乎天人。其可格之賢愚哉。孔子曰。淸明在躬。氣志如神。嗜欲將至。有開必先。天降時雨。山川出雲。詩云。惟嶽降神。生甫及申。惟申及甫。惟周之翰。運命之謂也。

豈惟興主。亂亡者亦如之焉。幽王之惑褒女也。祅始於夏庭。曹伯陽之獲公孫彊也。徵發於社宮。叔孫豹之暱豎牛也。禍成於庚宗。吉凶成敗。各以數至。咸皆不求而自合。不介而自親矣。昔者聖人受命河洛。曰以文命者七九而衰。以武興者六八而謀。及成王定鼎於郟鄏。卜世三十。卜年七百。天所命也。故自幽厲之間。周道大壞。二霸之後。禮樂陵遲。文薄之弊。漸於靈景。辯詐之僞。成於七國。酷烈之極。積於亡秦。文章之貴。棄於漢祖。雖仲尼至聖。顏冉大賢。揖讓於規矩之內。誾誾於洙泗之上。不能遏其端。孟軻孫卿。體二希聖。從容正道。不能維其末。天下卒至於溺而不可援。

夫以仲尼之才也。而器不用於魯衛。以仲尼之辯也。而言不行於定哀。以仲尼之謙也。而見忌於子西。以仲尼之仁也。而取讎於桓魋。以仲尼之智也。而屈厄於陳蔡。以仲尼之行也。而招毁於叔孫。夫道足以濟天下。而不得貴於人。言足以經萬世。而不見信於時。行足以應神明。而不能彌綸於俗。

應聘七十國。而不一獲其主。驅驟於蠻夏之域。屈辱於公卿之門。其不遇也如此。及其孫子思。希聖備體。而未之至。封己養高。勢動人主。其所遊歷諸侯。莫不結駟而造門。雖造門猶有不得賓者焉。其徒子夏。升堂而未入於室者也。退老於家。魏文侯師之。西河之人。肅然歸德。比之於夫子。而莫敢間其言。故曰治亂。運也。窮達。命也。貴賤。時也。而後世君子。區區於一主。歎息於一朝。屈原以之沈湘。賈誼以之發憤。不亦過乎。

然則聖人所以爲聖者。蓋在乎樂天知命矣。故遇之而不怨。居之而不疑也。其身可抑。而道不可屈。其位可排。而名不可奪。譬如水也。通之斯爲川焉。塞之斯爲淵焉。升之於雲則雨施。沈之於地則土潤。體淸以洗物。不亂於濁。受濁以濟物。不傷於淸。是以聖人處窮達如一也。

夫忠直之迕於主。獨立之負於俗。理勢然也。故木秀於林。風必摧之。堆出於岸。流必湍之。行高於人。衆必非之。前鑒不遠。覆車繼軌。然而志士仁人。猶蹈之而弗悔。操之而弗失。何哉。將以遂志而成名也。求遂其志。而冒風波於險塗。求成其名。而歷謗議於當時。彼所以處之。蓋有算矣。子夏曰。死生有命。富貴在天。故道之將行也。命之將貴也。則伊尹呂尙之興於商周。百里子房之用於秦漢。不求而自得。不徼而自遇矣。道之將廢也。命之將賤也。豈獨君子恥之而弗爲乎。蓋亦知爲之而弗得矣。凡希世苟合之士。籧篨戚施之人。俛仰尊貴之顏。逶迤勢利之間。意無是非。讚之如流。言無可否。應之如響。以闚看爲精神。以向背爲變通。勢之所集。從之如歸市。勢之所去。棄之如脫遺。其言曰。名與身孰親也。得與失孰賢也。榮與辱孰珍也。故遂絜其衣服。矜其車徒。冒其貨賄。淫其聲色。脈脈然自以爲得矣。蓋見龍逄比干之亡其身。而不惟飛廉惡來之滅其族也。蓋知伍子胥之屬鏤於吳。而不戒費無忌之誅夷於楚也。蓋譏汲黯之白首於主爵。而不懲張湯牛車之禍也。蓋笑蕭望之跋躓於前。而不懼石顯之絞縊於後也。故夫達者之算也。亦各有盡矣。

曰。凡人之所以奔競於富貴。何爲者哉。若夫立德。必須貴乎。則幽厲之爲天子。不如仲尼之爲陪臣也。必須勢乎。則王莽董賢之爲三公。不如揚雄仲舒之閴其門也。必須富乎。則齊景之千駟。不如顏回原憲之約其身也。其爲實乎。則執杓而飲河者。不過滿腹。棄室而灑雨者。不過濡身。過此以往。弗能受也。其爲名乎。則善惡書於史策。毀譽流於千載。賞罰懸乎天道。吉凶灼乎鬼神。固可畏也。將以娛耳目。樂心意乎。譬命駕而遊五都之市。則天下之貨畢陳矣。褰裳而涉汶陽之邱。則天下之稼如雲矣。椎紒而守敖庾海陵之倉。則山坻之積在前矣。扱衽而登鍾山藍田之上。則夜光璵璠之珍可觀矣。夫如是也。爲物甚衆。爲己甚寡。不愛其身而嗇其神。風驚塵起。散而不止。六疾待其前。五刑隨其後。利害生其左。攻奪出其右。而自以爲見身名之親疏。分榮辱之客主哉。

天地之大德曰生。聖人之大寶曰位。何以守位曰仁。何以正人曰義。故古之王者。蓋以一人治天下。不以天下奉一人也。古之仕者。蓋以官行其義。不以利冒其官也。古之君子。蓋恥得之而弗能治也。不恥能治而弗得也。原乎天人之性。核乎邪正之分。權乎禍福之門。終乎榮辱之算。其昭然矣。故君子舍彼取此。若夫出處不違其時。默語不失其人。天動星迴。而辰極猶居其所。璣旋輪轉。而衡軸猶執其中。既明且哲。以保其身。貽厥孫謀。以燕翼子者。昔吾先友。嘗從事於斯矣。

言也。

孫月峯評曰：『文氣腴暢，筆力雄肆，通上下，兼雅俗。』孫執升曰：『肆筆而出，如萬斛源泉，坌湧騰躍，不可遏抑，令讀者心目開朗，要其爲賢達解遺，爲憸壬指迷，俱是正言莊論，非老驥悲歌也。』均深造有得之言也。

文心雕龍論說篇云：『原夫論之爲體，所以辨正然否，窮於有數，追於無形，迹堅求通，鉤深取極，乃百慮之筌蹄，萬事之權衡也。故其義貴圓通，辭忌枝碎，必使心與理合，彌縫莫見其隙，辭共心密，敵人不知所乘，斯其要也。』言論說文係以義理爲歸者也。後人本此，遂謂論說一體，乃散文之專利，非駢文所宜，蓋論事說理，義貴朗暢，而駢文以辭藻爲重，爲格律所拘，發揮義理，輒有所不足云云。殊不知以駢文作論，正可利用其辭藻，供引伸譬喻之用，利用其格律，助精微密栗之思。自西漢末葉以還，逐漸有以駢體爲論說之趨勢，如劉向匡衡之奏疏是也。東漢以後，尤其通行。魏晉玄風彌漫，其人好談義理，當時專家著作，如曹冏之六代論，阮籍之達莊論，嵇康之養生聲無哀樂論，韋昭之博弈論，陸機之五等辨亡諸論，裴頠之崇有論，潘尼之安身論，干寶之晉紀總論，泰半以似駢似散之形式出之，極盡精微密栗之能事，此皆魏晉文之精華，非後世古文家所能夢見也。近人瞿兌之嘗就此提出其精闢之意見，有云：

拿這種文章與所謂唐宋八大家相較，同一說理，卻是風度大兩樣了。譬如演說，八大家尤其是宋人彷彿是揎拳擄袖指手畫腳的演說家，聲音態度可以使人興奮，然而久聽之後，不免嫌他粗豪過甚，沒有餘味。如其不然，便是搖頭擺尾，露出酸腐的神情。再不然，便是捏手捏腳，吞吞吐吐，一味的矯揉造作。倒還不如明朝有幾箇人的小品文字，尖新疏淡，好像不衫不履的人說兩句俏皮的冷話，還易於受人歡迎。惟有魏晉人的說理文、纔眞是安雅和平、淸談娓娓、不矜不躁、態度自然、使得聽的人可以肅然改容、穆然深思。（中國駢文概論）

又評干寶之晉紀總論云：

這種文章不躁不矜、淸微縣邈、若比起唐宋八大家來、一箇像風流蘊藉的人、從容揮麈、一個便像村夫子說書、口沫橫飛、聲嘶力竭了。

大抵理有事理名理之不同、事理之文、唐宋古文家命筆、尚能差強人意、而名理之文、惟魏晉人優爲之。古文家不敢規撫周秦、又鄙夷魏晉文爲不足道、作爲文章、味同嚼蠟、此則曾湘鄉所爲深惜（曾滌生謂古文之法無施不可獨短於說理見覆吳南屛書）者也。

第三節　西晉羣彥英華之蔚若

西晉之世、文尚整鍊、理圓事密、聯璧其章、迭用奇偶、節以雜佩、自鑄偉辭、可謂爲文學而文學之時代、亦卽駢文之繁衍時代也。溯自建安文士胼手胝足、披荆斬棘、爲駢文樹立百代之弘規以後、歷正始元康、以迄永嘉、爲時不過百年、而駢文進步之速、有非一日千里所能形容者矣。

建安之文、多主造意、故能吟詠情性、猶不失風雅之旨。西晉之文、重在造詞、故縟旨星稠、繁文綺合、綴平臺之逸響、采南皮之高韻、其風骨神韻雖不逮建安、而修辭協律則甚於曹王矣。文心雕龍明詩篇云：

晉世羣才、稍入輕綺、張潘左陸、比肩詩衢、采縟於正始、力柔於建安、或析文以爲妙、或流靡以自妍、此其大略也。

此雖就詩立言、而駢文內容、亦略近之。其時序才略二篇更詳述當時文壇之盛況云：

逮晉元始基、景文克構、並跡沈儒雅、而務深方術、至武帝惟新、承平受命、而膠序篇章、弗簡皇慮。降及懷愍、綴旒而已。然晉雖不文、人才實盛、茂先搖筆而散珠、太沖動墨而橫錦、岳湛曜聯璧之華、機雲標二俊之采、應傅三張之徒、孫摯成公之屬、並結藻清英、流韻綺靡、前史以爲運涉季世、人未盡才、誠哉斯談、可爲歎息。（時序篇）

張華短章、奕奕清暢、其鷦鷯寓意、卽韓非之說難也。左思奇才、業深覃思、盡銳於三都、拔萃於詠史、無遺力矣。潘岳敏給、辭自和暢、鍾美於西征、賈餘於哀誄、非自外也。陸機才欲窺深、辭務索廣、故思能入巧、而不制繁。士龍朗練、以識檢亂、故能布采鮮淨、敏於短章。孫楚綴思、每直置以疏通、摯虞述懷、必循規以溫雅、其品藻流別、有條理焉。傅玄篇章、義多規鏡、長虞筆奏、世執剛中、並楨幹之實才、非羣華之韡萼也。成公子安選賦而時美、夏侯孝若具體而皆微、曹攄清靡於長篇、季鷹辨切於短韻、各其善也。孟陽景陽、才綺而相埒、可謂魯衞之政、兄弟之文也。（才略篇）

鍾嶸詩品序亦曰：

太康中、三張二陸兩潘一左、勃爾復興、踵武前王、風流未沫、亦文章之中興也。

西晉文家、固不止上舉諸人、而其中特秀者、殆已網羅之矣。

至當時文章實際的風格、誠如陸機所云：『其為物也多姿、其為體也屢遷、其會意也尙巧、其遣詞也貴姸、暨音聲之迭代、若五色之相宣。』（文賦）而餘杭章太炎先生尤為歎賞不置、其言曰：『今人為儷語者、以汪容甫為最善、然猶未窺晉人之美、彼其修辭安雅、則異於唐、持論精審、則異於漢、起止自在、無首尾呼應之式、則異於宋以後之制科策論。而氣息調利、意度沖遠、又無迫窄蹇吃之病、斯信美也。』（菿漢微言）觀二氏之論、則西晉作品、完全以纖巧姸麗挺響文囿者也。今各為條論於左。

潘岳 岳字安仁、滎陽中牟人、總角辯慧、鄉邑稱奇童、及長、姿容秀美、常挾彈出洛陽道、婦女遇之者、皆連手縈繞、投之以果、滿載而歸。後舉秀才、出為河陽令、勤於政事、縣中徧植桃花、人以為美談。八王之亂、孫秀挾嫌構之、被誅。

安仁文辭豔麗、饒於情韻、所作駢賦凡二十篇、為世所傳誦者有西征、笙、籍田、射雉、秋興、閑居、懷舊、寡婦等八篇、皆見收於文選。西征賦託體於班氏父子之北征東征、而刻意美化其辭藻、斟酌其字句、辭賦雕琢之風、從是遂盛、其敍事也、隨處興感、與尋常遊記體之作品殊科、過鞏洛而感周室之興亡、過新安而歎項羽之阬秦降卒、過澠池而思藺相如、過殽函而懷穆公、過陝州而悲虞虢、入潼關以後、更百感交集、茲篇實兼遊記與史評。籍田賦寫天子先農以供祭祀之典禮。射雉賦刻意描寫物態、先寫各種不同之雉、次寫三種不同之射法、或乘其立而射之、或乘其飛而射之、或乘其鬥而射之、復次又更易三種射法、即前射、後射、側射、曲盡其妙。秋興閑居二首、近乎歎老嗟卑、強自寬解、然修辭嫺雅、瀟灑出塵、固是安仁本色、秋興仿騷、閑居則變為『之』字調、取法上林、是其變化處。懷舊賦乃短篇、頗勁峭。寡婦賦為任子咸妻作、將新婦一片思前想後痛徹心脾之心理、抒寫無遺、體亦仿騷、宛轉哀愴、情文備至、非安仁之才之美、莫能道也、尤其是『靜闔門以窮居』八句、曼聲柔調、宛是少婦口中語、令人不忍卒讀。笙賦亦諸樂器賦之佳者。今掇錄最有名之寡婦賦、以見一斑。

寡婦賦

樂安任子咸有韜世之量。與余少而歡焉。雖兄弟之愛。無以加也。不幸弱冠而終。良友既沒。何痛如之。其妻又吾姨也。少喪父母。適人而所天又殞。孤女藐焉始孩。斯亦生民之至艱。而荼毒之極哀也。昔阮瑀既歿。魏文悼之。並命知舊作寡婦之賦。余遂擬之。以敍其孤寡之心焉。其辭曰。

嗟予生之不造兮。哀天難之匪忱。少伶俜而偏孤兮。痛忉怛以摧心。覽寒泉之遺歎兮。詠蓼莪之餘音。情長慼以永慕兮。思彌遠而逾深。伊女子之有行兮。爰奉嬪於高族。承慶雲之光覆兮。荷君子之惠渥。顧葛藟之蔓延兮。託微莖於樛木。懼身輕而施重兮。若履冰而臨谷。遵義方之明訓兮。憲女史之典戒。奉蒸嘗以效順兮。供灑掃以彌載。彼詩人之攸歎兮。徒願言而心痗。何遭命之奇薄兮。遘天禍之未悔。榮華曄其始茂兮。良人忽以捐背。

靜闔門以窮居兮。塊煢獨而靡依。易錦茵以苫席兮。代羅幬以素帷。命阿保而就列兮。覽巾箑以舒悲。口嗚咽以失聲兮。淚橫迸而霑衣。愁煩冤其誰告兮。提孤孩於坐側。時曖曖而向昏兮。日杳杳而西匿。雀羣飛而赴楹兮。雞登棲而斂翼。歸空館而自憐兮。撫衾裯以歎息。思纏緜以瞀亂兮。心摧傷以愴惻。

曜靈曄而遄邁兮。四節運而推移。天凝露以降霜兮。木落葉而隕枝。仰神宇之寥寥兮。瞻靈衣之披披。退幽悲於堂隅兮。進獨拜於牀垂。耳傾想於疇昔兮。目彷彿乎平素。雖冥冥而罔覿兮。猶依依以憑附。痛存亡之殊制兮。將遷神而安厝。龍轜儼其星駕兮。飛旐翩以啓路。輪按軌以徐進兮。馬悲鳴而踊顧。潛靈邈其不反兮。殷憂結而靡訴。睎形影於几筵兮。馳精爽於丘墓。

自仲秋而在疚兮。踰履霜以踐冰。雪霏霏而驟落兮。風瀏瀏而夙興。霤泠泠以夜下兮。水溓溓以微凝。意忽怳以遷越兮。神一夕而九升。庶浸遠而哀降兮。情惻惻而彌甚。願假夢以通靈兮。目炯炯而不寢。夜漫漫以悠悠兮。寒淒淒以凜凜。氣憤薄而乘胸兮。涕交橫而流枕。亡魂逝而永遠兮。時歲忽其遒盡。容貌儡以頓顇兮。左右淒其相愍。感三良之殉秦兮。甘捐生而自引。鞠稚子於懷抱兮。羌低徊而不忍。獨指景而心誓兮。雖形存而志隕。

重曰。仰皇穹兮歎息。私自憐兮何極。省微身兮孤弱。顧稚子兮未識。如涉川兮無梁。若凌虛兮失翼。上瞻兮遺象。下臨兮泉壤。窈冥兮潛翳。心存兮目想。奉虛坐兮肅清。愬空宇兮曠朗。廓孤立兮顧影。塊獨言兮聽響。顧影兮傷摧。聽響兮增哀。遙逝兮逾遠。緬邈兮長乖。四節流兮忽代序。歲云暮兮日西頹。霜被庭兮風入室。夜既分兮星漢迴。夢良人兮來遊。若閶闔兮洞開。怛驚悟兮無聞。超惝怳兮慟懷。慟懷兮奈何。言陟兮山阿。墓門兮肅肅。脩壟兮峨峨。孤鳥嚶兮悲鳴。長松萋兮振柯。哀鬱結兮交集。淚橫流兮滂沱。蹈恭姜兮明誓。詠柏舟兮清歌。終歸骨兮山足。存憑託兮餘華。要吾君兮同穴。之死矢兮靡佗。

安仁除以辭賦見稱外、尤長於哀誄、如世祖武皇帝、楊荊州、楊武仲、馬汧督、夏侯常侍、皇女諸誄、以及爲任子咸妻作孤女澤蘭哀辭、悲邢生辭、金鹿哀辭、傷弱子辭、弔孟嘗君文、哀永逝文等篇、皆淸綺絕世、悽惻動人、上承建安之遺風、下開齊梁之體格、後世文家、凡爲哀誄、莫不采擷其英華、斟酌其情韻、謝混稱其『爛若舒錦、無處不佳』詩品引者、豈不然乎。姑錄一篇、以示隅反。

夏侯常侍誄

夏侯湛。字孝若。譙人也。少知名。弱冠辟太尉府。賢良方正徵。仍爲太子舍人。尙書郎。野王令。中書郎。南陽相。家艱乞還。頃之選爲太子僕。未就命。而世祖崩。天子以爲散騎常侍。從班列也。春秋四十有九。元康元年夏五月壬辰。寢疾卒於延喜里第。嗚呼哀哉。乃作誄曰。

禹錫玄珪。實曰文命。克明克聖。光啓夏政。其在於漢。邁勳惟嬰。思宏儒業。小大雙名。顯祖曜德。牧兗及荊。父守淮岱。治亦有聲。英英夫子。灼灼其儁。飛辯摛藻。華繁玉振。如彼隨和。發彩流潤。如彼錦績。列素點絢。人見其表。莫測其裏。徒謂吾生。文勝則史。心照神交。唯我與子。且歷少長。逮觀終始。子之承親。孝齊閔參。子之友悌。和如瑟琴。事君直道。與朋信心。雖實唱高。猶賞爾音。弱冠厲翼。羽儀初昇。公弓既招。皇輿乃徵。內贊兩宮。外宰黎蒸。忠節允著。淸風載興。泱彼樂都。寵子惟王。設官建輔。妙簡邦良。用取喉舌。相爾南陽。惠訓不倦。視民如傷。乃眷北顧。辭祿延喜。

余亦偃息。無事明時。疇昔之遊。二紀於茲。班白攜手。何歡如之。居吾語汝。衆實勝寡。人惡儁異。俗疵文雅。執戟疲楊。長沙投賈。無謂爾高。恥居物下。子乃洸然。變色易容。慨焉歎曰。道固不同。爲仁由己。匪我求蒙。誰毀誰譽。何去何從。莫涅匪緇。莫磨匪磷。予獨正色。居屈志申。雖不爾以。猶致其身。獻替盡規。媚茲一人。讜言忠謀。世祖是嘉。將僕儲皇。奉轡承華。先朝末命。聖列顯加。入侍帝闈。出光厥家。我聞積善。神降之吉。宜享遐紀。長保天秩。如何斯人。而有斯疾。曾未知命。中年隕卒。嗚呼哀哉。

唯爾之存。匪爵而貴。甘食美服。重珍兼味。臨終遺誓。永錫爾類。斂以時襲。殯不簡器。誰能拔俗。生盡其養。孰是養生。而薄其葬。淵哉若人。縱心條暢。傑操明達。困而彌亮。柩輅旣祖。容體長歸。存亡永訣。逝者不追。望子舊車。覽爾遺衣。愊抑失聲。迸涕交揮。非子爲慟。吾慟爲誰。嗚呼哀哉。

日往月來。暑退寒襲。零露沾凝。勁風淒急。慘爾其傷。念我良執。適子素館。撫孤相泣。前思未弭。後感仍集。積悲滿懷。逝矣安及。嗚呼哀哉。

譚復堂評曰：『清空一氣、破漢魏之整栗、成晉宋之運轉。』諒哉斯言也。

陸機 機字士衡、吳郡人、祖遜、吳丞相、父抗、吳大司馬。機少有異才、服膺儒術、非禮不動。抗卒、領父兵爲牙門將。年二十而吳滅、退居舊里、閉門勤學、積有十年。至太康末、與弟雲俱入洛、造太常張華、華素重其名、一見如舊相識、曰：『伐吳之役、利獲二俊。』即辟爲祭酒。惠帝即位、遷太子洗馬著作郎、歷吳王晏郎中令、遷尚書兵部郎、轉殿中郎、尋爲趙王倫相國參軍、封關中侯、進中書郎。倫誅、坐徙邊、遇赦、成都王穎表爲平原內史。大安初、穎與河間王顒起兵討長沙王乂、假機後將軍河北大都督、敗於河橋、孟玖譖於成都王穎、機與弟雲及從弟耽並誅、得年僅四十三。

士衡天才秀逸、辭藻宏麗、張華嘗謂之曰：『人之爲文常患才少、而子更患其多。』弟雲嘗與書曰：『君苗見兄文、輒欲燒其筆硯。』後葛洪著書、稱『機文猶玄圃之積玉、無非夜光焉、五河之吐流、泉源如一焉、其弘麗妍贍、英銳飄逸、亦一代之絕乎。』其爲人所推服如此。所著文章凡二百餘篇、並行於世。

太康之初、中國復由分裂而歸於一統、聲教文物、一時稱盛、迨夫陸氏兄弟入洛以後、三張二陸、兩潘一左、集於都下、遂成當時文人一大結集。在此期中負重望者、要當以士衡爲最、自文學史方面論之、繼兩漢之風雅、開六代之聲色、卓犖奠絕、一人而已。

士衡才華、既冠乎兩晉、在文學創作上尤有多方面之成就、舉其要者、厥有五焉：一曰文評、二曰議論、三曰連珠、四曰弔祭、五曰詩歌。詩歌不在本書討論範圍之內、故就前四者分別一述之。

一、文評類　士衡之成就、在文學批評方面、實擅一代、自此以前、先秦兩漢之斷章散句者無論矣、子桓典論、論文特其一篇、持論雖高、其說未盡、子建之書、殊嫌凡近。獨陸氏文賦爲能深得文義、蕭梁以前、莫能方駕。全文不過二千字、舉凡文章之條理、聲色、翦裁、弊病、體類、以至文學之重要、文思之開塞等、皆暢加論述、毋使遺漏。尤其通篇以駢四儷六之體出之、苟非才大如海者、難乎爲役矣。茲將全文分段移錄於後、而以段落大意附焉。

文賦

余每觀才士之所作。竊有以得其用心。夫放言遣辭。良多變矣。妍蚩好惡。可得而言。每自屬文。尤見其情。恆患意不稱物。文不逮意。蓋非知之難。能之難也。故作文賦。以述先士之盛藻。因論作文之利害所由。他日殆可謂曲盡其妙。至於操斧伐柯。雖取則不遠。若夫隨手之變。良難以辭逮。蓋所能言者。具於此云。（此段序文）

佇中區以玄覽。頤情志於典墳。遵四時以歎逝。瞻萬物而思紛。悲落葉於勁秋。喜柔條於芳春。心懍懍以懷霜。志眇眇而臨雲。詠世德之駿烈。誦先人之清芬。游文章之林府。嘉麗藻之彬彬。慨投篇而援筆。聊宣之乎斯文。（此段言作文之由）

其始也。皆收視反聽。耽思傍訊。精騖八極。心遊萬仞。其致也。情曈曨而彌鮮。物昭晰而互進。傾羣言之瀝液。漱六藝之芳潤。浮天淵以安流。濯下泉而潛浸。於是沈辭怫悅。若游魚銜鉤而出重淵之深。浮藻聯翩。若翰鳥纓繳而墜曾雲之峻。收百世之闕文。採千載之遺韻。謝朝華於已披。啓夕秀於未振。觀古今之須臾。撫四海於一瞬。（此段言構思之狀）

然後選義按部。考辭就班。抱景者咸叩。懷響者畢彈。或因枝以振葉。或沿波而討源。或本隱以之顯。或求易而得難。或虎變而獸擾。或龍見而鳥瀾。或妥帖而易施。或岨峿而不安。罄澄心以凝思。眇衆慮而爲言。籠天地於形內。挫萬物於筆端。始躑躅於燥吻。終流離於濡翰。理扶質以立幹。文垂條而結繁。信情貌之不差。故每變而在顏。念涉樂其必笑。方言哀而已歎。或操觚以率爾。或含毫而邈然。此段言謀篇之始部署意辭之狀

伊茲事之可樂。固聖賢之所欽。課虛無以責有。叩寂寞而求音。函緜邈於尺素。吐滂沛乎寸心。言恢之而彌廣。思按之而逾深。播芳蕤之馥馥。發青條之森森。粲風飛而猋豎。鬱雲起乎翰林。此段狀文之深閎芳茂

體有萬殊。物無一量。紛紜揮霍。形難爲狀。辭程才以效伎。意司契而爲匠。在有無而僶俛。當淺深而不讓。雖離方而遯員。期窮形而盡相。故夫誇目者尚奢。愜心者貴當。言窮者無隘。論達者唯曠。詩緣情而綺靡。賦體物而瀏亮。碑披文以相質。誄纏綿而悽愴。銘博約而溫潤。箴頓挫而清壯。頌優游以彬蔚。論精微而朗暢。奏平徹以閑雅。說煒曄而譎誑。雖區分之在茲。亦禁邪而制放。要辭達而理舉。故無取乎冗長。此段備論文體○案詩爲文之支流然派別既分泱漭浩渺遂與幹流爭勝故緣情綺靡之說後人於此遂多論述言中國詩者大抵可分爲二溫柔敦厚者爲一派其說出於戴記緣情綺靡者爲一派其說即出於陸賦也

其爲物也多姿。其爲體也屢遷。其會意也尚巧。其遣言也貴妍。暨音聲之迭代。若五色之相宣。雖逝止之無常。固崎錡而難便。苟達變而識次。猶開流以納泉。如失機而後會。恆操末以續顛。謬玄黃之秩敍。故淟涊而不鮮。此段言會意遣言而詳論聲調開沈約之聲律論

或仰逼於先條。或俯侵於後章。或辭害而理比。或言順而義妨。離之則雙美。合之則兩傷。考殿最於錙銖。定去留於毫芒。苟銓衡之所裁。固應繩其必當。此段言文章之剪裁

或文繁理富。而意不指適。極無兩致。盡不可益。立片言而居要。乃一篇之警策。雖衆辭之有條。必

待茲而效績。亮功多而累寡。故取足而不易。（此段言篇中必有主語亦即文繁者重在扼要是也）

或藻思綺合。清麗芊眠。炳若縟繡。悽若繁絃。必所擬之不殊。乃暗合乎曩篇。雖杼軸於予懷。怵他人之我先。苟傷廉而愆義。亦雖愛而必捐。（此段言文必己出開韓愈之文章論）

或苕發穎豎。離衆絕致。形不可逐。響難爲係。塊孤立而特峙。非常音之所緯。心牢落而無與偶。意徘徊而不能揥。石韞玉而山輝。水懷珠而川媚。彼榛楛之勿翦。亦蒙榮於集翠。綴下里於白雪。吾亦濟夫所偉。（此段言文中特有佳處而全篇不稱）

或託言於短韻。對窮迹而孤興。俯寂寞而無友。仰寥廓而莫承。譬偏絃之獨張。含清唱而靡應。（此段言清而無應此文小之故）

或寄辭於瘁音。徒靡言而弗華。混妍蚩而成體。累良質而爲瑕。象下管之偏疾。故雖應而不和。（此段言應而不和此辭瓜之故）

或遺理以存異。徒尋虛以逐微。言寡情而鮮愛。辭浮漂而不歸。猶絃幺而徽急。故雖和而不悲。（此段言和而不悲此理虛之故）

或奔放以諧合。務嘈囋而妖冶。徒悅目而偶俗。固聲高而曲下。寤防露與桑間。又雖悲而不雅。（此段言悲而不雅此聲俗之故）

或清虛以婉約。每除煩而去濫。闕大羹之遺味。同朱絃之清汜。雖一唱而三歎。固既雅而不豔。（此段言雅而不豔此質多之故〇以上五段論文章之病深得評文之眞義）

若夫豐約之裁。俯仰之形。因宜適變。曲有微情。或言拙而喻巧。或理朴而辭輕。或襲故而彌新。或沿濁而更清。或覽之而必察。或研之而後精。譬猶舞者赴節以投袂。歌者應絃而遣聲。是蓋輪扁所不得言。故亦非華說之所能精。此段言隨手之變難以辭逮

普辭條與文律。良余膺之所服。練世情之常尤。識前修之所淑。雖濬發於巧心。或受嗤於拙目。彼瓊敷與玉藻。若中原之有菽。同橐籥之罔窮。與天地乎並育。雖紛藹於此世。嗟不盈於予掬。患挈缾之屢空。病昌言之難屬。故踸踔於短垣。放庸音以足曲。恆遺恨以終篇。豈懷盈而自足。懼蒙塵於叩缶。顧取笑乎鳴玉。此段言古之佳文難得故己作亦鮮有佳

若夫感應之會。通塞之紀。來不可遏。去不可止。藏若景滅。行猶響起。方天機之駿利。夫何紛而不理。思風發於胸臆。言泉流於脣齒。紛葳蕤以馺遝。唯毫素之所擬。文徽徽以溢目。音泠泠而盈耳。及其六情底滯。志往神留。兀若枯木。豁若涸流。攬營魂以探賾。頓精爽於自求。理翳翳而愈伏。思乙乙其若抽。是以或竭情而多悔。或率意而寡尤。雖茲物之在我。非余力之所勠。故時撫空懷而自惋。吾未識夫開塞之所由。此段言文思開塞之殊

伊茲文之爲用。固衆理之所因。恢萬里而無閡。通億載而爲津。俯貽則於來葉。仰觀象乎古人。濟文武於將墜。宣風聲於不泯。塗無遠而不彌。理無微而弗綸。配霑潤於雲雨。象變化乎鬼神。被金石而德廣。流管絃而日新。此段總論文學之重要

唐以前論文之作、自劉彥和文心而外、未有過於此者、顧彥和之作、旨在益後生、士衡之作、意在述先藻。

又彥和以論爲體，故提綱疏目，條秩分明，士衡以賦爲體，故略細明鉅，辭約旨隱。要之言文之用心莫深於文賦，陳文之法式莫備於文心，二者固莫能偏廢也。近人瞿兌之云：『陸機二十歲時候所作的文賦，可以說是文學批評中最精粹的文章，文心雕龍洋洋數十篇的理論，幾乎全被陸氏包羅在這一二千字裏面。』（中國駢文概論）此雖瞿氏個人之偏愛，而由來治文學批評者，莫不惟文賦之馬首是瞻，則爲不爭之事實也。

士衡文學批評之作，除文賦外，頗見於與弟士龍諸書中，斷章散句，無遑詳舉矣。

二、議論類 陸氏文章，善於鋪敘義理，其緜密精透，獨步古今，故在文學史上佔有崇高之地位。觀夫辨亡論，豪士賦序，五等諸侯論諸篇，可以證也。辨亡論二首，蓋居吳時所作，文中反覆申論孫權所以得國，孫皓所以失國之根源所在，其體酷似賈生過秦論，而多用對偶，自成一種機局。入洛以後，見齊王冏矜功自伐，受爵不讓，深惡之，作豪士賦以刺焉，冏不知悟，而竟以敗。又以聖王經國，義在封建，因採其遠旨，作五等諸侯論云。

豪士賦序

夫立德之基有常。而建功之路不一。何則。循心以爲量者存乎我。因物以成務者繫乎彼。存乎我者。隆殺止乎其域。繫乎物者。豐約唯所遭遇。落葉俟微風以隕。而風之力蓋寡。孟嘗遭雍門而泣。而琴之感以末。何者。欲隕之葉。無所假烈風。將墜之泣。不足煩哀響也。是故苟時啓於天。理盡於民。庸夫可以濟聖賢之功。斗筲可以定烈士之業。故曰才不半古。而功已倍之。蓋得之於時勢也。歷觀古今。徼一時之功。而居伊周之位者。有矣。夫我之自我。智士猶嬰其累。物之相物。昆蟲皆有此情。夫以自我之量。而挾非常之勳。神器暉其顧盼。萬物隨其俯仰。心玩居常之安。耳飽從諛之說。豈識乎功在身外。任出才表者哉。

且好榮惡辱。有生之所大期。忌盈害上。鬼神猶且不免。人主操其常柄。天下服其大節。故曰天可讎乎。而時有袨服荷戟。立於廟門之下。援旗誓衆。奮於阡陌之上。況乎代主制命。自下財物者哉。廣樹恩不足以敵怨。勤興利不足以補害。故曰代大匠斲者。必傷其手。

且夫政由甯氏。忠臣所爲慷慨。祭則寡人。人主所不久堪。是以君奭鞅鞅。不悅公旦之舉。高平師師。側目博陸之勢。而成王不遣嫌吝於懷。宣帝若負芒刺於背。非其然者與。嗟乎。光於四表。德莫富焉。王曰叔父。親莫暱焉。登帝大位。功莫厚焉。守節沒齒。忠莫至焉。而傾側顚沛。僅而自全。則伊生抱明允以嬰戮。文子懷忠敬而齒劍。固其所也。因斯以言。夫以篤聖穆親。如彼之懿。大德至忠。如此之盛。尙不能取信於人主之懷。止謗於衆多之口。過此以往。惡覩其可。安危之理。斷可識矣。又況乎饕大名以冒道家之忌。運短才而易聖哲所難者哉。

身危由於勢過。而不知去勢以求安。禍積起於寵盛。而不知辭寵以招福。見百姓之謀己。則申宮警守。以崇不畜之威。懼萬民之不服。則嚴刑峻制。以賈傷心之怨。然後威窮乎震主。而怨行乎上下。衆心日陊。危機將發。而方偃仰瞪眄。謂足以夸世。笑古人之未工。忘己事之已拙。知曩勳之可矜。暗成敗之有會。是以事窮運盡。必於顚仆。風起塵合。而禍至常酷也。聖人忌功名之過己。惡寵祿之踰量。蓋爲此也。

夫惡欲之大端。賢愚所共有。而游子殉高位於生前。志士思垂名於身後。受生之分。唯此而已。夫蓋世之業。名莫大焉。震主之勢。位莫盛焉。率意無違。欲莫順焉。借使伊人頗覽天道。知盡不可益。盈難久持。超然自引。高揖而退。則巍巍之盛。仰邈前賢。洋洋之風。俯冠來籍。而大欲不乏於身。至樂無愆乎舊。節彌效而德彌廣。身逾逸而名逾劭。此之不爲。彼之必昧。然後河海之跡。堙爲窮流。一簣之釁。積成山岳。名編凶頑之條。身厭荼毒之痛。豈不謬哉。故聊賦焉。庶使百世少有寤云。

觀其麗辭繽紛、音節朗暢、槃槃大才、迥出流俗、斯固所謂一字千金者乎。近人駱鴻凱云：『陸士衡豪士賦序裁對之工、隸事之富、爲晉文冠。而措語短長相間、竟下開四六之體。』（文選學）士衡信可爲江左之英矣。

三、連珠類　傅玄連珠序云：『所謂連珠者、興於漢章帝之世、班固賈逵傅毅三子受詔作之、而蔡邕張華之徒又廣焉。其文體辭麗而言約、不指說事情、必假喻以達其旨、而賢者微悟、合於古詩勸興之義、欲使歷歷如貫珠、易覩而可悅、故謂之連珠也。』連珠之體、大率先立理以爲基、繼援事以爲證、近世論之者謂有合於印度之因明 (a system of Hindu logic something like a syllogism)、泰西之邏輯 (logic)。細加玩味、其言非誣。士衡作演連珠五十首、劉彥和稱其『理新文敏、而裁章置句、廣於舊篇。』（文心雕龍雜文篇）故結體彌多變化、今析爲六類述之（略本黎劭西。駱鴻凱說。）

【一】先舉事例、次明理由。

如第十九首是。第三十首及三十一首并同。

【二】先設喻、繼舉例、略去理由。

如第三十二首是。第七首同。

【三】先明理由、繼舉事例、與第一類相對。

如第十首是。第十一首同。

【四】先設喻、次明理、終以斷案。

如第八首是。第二十四首及三十九首幷同。

【五】先言理、次設喻、終以斷案、與第四類相對。

如第二首是。第二十七首及四十一首幷同。

【六】喻與理、起結各具。

如第二十五首及四十二首是。

連珠之體、旨約詞微、有須細繹而後始能了者、茲迻錄全文如次、並以段落大意繫焉。

1. 臣聞日薄星迴。穹天所以紀物。山盈川沖。后土所以播氣。五行錯而致用。四時違而成歲。是以百官恪居。以赴八音之離。明君執契。以要克諧之會。此喻君象天地而任賢

2. 臣聞任重於力。才盡則困。用廣其器。應博則凶。是以物勝權而衡殆。形過鏡則照窮。故明主程才以效業。貞臣底力而辭豐。此言君當度才授任臣當量才受官

3. 臣聞髦俊之才。世所希乏。邱園之秀。因時則揚。是以大人基命。不擢才於后土。明主聿興。不降

佐於昊蒼。（此言賢才無時不有非取足於天地之特生）

4. 臣聞世之所遺。未爲非寶。主之所珍。不必適治。是以俊乂之藪。希蒙翹車之招。金碧之巖。必辱鳳舉之使。（此喻棄賢才而信妖妄）

5. 臣聞祿放於寵。非隆家之舉。官私於親。非興邦之選。是以三卿世及。東國多衰弊之政。五侯並軌。西京有陵夷之運。（此戒世卿）

6. 臣聞靈輝朝覯。稱物納照。時風夕灑。程形賦音。是以至道之行。萬類取足於世。大化既洽。百姓無匱於心。（此言王道之存）

7. 臣聞頓網探淵。不能招龍。振綱羅雲。不必招鳳。是以巢箕之叟。不眄邱園之幣。洗渭之民。不發傅巖之夢。（此言高尚之士非物色所能致）

8. 臣聞鑑之積也無厚。而照有重淵之深。目之察也有畔。而視周天壤之際。何則。應事以精不以形。造物以神不以器。是以萬邦凱樂。非悅鐘鼓之娛。天下歸仁。非感玉帛之惠。（此言化物不在形而發之末）

9. 臣聞積實雖微。必動於物。崇虛雖廣。不能移心。是以都人冶容。不悅西施之影。乘馬班如。不輟太山之陰。（此言事虛不如實）

10. 臣聞應物有方。居難則易。藏器在身。所乏者時。是以充堂之芳。非幽蘭所難。繞梁之音。實縈絃所思。（此喻賢者不遇時）

11. 臣聞智周通塞。不爲時窮。才經夷險。不爲世屈。是以凌飆之羽。不求反風。耀夜之目。不思倒日。

此喻大才不假借於人

12. 臣聞忠臣率志。不謀其報。貞士發憤。期在明賢。是以柳莊黜殯。非貪瓜衍之賞。禽息碎首。豈要先茅之田。此言忠貞之臣非有所爲而然

13. 臣聞利眼臨雲。不能垂照。朗璞蒙垢。不能吐輝。是以明哲之君。時有蔽壅之累。俊乂之臣。屢抱後時之悲。此喻信讒

14. 臣聞郁烈之芳。出於委灰。繁會之音。生於絕絃。是以貞女要名於沒世。烈士赴節於當年。此言貞烈之行臨難益見

15. 臣聞良宰謀朝。不必借威。貞臣衛主。修身則足。是以三晉之強。屈於齊堂之俎。千乘之勢。弱於陽門之哭。此言良臣能消於未然

16. 臣聞赴曲之音。洪細入韻。蹈節之容。俯仰依詠。是以言苟適事。精麤可施。士苟適道。修短可命。此言事貴適時會

17. 臣聞因雲灑潤。則芬澤易流。乘風載響。則音徽自遠。是以德教俟物而濟。榮名緣時而顯。此喻因藉者易爲力

18. 臣聞覽影偶質。不能解獨。指迹慕遠。無救於遲。是以循虛器者。非應物之具。翫空言者。非致治之機。此明實用

19. 臣聞鑽燧吐火。以續暘谷之晷。揮翮生風。而繼飛廉之功。是以物有微而毗著。事有瑣而助洪。

此言小可以助大

20.臣聞春風朝煦。蕭艾蒙其温。秋霜宵墜。芝蕙被其涼。是故威以齊物爲肅。德以普濟爲宏。此言賞不遺賤罰不遺貴

21.臣聞巧盡於器。習數則貫。道繫於神。人亡則滅。是以輪匠肆目。不乏奚仲之妙。瞽叟清耳。而無伶倫之察。此言事在外則易致妙在內則難精

22.臣聞性之所期。貴賤同量。理之所極。卑高一歸。是以準月稟水。不能加涼。晞日引火。不必增輝。此言物理物性各歸一定更不能於一定之外得加毫末

23.臣聞絕節高唱。非凡耳所悲。肆義芳訊。非庸聽所善。是以南荆有寡和之歌。東野有不釋之辯。此言妙理非恒情所知

24.臣聞尋煙染芬。薰息猶芳。徵音錄響。操終則絕。何則。垂於世者可繼。止乎身者難結。是以玄晏之風恒存。動神之化已滅。此言道可傳神不可傳

25.臣聞託闇藏形。不爲巧密。倚智隱情。不足自匿。是以重光發藻。尋虛捕景。大人貞觀。探心昭忒。此喻人不能以智匿詐

26.臣聞披雲看霄。則天文清。澄風觀水。則川流平。是以四族放而唐劭。二臣誅而楚寧。此言去讒

27臣聞音以比耳爲美。色以悅目爲歡。是以衆聽所傾。非假北里之操。萬夫婉孌。非俟西子之顏。故聖人隨世以擢佐。明主因時而命官。此喻當隨時用賢不必空慕古人

28. 臣聞出乎身者。非假物所隆。牽乎時者。非克己所勸。是以利盡萬物。不能叡童昏之心。德表生民。不能救棲遑之辱。此喻繫乎物者不可以力強

29. 臣聞動循定檢。天有可察。應無常節。身或難照。是以望景揆日。盈數可期。撫臆論心。有時而謬。此喻人心深阻

30. 臣聞傾耳求音。視優聽苦。澄心徇物。形逸神勞。是以天殊其數。雖同方不能分其感。理塞其通。則並質不能共其休。此言用各有殊

31. 臣聞遯世之士。非受匏瓜之性。幽居之女。非無懷春之情。是以名勝欲。故偶影之操矜。窮愈達。故凌霄之節厲。此言隱逸之心

32. 臣聞聽極於音。不慕鈞天之樂。身足於蔭。無假垂天之雲。是以蒲密之黎。遺時雍之世。豐沛之士。忘桓撥之君。此卽賈生所言元元之民冀得安其性命也

33. 臣聞飛轡西頓。則離朱與矇瞍收察。懸景東秀。則夜光與碔砆匿耀。是以才換世則俱困。功偶時而並劭。此言世昏則賢愚俱困時明則短長並用

34. 臣聞示應於近。遠有可察。託驗於顯。微或可包。是以寸管下傃。天地不能以氣欺。尺表逆立。日月不能以形逃。此言遠微之理在於近顯

35. 臣聞絃有常音。故曲終則改。鏡無畜影。故觸形則照。是以虛己應物。必究千變之容。挾情適事。不觀萬殊之妙。此言應物不師成心

36. 臣聞柷敔希聲。以諧金石之和。鼙鼓疏擊。以節繁絃之契。是以經治必宣其通。圖物恆審其會。此喻爲治之具圖其大亦不可忽乎其細

37. 臣聞目無嘗音之察。耳無照景之神。故在乎我者。不誅之於己。存乎物者。不求備於人。此喻人無兼才

38. 臣聞放身而居。體逸則安。肆口而食。屬厭則充。是以王鮪登俎。不假吞波之魚。蘭膏停室。不思銜燭之龍。此喻足己而無外慕

39. 臣聞衝波安流。則龍舟不能以漂。震風洞發。則夏屋有時而傾。何則。牽乎動則靜凝。係乎靜則動貞。是以淫風大行。貞女蒙冶容之誨。淳化殷流。盜跖挾曾史之情。此言物恆性惟人所化

40. 臣聞達之所服。貴有或遺。窮之所接。賤而必尋。是以江漢之君。悲其墜屨。少原之婦。哭其亡簪。此明故舊不可忘

41. 臣聞觸非其類。雖疾弗應。感以其方。雖微則順。是以商飆漂山。不興盈尺之雲。谷風乘條。必降彌天之潤。故暗於治者。唱繁而和寡。審乎物者。力約而功峻。此喻暴政欲速而不達善治無爲而自成

42. 臣聞煙出於火。非火之和。情生於性。非性之適。故火壯則煙微。性充則情約。是以殷墟有感物之悲。周京無佇立之跡。此明情欲縱而喪身亡國也

43. 臣聞適物之技。俯仰異用。應事之器。通塞異任。是以烏棲雲而繳飛。魚藏淵而網沈。賁鼓密而含響。朗笛疏而吐音。此喻隨宜異用則所適皆通也

44. 臣聞理之所守。勢所常奪。道之所閉。權所必開。是以生重於利。故據圖無揮劍之痛。義貴於身。

故臨川有投迹之哀。（此明賢者重義輕身）

45. 臣聞通於變者。用約而利博。明其要者。器淺而應玄。是以天地之賾。該於六位。萬殊之曲。窮於五絃。（此言通變守要之用）

46. 臣聞圖形於影。未盡纖麗之容。察火於灰。不覩洪赫之烈。是以問道存乎其人。觀物必造其質。（此言貴探本）

47. 臣聞情見於物。雖遠猶疏。神藏於形。雖近則密。是以儀天步晷。而修短可量。臨淵揆水。而淺深難察。（此言遠者不必難知近者不必易察）

48. 臣聞虐暑熏天。不減堅冰之寒。涸陰凝地。無累陵火之熱。是以呑從之強。不能反蹈海之志。漂鹵之威。不能降西山之節。（此言士節不可奪）

49. 臣聞理之所開。力所常達。數之所塞。威有必窮。是以烈火流金。不能焚景。沈寒凝海。不能結風。（此明理有定分）

50. 臣聞足於性者。天損不能入。貞於期者。時累不能淫。是以迅風陵雨。不謬晨禽之察。勁陰殺節。不凋寒木之心。（此言貞士不易其操）

四、言情類　陸氏文章之長、固不止上述三端而已、卽抒情之作、亦多能重疊反覆、伸喻引證、使其理透闢、其情顯豁、而讀者領略其文境、恍如身入九曲珠中蟻行之路、趣味淵永、靡有窮時。尤其造句鍊字、無一不精、更令讀者欲不細心咀嚼而不可得。其弔魏武帝文序中最可顯出此種文境。

夫日食由乎交分。山崩起於朽壤。亦云數而已矣。然百姓怪焉者。豈不以資高明之質。而不免卑濁之累。居常安之勢。而終嬰傾離之患故乎。夫以迴天倒日之力。而不能振形骸之內。濟世夷難之智。而受困魏闕之下。已而格乎上下者。藏於區區之木。光乎四表者。翳乎蕞爾之土。雄心摧於弱情。壯圖終於哀志。長算屈於短日。遠跡頓於促路。嗚乎。豈特瞽史之異闕景。黔黎之怪頹岸乎。

此段文字、抑塞悲怨、言愈斂而情愈張、其文法純從太史公來、文情之烈、亦後人所難到也。方伯海評曰：『敍事兼以議論、嶺斷雲橫、不使粘連一片、渾雄深厚、不特拍肩陳思、直可揖讓兩漢、眞晉文之雄也。』要非漫言。又如歎逝賦一首、自寫其人生觀、傷歲月之流邁、悲人世之易往、語妙意新、氣格遒上。其首段云：

伊天地之運流。紛升降而相襲。日望空以駿驅。節循虛而警立。嗟人生之短期。孰長年之能執。時飄忽其不再。老晼晚其將及。對瓊蘂之無徵。恨朝霞之難挹。望湯谷以企予。惜此景之屢戢。悲夫。川閱水以成川。水滔滔而日度。世閱人而爲世。人冉冉而行暮。人何世而弗新。世何人之能故。野每春其必華。草無朝而遺露。經終古而常然。率品物其如素。譬日及之在條。恆雖盡而弗寤。

此不過說人事難常、而用意必比人更深入一層、措辭必比人更警切一倍、自然容易動人、齊梁以後、仍宗此法、謝朓拜中軍記室辭隨王箋卽其著焉者也。

大抵陸氏之文、才高辭贍、舉體淳美、雖偶傷其多、貽人以蕪蔓之譏、然其饜飫膏澤、咀嚼英華、妙句新聲、追蹤漢魏、駢四儷六、垂範齊梁、實文章之淵泉、藝苑之崑鄧也。晉書陸機陸雲傳論云：『古人云、雖楚有才、晉實用之。觀夫陸機陸雲、實荆衡之杞梓、挺珪璋於秀實、馳英華於早年。風鑒澄爽、神情駿邁、文藻宏麗、獨步當時、言論慷慨、冠乎終古。高詞迴映、如朗月之懸光、疊意迴舒、若重巖之積秀。千條析理、則電拆霜開、一緒連文、則珠流璧合。其詞深而雅、其意博而顯、故足遠超枚馬、高躡王劉、百代文宗、一人而已。』其言信矣。

夫西晉之才子多矣、除上列二家外、尚有張華張載成公綏左思左芬陸雲潘尼摯虞之流、作品皆足以光耀一代、煥蔚人文。若張華之武帝哀策文、鷦鷯賦、女史箴、張載之劍閣銘、張協之七命、成公綏之嘯賦、隸書體、左思之三都賦、左芬之元皇后誄、萬年公主誄、陸雲之盛德頌、答車茂安書、潘尼之乘輿箴、釋典頌、安身論、以至摯虞之尚書令箴、太康頌、賢良對策、駁用古尺、祀皋陶議、師服議等、莫不纂組輝華、宮商諧協、江山文藻、鬱爲不朽矣。

第四節　東晉英髦辭采之爛然

自中州板蕩、五馬南奔、國勢陵夷、一蹶不振、北伐之願既灰、偏安之局遂定。而且自永嘉以來、王衍樂廣清淡之風方盛、士以嗜酒任誕爲賢、拘謹守禮爲恥。故此一時代之作者、非痛心於國破家亡、以慷慨悲歌鳴其不平、即消極的追蹤於虛無飄渺的神仙之中、以寄託其鬱伊困頓之思。前者以劉琨盧諶爲代表、後者以郭璞孫綽稱巨擘、建安以來閎美綺鍊之風、遂一變而爲質率自然之氣。至晉末則有陶淵明、獨超羣類、詞采精拔、以光風霽月之懷、寫沖淡閒遠之致、鉛華洗盡、還我初服矣。劉勰於此一時期文界之概況、有極扼要之說明、其言曰：

元皇中興、披文建學、劉刁禮吏而寵榮、景純文敏而優擢、逮明帝秉哲、雅好文會、升儲御極、孳孳講藝、練情於誥策、振采於辭賦、庾以筆才逾親、溫以文思益厚、揄揚風流、亦彼時之漢武也。及成康促齡、穆哀短祚、簡文勃興、淵乎清峻、微言精理、函滿玄席、澹思濃采、時灑文囿、至孝武不嗣、安恭已矣。其文史則有袁殷之曹、孫干之輩、雖才或淺深、珪璋足用。自中朝貴玄、江左稱盛、因談餘氣、流成文體。是以世極迍邅、而辭意夷泰、詩必柱下之旨歸、賦乃漆園之義疏。故知文變染乎世情、興廢繫乎時序、原始以要終、雖百世可知也。（時序篇）

劉琨雅壯而多風、盧諶情發而理昭、亦遇之於時勢也。景純豔逸、足冠中興、郊賦既穆穆以大觀、仙詩亦飄飄而凌雲矣。庾元規之表奏、靡密以閑暢、溫太眞之筆記、循理而淸通、亦筆端之良工也。孫盛干寶、文勝爲史、準的所擬、志乎典訓、戶牖雖異、而筆彩略同。袁宏發軫以高驤、故卓出而多偏、孫綽規旋以矩步、故倫序而寡狀、殷仲文之孤興、謝叔源之閑情、並解散辭體、縹緲浮音。雖滔滔風流、而大澆文意。（才略篇）

沈約宋書謝靈運傳論亦云：

在晉中興、玄風獨扇、爲學窮於柱下、博物止乎七篇、馳騁文辭、義殫乎此。自建武暨於義熙、歷載將百、雖比響聯辭、波屬雲委、莫不寄言上德、託意玄珠、遒麗之辭、無聞焉爾。

駢文正在順利發展之過程中、至此而遭遇一股巨大的逆流、誠不幸事也。然此不幸亦正所以爲其幸也、何則、唐律詩峻潔沖粹之風、宋四六樸實無華之習、竟自此開之矣。今擇其作家之尤要者、分述於後。

劉琨 琨字越石、中山魏昌人、爲漢室中山靖王之後裔。初與祖逖俱爲司州主簿、共被同寢、中夜聞荒雞鳴、逖蹴琨覺、曰：『此非惡聲也。』皆起舞、相謂曰：『若四海鼎沸、豪傑並起、吾與足下當相避於中原耳。』後聞逖被用勝敵、與親故書曰：『吾枕戈待旦、志梟叛逆、常恐祖生先我著鞭。』其意氣相期如此。愍帝時、拜司空、都督幷冀幽三州諸軍事。元帝稱制江左、轉侍中太尉、位望日隆、段匹磾忌之、竟爲所害、得年僅四十八。

越石少以雄豪著名、石崇在河南金谷澗中治有別廬、引致賓客、日以賦詩論文、越石參預其間、文詠頗爲名公所許、與陸機陸雲歐陽建石崇等號二十四友。其詩善敍喪亂、感恨淸拔、固有定評詳見鍾嶸詩品及沈德潛古詩源。其文亦多蒼涼激楚之氣、託意雄深、風格遒勁、稱爲當世無雙。愍帝即位、越石駐節幷州、屢上表北伐、元帝稱制江左、又屢上表勸進、其辭皆激切質直、忠愛之忱、形於楮墨。今舉其一首、以見一斑。

勸進表

建興五年三月癸未朔十八日辛丑。使持節散騎常侍都督河北幷冀幽三州諸軍事。領護軍匈奴中郎將。司空幷州刺史。廣武侯臣琨。使持節侍中都督冀州諸軍事撫軍大將軍。冀州刺史左賢王。勃海公臣磾。頓首死罪上書。

臣琨臣磾頓首頓首。死罪死罪。臣聞天生蒸人。樹之以君。所以對越天地。司牧黎元。聖帝明王。鑒其若此。知天地不可以乏饗。故屈其身以奉之。知黎元不可以無主。故不得已而臨之。社稷時難。則戚藩定其傾。郊廟或替。則宗哲纂其祀。所以弘振遐風。式固萬世。三五以降。靡不由之。

臣琨臣磾頓首頓首。死罪死罪。伏惟高祖宣皇帝。肇基景命。世祖武皇帝。遂造區夏。三葉重光。四聖繼軌。惠澤侔於有虞。卜年過於周氏。自元康以來。艱禍繁興。永嘉之際。氛厲彌昏。宸極失御。登遐醜裔。國家之危。有若綴旒。賴先后之德。宗廟之靈。皇帝嗣建。舊物克甄。誕授欽明。服膺聰哲。玉質幼彰。金聲夙振。冢宰攝其綱。百辟輔其治。四海想中興之美。羣生懷來蘇之望。不圖天不悔禍。大災薦臻。國未忘難。寇害尋興。逆胡劉曜。縱逸西都。敢肆犬羊。凌虐天邑。臣等奉表使還。仍承西朝。以去年十一月不守。主上幽劫。復沈虜庭。神器流離。再辱荒逆。臣每覽史籍。觀之前載。厄運之極。古今未有。苟在食土之毛。含氣之類。莫不叩心絕氣。行號巷哭。況臣等荷寵三世。位廁鼎司。承問震惶。精爽飛越。且悲且惋。五情無主。舉哀朔垂。上下泣血。

臣琨臣磾頓首頓首。死罪死罪。臣聞昏明迭用。否泰相濟。天命未改。歷數有歸。或多難以固邦國。或殷憂以啓聖明。齊有無知之禍。而小白爲五伯之長。晉有驪姬之難。而重耳主諸侯之盟。社稷靡安。必將有以扶其危。黔首幾絕。必將有以繼其緒。伏惟陛下玄德通於神明。聖姿合於兩儀。應命代之期。紹千載之運。夫符瑞之表。天人有徵。中興之兆。圖讖垂典。自京畿隕喪。九服崩離。天下囂然。無所歸懷。雖有夏之遘夷羿。宗姬之離犬戎。蔑以過之。陛下撫寧江左。奄有舊吳。柔服以德。伐叛以刑。抗明威以攝不類。杖大順以肅宇內。純化既敷。則率土宅心。義風既暢。則遐方企踵。百揆時敍於上。四門穆穆於下。昔少康之隆。夏訓以爲美談。宣王之興。周詩以爲休詠。況茂勳格於皇天。清輝光於四海。蒼生顒然。莫不欣戴。聲教所加。願爲臣妾者哉。且宣皇之胤。惟有陛下。億兆攸歸。曾無與二。天祚大晉。必將有主。主晉祀者。非陛下而誰。是以邇無異言。遠無異望。謳歌者無不吟詠徽猷。獄訟者無不思干聖聽。天地之際既交。華裔之情允洽。一角之獸。連理之木。以爲休徵者。蓋有百數。冠帶之倫。要荒之衆。不謀而同辭者。動以萬計。是以臣等敢考天地之心。因函夏之趣。昧死以上尊號。願陛下存舜禹至公之情。狹巢由抗矯之節。以社稷爲務。不以小行爲先。以黔首爲憂。不以克讓爲事。上以慰宗廟乃顧之懷。下以釋普天傾首之望。則所謂生繁華於枯荑。育豐肌於朽骨。神人獲安。無不幸甚。

臣琨臣磾頓首頓首。死罪死罪。臣聞尊位不可久虛。萬機不可久曠。虛之一日。則尊位以殆。曠之浹辰。則萬機以亂。方今鍾百王之季。當陽九之會。狡寇窺窬。伺國瑕隙。齊人波蕩。無所繫心。安可以廢而不恤哉。陛下雖欲逡巡。其若宗廟何。其若百姓何。昔惠公虜秦。晉國震駭。呂郤之謀。欲立子圉。外以絕敵人之志。內以固闔境之情。故曰喪君有君。羣臣輯穆。好我者勸。惡我者懼。前事之不忘。後代之元龜也。陛下明並日月。無幽不燭。深謀遠慮。出自胸懷。不勝犬馬憂國之情。遲覩人神開泰之路。是以陳其乃誠。布之執事。臣等各忝守方任。職在遐外。不得陪列闕庭。共觀盛禮。踴躍之懷。南望罔極。謹上。臣琨謹遣兼左長史右司馬臣溫嶠。主簿臣辟閭訓。臣磾遣散騎常侍征虜將軍清河太守領右長史高平亭侯臣榮劭。輕車將軍關內侯臣郭穆奉表。臣琨臣磾頓首頓首。死罪死罪。

案古時凡篡位之君、皆託於禪讓、遜國之詔既下、猶復固辭不受、朝臣乃上歌頌功德之表、請踐帝阼、而美其名曰勸進、此風魏晉六朝最盛。然越石之所以勸進者、固有異乎是焉、蓋自中原沸騰、衣冠南渡以後、歌舞豔春、鶯花嬌色、舉朝戀南國之美、羣臣灰北伐之心、越石目擊心傷、中夜摧哽、故再三上表、名雖勸進、義切復仇、聲情慷慨、幾於和淚代書、自昔文家、莫不多之。

邵子湘曰：『忠義慷慨、千載如生。』

李申耆曰：『正大光明、固是偉作。』

譚復堂曰：『誠心所發、乃爲高文。悃悃款款樸以忠、文如其人、直可追配武鄉侯出師表。』

孫月峯曰：『不章鍛句鍊、然豪氣有餘、驅遣處亦自朗暢、文采亦爛如、自是偉作。』

方伯海曰：『司馬氏手足相殘、屠滅略盡、故外寇得而乘之、東西二京、相繼失陷、懷愍二帝、相繼就戮、自古國家厄運、未有再傳如此之甚者。但中原羣盜割據、四分五裂、除卻江左、無可立國、若非急正位號、更何以係中原之望。表中將位號當正、於事理形勢利害、反覆指陳、眞堪一字一淚。但此表雖與匹磾同勸進、而匹磾首鼠兩端、豈是可與同事之人、琨特欲感之以義、結之以誠耳、卒之有恢復中原之心。兵力寡弱、外制於羣盜、內牽於匹磾、盡心帝室、齎志以沒、豈長江天塹、天眞欲以界南北哉、噫。』

推挹之詞、幾於衆口一聲、偉人之文、固自不同凡響也。

又案此表既上、河朔征鎭夷夏一百八十人亦連名上表、元帝遂正式卽位、並優令答之、其詞曰：

豺狼肆毒。薦覆社稷。億兆顒顒。延首罔繫。是以居於王位。以答天下。庶以尅復聖主。掃蕩讎恥。豈可猥當隆極。此孤之至誠著於遐邇者也。公受奕世之寵。極人臣之位。忠允義誠。精感天地。實賴遠謀。共濟艱難。南北迥邈。同契一致。萬里之外。心存咫尺。公其撫寧華戎。致罰醜類。動靜以聞。晉書元帝紀

越石他文之美者、若遺石勒書二首、勖以背劉聰而向晉室、輸寫至誠、發言慷慨、挺拔之氣、卓爾不羣。答盧諶書則意態蒼涼、黯然魂銷、無可奈何之情、見諸楮墨以外、蓋深受夫老莊思想之影響者。

答盧諶書

損書及詩。備辛酸之苦言。暢經通之遠旨。執玩反覆。不能釋手。慨然以悲。歡然以喜。昔在少壯。未嘗檢括。遠慕老莊之齊物。近嘉阮生之放曠。怪厚薄何從而生。哀樂何繇而至。自頃輈張。困於逆亂。國破家亡。親友凋殘。塊然獨立。則哀憤兩集。負杖行吟。則百憂俱至。時復相與舉觴對膝。破涕爲笑。排終身之積慘。求數刻之暫歡。譬繇疾疢彌年。而欲一丸銷之。其可得乎。夫才生於世。世實須才。和氏之璧。焉得獨曜於郢握。夜光之珠。何得專玩於隨掌。天下之寶。固當與天下共之。但分拆之日。不能不悵恨耳。然後知聃周之爲虛誕。嗣宗之爲妄作也。昔騶騵倚輈於吳坂。長鳴於良樂。知與不知也。百里奚愚於虞。而智於秦。遇與不遇也。今君遇之矣。勖之而已。不

復屬意於文。二十餘年矣。久廢則無次。想必欲其一反。故稱指送一篇。適足以彰來詩之益美耳。

郭璞 璞字景純、河東聞喜人、好經術、博學有高才、而訥於言論、好古文奇字、妙於陰陽曆算、嘗從郭公受青囊書、由是洞知五行天文卜筮之術。元帝時、爲尚書郎、後爲王敦所害。所注爾雅、方言、三蒼、穆天子傳、山海經等書、多傳於世、詩賦頌贊、亦數萬言。

景純文藻粲麗、辭賦爲中興之冠、以中興王宅江外、乃著江賦、述川瀆之美、句奇語重、博瞻閎深、時論多之。南郊賦亦摛華競秀、穆穆大觀。客傲之作、匠心獨運、自成一體、蓋辭賦之別格也。而言古理奧、使人取之不盡、用之不竭者、則莫如山海經圖讚、籀其所作、言多綺合、妙難宣之以言、事難窮之於筆、雖其文多閎誕過誇、而學者果能囊括之、漁獵之、亦足爲饋貧之糧矣。至於爾雅山海經諸序、或辨訓詁之源流、或明著述之旨歸、經學優博、從是可見。

孫綽 綽字興公、太原中都人、少與許詢俱有高尚之志、居於會稽、游放山水、十有餘年、乃作遂初賦以致意。永和中、拜永嘉太守、歷官至廷尉卿、領著作郎。綽爲當時文士之冠、其天台山賦辭致甚工、初成、以示友人范榮期云：『卿試擲地、當作金石聲也。』其自負如此。

遊天台山賦并序

天台山者。蓋山嶽之神秀者也。涉海則有方丈蓬萊。登陸則有四明天台。皆玄聖之所遊化。靈仙之所窟宅。夫其峻極之狀。嘉祥之美。窮山海之瓌富。盡人神之壯麗矣。所以不列於五嶽。闕載於常典者。豈不以所立冥奧。其路幽迥。或倒景於重溟。或匿峯於千嶺。始經魑魅之塗。卒踐無人之境。舉世罕能登陟。王者莫由禋祀。故事絕於常篇。名標於奇紀。然圖像之興。豈虛也哉。非夫遺世翫道絕粒茹芝者。烏能輕舉而宅之。非夫遠寄冥搜篤信通神者。何肯遙想而存之。余所以馳神運思。晝詠宵興。俛仰之間。若已再升者也。方解纓絡。永託茲嶺。不任吟想之至。聊奮藻以散懷。

太虛遼廓而無閡。運自然之妙有。融而爲川瀆。結而爲山阜。嗟台嶽之所奇挺。實神明之所扶持。蔭牛宿以曜峯。託靈越以正基。結根彌於華岱。直指高於九疑。應配天於唐典。齊峻極於周詩。

邈彼絕域。幽邃窈窕。近智者以守見而不之。之者以路絕而莫曉。哂夏蟲之疑冰。整輕翮而思矯。理無隱而不彰。啓二奇以示兆。赤城霞起而建標。瀑布飛流以界道。

覩靈驗而遂徂。忽乎吾之將行。仍羽人於丹丘。尋不死之福庭。苟台嶺之可攀。亦何羨於層城。釋域中之常戀。暢超然之高情。被毛褐之森森。振金策之鈴鈴。披荒榛之蒙蘢。陟峭崿之崢嶸。濟楢溪而直進。落五界而迅征。跨穹隆之懸磴。臨萬丈之絕冥。踐莓苔之滑石。搏壁立之翠屏。攬樛木之長蘿。援葛藟之飛莖。雖一冒於垂堂。乃求存乎長生。必契誠於幽昧。履重嶮而逾平。既克隮於九折。路威夷而脩通。恣心目之寥朗。任緩步之從容。藉萋萋之纖草。蔭落落之長松。覿翔鸞之裔裔。聽鳴鳳之嗈嗈。過靈溪而一濯。疏煩想於心胸。蕩遺塵於旋流。發五蓋之遊蒙。追羲農之絕軌。躡二老之玄蹤。

陟降信宿。迄於仙都。雙闕雲竦以夾路。瓊臺中天而懸居。朱闕玲瓏於林間。玉堂陰映於高隅。彤雲斐亹以翼櫺。皦日炯晃於綺疏。八桂森挺以凌霜。五芝含秀而晨敷。惠風佇芳於陽林。醴泉涌溜於陰渠。建木滅景於千尋。琪樹璀璨而垂珠。王喬控鶴以沖天。應眞飛錫以躡虛。騁神變之揮霍。忽出有而入無。

於是遊覽既周。體靜心閑。害馬已去。世事都捐。投刃皆虛。目牛無全。凝思幽巖。朗詠長川。爾乃羲和亭午。遊氣高褰。法鼓琅以振響。衆香馥以揚煙。肆覲天宗。爰集通仙。挹以玄玉之膏。嗽以華池之泉。散以象外之說。暢以無生之篇。悟遣有之不盡。覺涉無之有閒。泯色空以合跡。忽即有而得玄。釋二名之同出。消一無於三幡。恣語樂以終日。等寂默於不言。渾萬象以冥觀。兀同體於自然。

方伯海評曰：『晉人祖述老莊、以清虛爲學、以無爲爲宗、此賦借天台以談玄理、非僅寫遊屐之樂也。前由下望上、意其中必有靈境、先從險處遊起、寫其一路艱危、蓋求長生、非用勇猛工夫、何處可求進步。後復從平處遊起、寫其一路閒曠、蓋求長生、旣矢堅固願力、自然日就坦途。由是精進不已、不覺身躋頂上、俗障頓空、超衆有而入眞無矣。一篇大意、俱於結段處、和盤托出。』案東晉時期、因道家思想之成熟、加以佛學之興起、無論詩文辭賦、皆帶有濃厚的玄風禪味、郭景純王逸少之作品如此、孫興公陶淵明尤爲此中之佼佼者焉。此篇詞旨清新、高迴絕塵、古人稱爲有仙心佛意之作、是晉賦中最號高秀者。且其圖繪山川、吟詠物色、表現極爲深刻、技巧極爲細密、以視潘陸左思諸子之規撫舊藝者、迥不侔矣、在魏晉賦中故能自成一格。後來謝靈運之山水文學、便是沿襲此一系統而更加恢奇者也。

第與公之辭賦、實不如其所作碑文之骨勁氣完、風華俊秀、足與伯喈後先輝映也、故當時溫嶠王導庾亮褚裒諸公之薨、必須綽爲碑文而後刊石焉。今試舉一首、以概其餘。

聘士徐君墓頌

晉南昌相太原縣君。白漢故聘士徐君之靈。惟君風軌英邃。音徽遠播。餐仰芳流。宗揖在昔。古人有言。聞伯夷之風者。懦夫有立志。仰先生之道。豈無青雲之懷哉。余以不才。忝宰茲邑。遐宗有道。思揖遠風。乃與友人殷浩等。束帶靈墳。奉瞻祠宇。雖玉質幽潛。而目想令儀。雅音永寂。而心存高範。徘徊墟壟。仰眄松林。哀有形之短化。悼令德之長泯。憮然有感。悽然增傷。夫諷謠生於情託。雅頌興乎所欽。匪於詠述。孰寄斯懷。頌曰。

巖巖先生。邁此英風。含眞獨暢。心夷體沖。高蹈域表。淑問顯融。昂昂五賢。赫赫八俊。雖曰休明。或嬰險釁。豈若先生。保茲玉潤。超世作範。流光遐振。墳塋磊落。松竹蕭森。薈叢蔚蔚。虛宇愔愔。遊獸戲阿。嚶鳥鳴林。嗟乎徐君。不聞其音。徘徊邱側。悽焉流襟。何以舒蘊。援翰託心。

桓溫 溫字元子、龍亢人、初生時、溫嶠聞其啼聲、謂爲英物、因名溫。元帝時、尙南康長公主、拜駙馬都尉、明帝時、伐蜀、進征西大將軍、征苻健姚襄還、官至大司馬、都督中外諸軍事、封南郡公、加九錫、威勢煊赫、權傾人主。嘗歎曰：『男兒不能流芳百世、亦當遺臭萬年。』後征燕敗還、廢帝奕、立簡文帝、以不得受禪、忿怨而卒。

元子著述綦富、有文集四十三卷、辭多遒健典雅、足以副其位望、惟文名爲功業所掩、遂見忘於世人耳。錄一首作例。

薦譙元彥表

臣聞太朴既虧。則高尚之標顯。道喪時昏。則忠貞之義彰。故有洗耳投淵。以振玄邈之風。亦有秉心矯跡。以敦在三之節。是故上代之君。莫不崇重斯軌。所以篤俗訓民。靜一流競。伏惟大晉。應符御世。運無常通。時有屯蹇。神州丘墟。三方圮裂。兔罝絕響於中林。白駒無聞於空谷。斯有識之所悼心。大雅之所歎息者也。

陛下聖德嗣興。方恢天緒。臣昔奉役。有事西土。鯨鯢既懸。思宣大化。訪諸故老。搜揚潛逸。庶武羅於羿浞之墟。想王蠋於亡齊之境。竊聞巴西譙秀。植操貞固。抱德肥遯。揚清渭波。於時皇極遘道消之會。羣黎蹈顛沛之艱。中華有顧瞻之哀。幽谷無遷喬之望。凶命屢招。姦威仍逼。身寄虎脗。危同朝露。而能抗節玉立。誓不降辱。杜門絕跡。不面僞庭。進免龔勝亡身之禍。退無薛方詭對之譏。雖園綺之棲商洛。管寧之默遼海。方之於秀。殆無以過。於今西土。以爲美談。

夫旌德禮賢。化道之所先。崇表殊節。聖哲之上務。方今六合未康。豺豕當路。遺黎偷薄。義聲弗聞。益宜振起道義之徒。以敦流遯之弊。若秀蒙蒲帛之徵。足以鎮靜頹風。軌訓囂俗。幽遐仰流。九服知化矣。

譚復堂曰：『茂密神秀、文家上駟。』誠的評也。

陶潛　潛字淵明、一字元亮、世稱靖節先生、潯陽柴桑人、侃之曾孫、性高潔、博學、工詩文。以親老家貧、起爲州祭酒、不堪吏職、少日自解歸、後爲鎮軍建威參軍、出任彭澤令、凡八十餘日、郡遣督郵至、縣吏曰：『應束帶見之。』潛歎曰：『吾不能爲五斗米折腰、拳拳事鄉里小人。』即日解印綬去、賦歸去來辭以見志。義熙末、徵著作郎、不就。江州刺史王弘欲識之、不能致也。潛不解音聲、而蓄素琴一張、無弦、每酒適、輒撫弄以寄其意。貴賤造之者、有酒輒設、潛若先醉、便語客：『我醉欲眠、卿可去。』其眞率如此。潛自以曾祖晉世宰輔、恥復屈身異代、自劉裕擅權、不復肯仕、所著文章、皆題其年月、義熙以前、則書晉代年號、自宋武帝永初以後、惟云甲子而已。

陶氏爲魏晉思想之淨化者、爲隱逸詩人之泰斗、亦我國韻文之巨擘、其作品無論詩文辭賦、均保存其特有箇性及一貫平淡自然之作風、足以獨樹一幟。梁昭明太子評其文曰：『其文章不羣、詞采精拔、跌宕昭彰、獨超衆類、抑揚爽朗、莫之與京。橫素波而傍流、干青雲而直上、語時事則指而可想、論懷抱則曠而且眞。加以貞志不休、安道苦節、不以躬耕爲恥、不以無財爲病、自非大賢篤志、與道汙隆、孰能如此乎。』（陶淵明集序）其散體之作、如五柳先生傳、孟府君傳、祭程氏妹文、桃花源記諸篇、皆膾炙人口、蓋以其委心任運、忘懷得失、著文章以自娛、非藉以要名利、此其所以爲至也。讀祭程氏妹文、覺其情文兼至、讀五柳先生傳、可以想見其爲人焉。宋敖陶孫贊陳后山詩云：『九皋鶴唳、深林孤芳、沖寂自妍、不求賞識。』移以贊潛、當更確切。

若乃儷體之製、則以歸去來辭、閑情賦、感士不遇賦三首爲最要、皆天機獨運、自成杼軸、令人誦之、抗墜抑揚、自叶音律、不愧一代高手。他如自祭文、祭從弟敬遠文等、亦皆掃除繁縟、棄絕華綺、而爲宋四六之先唱焉。

歸去來辭井序

余家貧。耕植不足以自給。幼稚盈室。缾無儲粟。生生所資。未見其術。親故多勸余爲長吏。脫然有懷。求之靡途。會有四方之事。諸侯以惠愛爲德。家叔以余貧苦。遂見用於小邑。於時風波未靜。心憚遠役。彭澤去家百里。公田之利。足以爲潤。故便求之。少日。眷然有歸與之情。何則。質性自然。非矯勵所得。飢凍雖切。違己交病。嘗從人事。皆口腹自役。於是悵然慷慨。深愧平生之志。猶望一稔。當斂裳宵逝。尋程氏妹喪於武昌。情在駿奔。自免去職。仲秋至冬。在官八十餘日。因事順心。命篇曰歸去來兮。乙巳歲十一月也。

歸去來兮。田園將蕪胡不歸。既自以心爲形役。奚惆悵而獨悲。悟已往之不諫。知來者之可追。實迷途其未遠。覺今是而昨非。舟搖搖以輕颺。風飄飄而吹衣。問征夫以前路。恨晨光之熹微。乃瞻衡宇。載欣載奔。僮僕歡迎。稚子候門。三徑就荒。松菊猶存。攜幼入室。有酒盈樽。引壺觴以自酌。眄庭柯以怡顏。倚南窗以寄傲。審容膝之易安。園日涉以成趣。門雖設而常關。策扶老以流憩。時矯首而遐觀。雲無心以出岫。鳥倦飛而知還。景翳翳以將入。撫孤松而盤桓。

歸去來兮。請息交以絕遊。世與我而相違。復駕言兮焉求。悅親戚之情話。樂琴書以消憂。農人告余以春及。將有事於西疇。或命巾車。或棹孤舟。旣窈窕以尋壑。亦崎嶇而經丘。木欣欣以向榮。泉涓涓而始流。羨萬物之得時。感吾生之行休。已矣乎。寓形宇內復幾時。曷不委心任去留。胡爲遑遑欲何之。富貴非吾願。帝鄉不可期。懷良辰以孤往。或植杖而耘耔。登東皋以舒嘯。臨清流而賦詩。聊乘化以歸盡。樂夫天命復奚疑。

此篇爲仿楚辭之變體、義熙元年、淵明辭彭澤令歸田時作、抒寫其辭官退隱之心情與生活。歐陽永叔謂兩晉文章、惟歸去來辭一篇、以其清新淡永、不染詞家氣息也。

閑情賦并序

初張衡作定情賦。蔡邕作靜情賦。檢逸辭而宗澹泊。始則蕩以思慮。而終歸閑正。將以抑流宕之邪心。諒有助於諷諫。綴文之士。奕代繼作。並因觸類。廣其辭義。余園閭多暇。復染翰爲之。雖文妙不足。庶不謬作者之意乎。

夫何瓌逸之令姿。獨曠世以秀羣。表傾城之豔色。期有德於傳聞。佩鳴玉以比潔。齊幽蘭以爭芬。淡柔情於俗內。負雅志於高雲。悲晨曦之易夕。感人生之長勤。同一盡於百年。何歡寡而愁殷。褰朱幃而正坐。汎清瑟以自欣。送纖指之餘好。攘皓袖之繽紛。瞬美目以流眄。含言笑而不分。

曲調將半。景落西軒。悲商叩林。白雲依山。仰睇天路。俯促鳴絃。神儀嫵媚。舉止詳妍。激清音以感余。願接膝以交言。欲自往以結誓。懼冒禮之爲諐。待鳳鳥以致辭。恐他人之我先。意惶惑而靡寧。魂須臾而九遷。

願在衣而爲領。承華首之餘芳。悲羅襟之宵離。怨秋夜之未央。願在裳而爲帶。束窈窕之纖身。嗟溫涼之異氣。或脫故而服新。願在髮而爲澤。刷玄鬢於頹肩。悲佳人之屢沐。從白水以枯煎。願在眉而爲黛。隨瞻視以閑揚。悲脂粉之尙鮮。或取毀於華妝。願在莞而爲席。安弱體於三秋。悲文茵之代御。方經年而見求。願在絲而爲履。附素足以周旋。悲行止之有節。空委棄於牀前。願在晝而爲影。常依形而西東。悲高樹之多蔭。慨有時而不同。願在夜而爲燭。照玉容於兩楹。悲扶桑之舒光。奄滅景而藏明。願在竹而爲扇。含淒飈於柔握。悲白露之晨零。顧襟袖以緬邈。願在木而爲桐。作膝上之鳴琴。悲樂極以哀來。終推我而輟音。考所願而必違。徒契闊以苦心。擁勞情而罔訴。步容與於南林。栖木蘭之遺露。翳青松之餘陰。儻行行之有覿。交欣懼於中襟。竟寂寞而無見。獨悁想以空尋。斂輕裾以復路。瞻夕陽而流歎。步徙倚以忘趣。色慘悽而矜顏。葉燮燮以去條。氣淒淒而就寒。日負影以偕沒。月媚景於雲端。鳥悽聲以孤歸。獸索偶而不還。悼當年之晚暮。恨茲歲之欲殫。思宵夢以從之。神飄飖而不安。若憑舟之失櫂。譬緣崖而無攀。

於時畢昴盈軒。北風淒淒。炯炯不寐。衆念徘徊。起攝帶以伺晨。繁霜粲於素階。雞斂翅而未鳴。笛流遠以清哀。始妙密以閑和。終寥亮而藏摧。意夫人之在玆。託行雲以送懷。

行雲逝而無語。時奄冉而就過。徒勤思以自悲。終阻山而帶河。迎清風以袪累。寄弱志於歸波。尤蔓草之爲會。誦邵南之餘歌。坦萬慮以存誠。憩遙情於八遐。

觀其描繪美人之高潔、陳訴戀情之深功、好色而不淫、怨悱而不亂、乃屈騷後絕無僅有之創格。而昭明竟歎爲淵明白璧之瑕（詳陶淵明集序）、實乃迂腐之見。閑情緣何而作、現雖不得而知、但觀其寄託遙深、情意宛轉、則可斷爲一篇象徵主義(symbolism)之作品、未可以等閒兒女之情目之也。

感士不遇賦 并序

昔董仲舒作士不遇賦。司馬子長又爲之。余嘗以三餘之日。講習之暇。讀其文。慨然惆悵。夫履信思順。生人之善行。抱朴守靜。君子之篤素。自眞風告逝。大僞斯興。閭閻懈廉退之節。市朝驅易進之心。懷正志道之士。或潛玉於當年。潔己清操之人。或沒世以徒勤。故夷皓有安歸之歎。三閭發已矣之哀。悲夫。寓形百年。而瞬息已盡。立行之難。而一城莫賞。此古人所以染翰慷慨。屢伸而不能已者也。夫道達意氣。其惟文乎。撫卷躊躇。遂感而賦之。

咨大塊之受氣。何斯人之獨靈。稟神智以藏照。秉三五而垂名。或擊壤以自歡。或大濟於蒼生。靡潛躍之非分。常傲然以稱情。世流浪而遂徂。物羣分以相形。密網裁而魚駭。宏羅制而鳥驚。彼達人之善覺。乃逃祿而歸耕。山嶷嶷而懷影。川汪汪而藏聲。望軒唐而永歎。甘貧賤以辭榮。淳源汩以長分。美惡作以異途。原百行之攸貴。莫爲善之可娛。奉上天之成命。師聖人之遺書。發忠孝於君親。生信義于鄉閭。推誠心而獲顯。不矯然而祈譽。

嗟乎。雷同毀異。物惡其上。妙算者謂迷。直道者云妄。坦至公而無猜。卒蒙恥以受謗。雖懷瓊而握蘭。徒芳潔而誰亮。

哀哉士之不遇已。不在炎帝帝魁之世。獨祗脩以自勤。豈三省之或廢。庶進德以及時。時既至而不惠。無爰生之晤言。念張季之終蔽。愍馮叟於郎署。賴魏守以納計。雖僅然於必知。亦苦心而曠歲。矧夫市之無虎。眩三夫之獻說。悼賈傅之秀朗。紆遠轡於促界。悲董相之淵致。屢乘危而幸濟。感哲人之無偶。淚淋浪以灑袂。承前王之淸誨。曰天道之無親。澄得一以作鑒。恒輔善而佐仁。夷投老以長飢。回早夭而又貧。傷請車以備槨。悲茹薇而殞身。雖好學與行義。何死生之苦辛。疑報德之若茲。懼斯言之虛陳。何曠世之無才。罕無路之不澀。伊古人之慷慨。病奇名之不立。廣結髮以從政。不愧賞於萬邑。屈雄志於戚豎。竟尺土之莫及。留誠信於身後。動衆人之悲泣。商盡規以拯弊。言始順而患入。奚良辰之易傾。胡害勝其乃急。

蒼旻遐緬。人事無已。有感有昧。疇測其理。寧固窮以濟意。不委屈而累己。既軒冕之非榮。豈縕袍之爲恥。誠謬會以取拙。且欣然而歸止。擁孤襟以畢歲。謝良價於朝市。

此篇殆作於退隱之後，觀夫懷瓊握蘭數句，抱道在躬，恨其生不逢辰，既無以經邦軌物，霖雨蒼生，亦惟有韜光養晦，肥遯終身而已，與楚之屈子，漢之馬遷，可謂惺惺相惜，隔代呼應矣。

東晉之工文章者，大略已如上述。其他史冊所記，馳文譽於當世者，則若庾闡仲初，干寶令升，李充弘度，盧諶子諒，溫嶠太眞，庾亮元規，羅含君章，許詢玄度，王羲之逸少，袁宏彥伯，以至沙門支遁法深道安慧遠之曹，閨秀蘇若蘭謝道韞之侶，皆有詩文集傳於世，茲不贅述。